AF130618

Oliver Goldsmith

Geschichte der Griechen

Von den frühesten Zeiten bis auf den Tod Alexanders des Großen

Oliver Goldsmith

Geschichte der Griechen
Von den frühesten Zeiten bis auf den Tod Alexanders des Großen

ISBN/EAN: 9783743398436

Hergestellt in Europa, USA, Kanada, Australien, Japan

Cover: Foto ©ninafisch / pixelio.de

Manufactured and distributed by brebook publishing software (www.brebook.com)

Oliver Goldsmith

Geschichte der Griechen

Dr. Goldsmiths
Geschichte der Griechen

von

den frühesten Zeiten

bis

auf den Tod

Alexanders des Großen.

━━━━━━

Erster Band.

Mit nöthigen Berichtigungen aus dem Englischen übersetzt.

Leipzig,
im Schwickertschen Verlage, 1777.

Nachricht.

Der Beyfall, mit welchem Hrn. Goldsmiths Geschichte der Römer aufgenommen wurde, bewog ihn, nach eben dem Plan auch eine Geschichte der Griechen zu schreiben.

Das Werk war unter der Presse, als der Tod die gelehrte Republik einer ihrer vorzüglichsten Zierden beraubte. Seit des Verfassers Absterben haben verschiedne seiner gelehrten Freunde es gelesen, und sind der Meynung, daß es einer gleich guten Aufnahme des Publikums, als die Geschichte der Römer, würdig sey.

———————

Inhalt.

Geschich=

Geschichte
der
Griechen.

Erster Abschnitt.
Aeltester Zustand Griechenlandes.

Die ältesten Nachrichten von jedem Lande sind fabelhaft und ungewiß. Unter einem unaufgeklärten Volke findet jeder Betrug leicht Eingang; denn Unwissenheit ist die Mutter der Leichtgläubigkeit. Auf nichts also von dem, was die Griechen uns, ihren frühesten Zustand betreffend, überliefert haben, können wir bauen. Dichter waren die ersten, welche die Handlungen ihrer Landsleute zu erzählen anfiengen; und es ist ein Theil ihrer Kunst, die Einbildungskraft, selbst auf Kosten der Wahrscheinlichkeit, zu vergnügen. Daher kömmts, daß wir in den ältesten Nachrichten von Griechenland fast nichts als geheime Künste und Unternehmungen der Götter und Halbgötter, Abentheuer der Heroen und Riesen, Verheerungen der Ungeheuer und Drachen, kurz alle Macht der Zauberey und übernatürlicher Kräfte finden. Der Mensch, der schlechte Geschichtmensch, scheint an dem Gemälde gar keinen Theil zu haben; der Leser wandert unaufhörlich in den anmuthigsten Scenen herum, welche die Einbildungskraft ihm nur darstellen kann, und sieht fast nie Handlungen eines Geschöpfes, das ihm gleicht.

Es würde daher vergebens, und unserm gegenwärtigen Zwecke entgegen seyn, Nachrichten als Geschichte

A

aufzustellen, die nie als Wahrheit überliefert worden.
Einige Schriftsteller haben freylich das mühsame Geschäffte übernommen, Wahrheit von Fabel zu
scheiden, und uns eine ununterbrochne Erzählung
von der ersten Dämmerung der Tradition bis auf
die Entwickelung der ungezweifelten Geschichte zu liefern; sie haben alle Mythologie nach ihren eignen Vorstellungen gemodelt, jeder Fabel die Miene der Wahrscheinlichkeit gegeben; statt eines goldnen Vließes holt
Jason einen großen Schatz; statt eine Chimäre zu
vertilgen, ebnet Bellerophon einen Berg; statt einer Hydra überwindet Herkules einen Räuber.

So lehrt man die phantasiereichen Gemälde einer
starken Einbildungskraft einen strengen Ernst annehmen, und hintergeht also den Leser noch mehr, indem
man ihm das im Gewande der Wahrheit vorlegt, was
ihn bloß vergnügen und anlocken sollte.

Das fabelhafte Zeitalter Griechenlandes muß daher aus der Geschichte verwiesen werden. Es ist jetzt zu
spät, diejenigen Theile, die wirklich Grund in der Natur haben mögen, von denen zu sondern, die ihre Existenz bloß der Einbildungskraft verdanken. Es sind
keine Spuren mehr da, in dieser verwickelten Wildniß
unsre Schritte zu leiten, der Morgenthau ist verdünstet, und im hellen Glanze des Mittags dem verborgnen
Flüchtling nachspüren wollen, wäre vergebliche Arbeit.

Genug sey es uns also, zu bemerken, daß Griechenland, gleich den meisten andern Ländern, von deren Ursprung einige Nachrichten auf uns gekommen,
anfänglich in eine Menge kleiner Staaten zertheilt war,
deren jeder von seinem eignen Oberherrn beherrscht wurde. Das alte Griechenland, welches jetzt den südlichen
Theil der Europäischen Türkey ausmacht, hatte gegen
Osten das Achäische Meer, jetzt Archipelagus genannt; gegen Süden das Kretische oder Kandische;

gegen Westen das Jonische Meer; und gegen Norden
Illyrien und Thracien, zur Gränze. So enge
von Umfang, so verächtlich in Betracht seines Gebiets,
war das Land, welches alle Künste des Krieges und
Friedens ins Daseyn rief; welches die größten Feld-
herren, Philosophen, Dichter, Maler, Baumeister
und Bildhauer hervorbrachte, worauf die Welt je stolz
war; welches die mächtigsten Monarchen überwand,
die zahlreichsten Heere, die je ins Feld gebracht worden,
zerstreute, und endlich der Lehrer des menschlichen Ge-
schlechts wurde.

Die Schrift sagt uns, daß Javan, Japhets
Sohn, der Stammvater aller der Nationen gewesen,
die unter dem allgemeinen Namen Griechen begriffen
waren. Unter seinen vier Söhnen soll von dem Eli-
sa, oder Hellas, der Name Ἕλληνς herkommen,
ein allgemeiner Name, unter welchem die Griechen bekannt waren. Tharsis, der zweyte Sohn, soll sich
in Achaia; Chittim in Macedonien, und Do-
danim, der vierte Sohn, in Thessalien und Epirus, niedergelassen haben. Wie sie das Land unter
sich getheilt, was für Revolutionen sie erfahren, oder
was für Kriege sie geführt, ist ganz und gar nicht bekannt, und gewiß würde die Geschichte kleiner Barbarischen Staaten, wenn sie bekannt wäre, schwerlich die
Mühe der Untersuchung belohnen. In jenen frühen
Zeiten waren Königreiche etwas sehr Unbeträchtliches:
eine einzelne Stadt, mit einem Gebiet von wenigen
Stunden umher, ward oft mit diesem prächtigen Namen beehrt; es würde daher die Geschichte verwirren,
wenn sie sich in die häuslichen Privatumstände jedes
kleinen Staats einlassen wollte, das wäre eher die Sache des Oekonomen, als des Politikers. Genug wirds
seyn, wenn wir bemerken, daß Sicyon das älteste
Königreich in Griechenland gewesen seyn soll. Den

Anfang dieser kleinen Monarchie setzen die Geschichtschreiber ins Jahr der Welt tausend acht hundert und
zwanzig, vor Christi Geburt zwey tausend hundert und
vier und sechszig, und vor der ersten Olympiade tausend vierhundert und acht. Ihr erster König war
Aegialeus. Sie soll tausend Jahr gedauert haben.

Das Königreich **Argos** im **Peloponnes** nahm
tausend und hundert Jahr vor der ersten Olympiade,
um die Zeit Abrahams, seinen Anfang. Der erste
König desselben war **Inachus.**

J.d.W.
2187

Ihm folgte das Königreich **Mycenä.** **Perseus,**
des letzten Königs von Argos **Akrisius** Enkel, welcher diesen seinen Großvater unvorsetzlich ermordete, ver-
legte den Sitz des Reichs von Argos hieher. Die Könige, welche nach dem **Perseus** zu **Mycenä** regierten, waren **Elektryon, Sthenelus** und **Eury-
stheus.** Der letztere wurde von den **Herakliden,**
oder Nachkommen des **Herkules** vertrieben, die sich
den Peloponnes unterwarfen.

2672

J.d.W.
2426

Das Königreich **Athen** wurde von dem **Cekrops,** einem Aegypter, gestiftet. Dieser Fürst,
nachdem er sich in Attika festgesetzt hatte, theilte das
ganze ihm unterwürfige Land in zwölf Distrikte, und
ordnete auch einen Gerichtshof zu Entscheidung der
Streitigkeiten seiner Unterthanen an, welcher **Areopagus** genannt wurde. **Amphiktryon,** der dritte
König von **Athen,** brachte ein Verbündniß zwischen
den zwölf Staaten von Griechenland zu Stande, welches sich zweymal jährlich zu **Thermopylä** versamm-
lete, um da gemeinschaftliche Opfer zu bringen, und
sich über die allgemeinen Angelegenheiten der Bundsgenossen zu berathschlagen. **Theseus,** einer von den
folgenden Königen dieses Staats, vereinigte die zwölf
Dörfer des Cekrops in eine einzige Stadt. **Kodrus,**
der sich für sein Volk aufopferte, war der letzte dieses

J.d.W.
2754

Stammes. Als nämlich die Herakliden ins Land gefallen, und bis vor die Thore von Athen vorgedrungen waren, erklärte das Orakel, daß diejenigen siegen würden, deren König in diesem Gefecht ums Leben käme. Um sich also diese Antwort zuerst zu Nutze zu machen, verkleidete sich Kodrus als ein Bauer, fieng mit einem der feindlichen Soldaten Händel an, und ward von ihm erschlagen. Die Athenienser schickten hierauf einen Herold ab, und baten, daß man ihnen den Leichnam ihres Königs ausliefern mögte, welches den Feinden so sehr allen Muth benahm, daß sie, ohne weiter etwas zu versuchen, abzogen. Nach dem Ko-$^{\text{J. d. W.}}_{1913}$ drus wurde der Name König von den Atheniensern abgeschafft. Sein Sohn Medon wurde zum Oberhaupt des Staats gemacht, unter dem Titel Archon, welches dem Worte nach so viel als Regent bedeutet. Die Ersten, welche diesen Titel führten, behielten ihre Würde lebenslang; als aber endlich die Athenienser einer Regierung überdrüssig wurden, die ihre Liebe zur Freyheit einschränkte, so setzten sie die Dauer der Archontenregierung auf zehen Jahre herab, und ließen zu-$^{\text{J. d. W.}}_{3297}$ letzt jährlich einen neuen erwählen.

Das Königreich Theben hat von dem Kadmus $^{\text{J. d. W.}}_{2657}$ seinen Ursprung. Dieser Held, welcher über die See von der Phönicischen Küste kam, ließ sich in dem Theile des Landes nieder, welcher nachmals Böotien genannt wurde. Hier baut' er die Stadt Theben, die er nach seinem Namen Kadmäa nannte, und schlug hier den Sitz seiner Macht und Herrschaft auf. Die Begebenheiten seiner unglücklichen Nachkommen, des Lajus, der Jokasta, des Oedipus, Eteokles und Polynices, zeichnen sich in den poetischen Fiktionen dieser Periode vorzüglich aus.

Das Königreich Sparta, oder Lacedämon $^{\text{J. d. W.}}_{2266}$ soll von dem Lelex gestiftet seyn. Helena, die zehn

te in der Nachfolge dieses Monarchen , ist gleich berühmt wegen ihrer Schönheit und Treulosigkeit. Sie
hatte noch nicht über drey Jahr mit ihrem Gemahl,
dem **Menelaus**, gelebt, als sie von dem **Paris**,
des Trojanischen Königs **Priamus** Sohn, entführt
wurde. Dies scheint die erste Gelegenheit gewesen zu
seyn, wo die Griechen sich verbanden und gemeine Sache

J. d. W.
2800
machten. Nach zehnjähriger Belagerung eroberten sie
Troja, ungefähr um die Zeit, da **Jephtha** Richter
in Israel war.

J. d. W.
2573
　　　Korinth fieng später an, als die übrigen vorer-
wähnten Städte, zu einem Staat gebildet, oder von
Königen regieret zu werden. Anfänglich war es Argos und Mycena unterworfen, aber **Sisyphus**, des
Aeolus Sohn, machte sich zum Herrn desselben, und

J. d. W.
3205
als seine Nachkommen des Throns entsetzt waren, bemächtigte sich **Bacchis** der höchsten Gewalt. Hiernächst wurde die Regierung aristokratisch, indem man
jährlich eine Obrigkeit unter dem Namen **Prytanen**

J. d. W.
3399
erwählte. Endlich usurpirte **Cypselus**, nachdem er
das Volk gewonnen hatte, die Herrschaft. Er hinterließ sie seinem Sohn **Periander**, der, wegen seiner Liebe zu den Wissenschaften und seiner Aufmunterung der Gelehrten, unter die sieben Weisen Griechenlandes gezählt wurde.

J. d. W.
2170
　　　Der erste König von **Macedonien** war **Kara-
nus**, ein Nachkomme des **Herkules**. Dies Reich
bestand von ihm bis auf die Niederlage des **Perseus**
durch die Römer, eine Zeit von sieben hundert sieben
und vierzig Jahren.

　　　Dies ist das Gemälde, welches uns Griechenland
in seiner ersten Kindheit darstellt. Eine Verbindung
kleiner Staaten, jeder durch seinen besondern Oberherrn
regiert, alle aber vereinigt, so bald es auf gemeinschaftliche Sicherheit und allgemeinen Vortheil ankam. Ju-

deſſen wurden ihre innern Streitigkeiten immer mit
groſer Feindſeligkeit geführt; und, wie es in allen kleinen Staaten unter der Herrſchaft eines einzigen Be-
fehlshabers zu gehen pflegt, die Eiferſucht der Regenten war beſtändiger Anlaß zur Uneinigkeit. Aus dieſer
unſeligen Lage fiengen dieſe Staaten nach und nach an
ſich empor zu heben: ein neuer Geiſt hauchte das Volk
an, und, müde der Zwiſtigkeiten ſeiner Herrſcher, ſehnt
es ſich nach Freyheit. Dieſer Geiſt der Freyheit breitete ſich durch ganz Griechenland aus, und eine allgemeine Veränderung der Staatsverfaſſung wurde in jedem Theile des Landes, Macedonien ausgenommen,
dadurch bewirkt. So mußte die Monarchie der repu-
blikaniſchen Regierungsform weichen, die indeß ſo viel
verſchiedne Formen annahm, als verſchiedne Städte
waren, dem verſchiednen Geiſt und Charakter jedes
Volks gemäß.

Alle dieſe Städte, ſo ſehr ſie dem Anſchein nach
durch Geſetze und Intereſſe verſchieden ſeyn mogten,
waren durch eine gemeinſchaftliche Sprache, eine Religion, und einen Nationalſtolz, der ſie alle andre Nationen als Barbaren und Feige anſehen hieß, verbunden. Selbſt Aegypten, aus dem ſie viele ihrer Künſte und Anordnungen geſchöpft hatten, betrachteten ſie
in einem ſehr kleinen Lichte, und mehr wie einen halb
barbariſchen Vorgänger, als wie einen erleuchteten No-
benbuhler.

Um dieſe Verbindung unter den Staaten Griechenlandes noch ſtärker zu machen, wurden in verſchiednen
Theilen des Landes Spiele angeordnet, mit ehrenvollen
Belohnungen für den, der ſich in irgend einer wün-
ſchenswürdigen Vollkommenheit vorzüglich hervorthat.
Dieſe Spiele hatten ſehr ernſthafte und nützliche Zwecke
zur Abſicht: ſie gaben den verſchiednen Staaten Gelegenheit zu Zuſammenkünften; ſie beſeelten ſie mit groſ-

setem Eifer für ihre gemeinschaftliche Religion; sie
übten die Jugend in den Künsten des Krieges, und
vermehrten den Muth, die Stärke und Thätigkeit, die
damals für die Entscheidung eines Treffens von äußerster Wichtigkeit waren.

Aber das Hauptband ihrer Vereinigung entsprang
aus dem Rath der Amphiktyonen, welcher, wie bereits erwähnt worden, von dem Amphiktyon, dem König der Athenienser, angeordnet, und bestimmt war,
zweymal jährlich zu Thermopylä gehalten zu werden, um sich über das gemeinschaftliche Wohl derjenigen Staaten, aus deren Abgeordneten es bestand, zu
berathschlagen. Der Staaten, welche Abgeordnete in
diesen Rath sandten, waren zwölfe, die Thessalier,
die Thebaner, die Dorier, die Jonier, die Per-
haabäer, die Magnater, die Lokrenser, die
Oetaner, die Phthioter, die Maleenser, die
Phöcenser und die Dolopier. Jede von den Städten, die das Recht hatte, dem Amphiktyonischen Rath
beyzuwohnen, war verbunden, zwey Abgeordnete zu
jeder Versammlung zu schicken. Der eine hatte den
Titel Hieromnemon, und besorgte die Angelegenheiten der Religion; der andre hieß Pylagoras, und
hatte die politischen Angelegenheiten seines Staats zu
versehen. Jeder von diesen Abgeordneten aber, so verschieden auch ihre Amtsgeschäffte waren, hatte gleiche
Macht, über Alles, was das allgemeine Interesse von
Griechenland betraf, zu entscheiden. Allein, wiewohl
die Anzahl der Deputirten ursprünglich so festgesetzt zu
seyn scheint, daß sie mit der Anzahl der Stimmen, die
jeder Stadt zukamen, übereinstimmte; so müßten sich
doch, in der Folge, bey außerordentlichen Gelegenheiten, die vornehmsten Städte das Recht an, mehr als
einen Pylagoras hinzuschicken, um ihnen bey einem
kritischen Vorfalle mehr Gewicht zu geben, oder den

Absichten einer besondern Faktion beförderlich zu seyn.
Wenn die also bestimmten Abgeordneten ihren Auftrag
auszurichten angekommen waren, so brachten sie erst
dem Apollo, der Diana, der Latona und Minerva ein Opfer, und legten dann einen Eid ab, wor-
innen sie gelobten, daß sie nie eine Stadt der Amphiktyonen zerstören, nie den Lauf des Wassers, weder
im Kriege noch im Frieden, hemmen, und sich allen
Bemühungen, die Verehrung und das Ansehen der
Götter, denen sie ihre Anbetung dargebracht, zu vermindern, widersetzen wollten.   Alle Vergehungen also
gegen die Religion, alle Arten von Gottlosigkeit und
Profanation, alle Streitigkeiten zwischen den Griechischen Staaten und Städten, kamen vor die Untersuchung der Amphiktyonen, die das Recht hatten,
den Endausspruch zu thun, Geldstrafen aufzulegen,
selbst Truppen zu werben und diejenigen zu bekriegen,
die sich gegen ihre unumschränkte Gewalt empören
wollten.

Diese verschiednen Bewegungsgründe zur Bund-
genossenschaft vereinigten die Griechen auf eine Zeitlang
zu einem Staatskörper von großer Macht, und großer
Nacheiferung. Durch diese Verbindung war ein Land,
nicht halb so groß als England, im Stande, dem mächtigsten Monarchen auf dem Erdboden die Herrschaft
über die Welt streitig zu machen. Durch diese Verbindung boten sie nicht nur den unzählbaren Heeren Persiens die Spitze, sondern schlugen, zerstreuten und vertilgten sie, und demüthigten sie so sehr, daß sie sich Friedensbedingungen vorschreiben lassen mußten, die so
schimpflich für die Besiegten, als glorreich für die Sieger waren.   Unter allen Griechischen Städten aber,
zeichneten sich vorzüglich zwei durch ihre Verdienste,
ihre Tapferkeit und Weisheit, vor allen übrigen aus:
Athen und Lacedämon. Da diese Städte Muster

der Tapferkeit und Gelehrsamkeit für die übrigen waren, und sie die Hauptlast jedes auswärtigen Krieges zu tragen hatten, so ist es nicht mehr als billig, daß wir in ihre besondre Geschichte mit größerer Umständlichkeit hineingehen, und dem Leser von dem Geist, dem Charakter, den Sitten und der Regierungsform ihrer Bewohner einigen Begriff geben.

Zweyter Abschnitt.

Spartanische Regierungsform; Gesetze des Lykurgus.

Wiewohl das Königreich **Lacedämon** nicht so ansehnlich war, als **Athen**, so fordert es doch, weil seine Verfassung älter war, zuerst unsre Aufmerksamkeit. **Lacedämon**, wie schon oben bemerkt worden, ward anfänglich von Königen regieret, von denen dreyzehn von dem Geschlecht der **Pelopiden** nach einander das Ruder führten. Da während dieses finstern Zeitraums weder bestimmte Gesetze waren, die höchste Gewalt einzuschränken, noch Begriffe von wahrer Regimentsverfassung unter dem Volk, so scheint es nicht, daß irgend beträchtliche Eingriffe weder von des Königs, noch von des Volks Seite, geschehen. Unter dem Geschlecht der **Herakliden**, welches ihnen in der Regierung folgte, gestattete das Volk, statt eines Königs, ihrer zween, welche mit gleicher Macht regierten. Ein ganz besondrer Zufall scheint diese Aenderung veranlaßt zu haben. **Aristodemus** nämlich hinterließ bey seinem Tode zween Söhne, den **Eurysthenes** und **Prokles**, welche Zwillinge waren, und sich so ähnlich sahen, daß es fast nicht möglich war, sie zu unterscheiden. Dies war der Mutter ein Wink, die Krone allen beiden zu verschaffen; so daß sie, als die Spar

J.d.W.
4882

taner ihren König haben wollten, nicht entscheiden wollte, oder konnte, welcher von beiden der Erstgeborne
sey, oder die gerechtesten Ansprüche habe. Diese Regierungsform dauerte verschiedne Jahrhunderte hindurch, und wenn gleich die beiden Gehülfen auf dem
Throne fast nie sich vertrugen, so hielte doch die Verfassung Bestand.

Während dieser Reihe von Königen ward die
Sklaverey in Sparta zuerst eingeführt. Eurysthenes und Prokles hatten dem Spartanischen Land-
mann gleiche Vortheile mit dem Bürger eingeräumt;
aber Agis stieß wieder um, was seine Vorgänger zum
Beßten der Bauern gethan hatten, und legte ihnen einen Tribut auf. Die Heloten waren das einzige Volk,
welches sich diese Auflage nicht gefallen lassen wollte,
sondern einen Aufstand machte, seine Rechte zu behaupten. Die Bürger siegten, unterwarfen sich die Heloten,
und machten sie zu Kriegsgefangenen. Zu noch grös-
 serer Strafe wurden sie und ihre Nachkommen zu ewiger Sklaverey verdammt; und ihr Elend noch größer
zu machen, gab man von der Zeit an allen andern
Sklaven den allgemeinen Namen Heloten.

Man kann hieraus den Schluß machen, daß dieser kleine Staat mit vielen innerlichen Unruhen und Un-
terdrückungen beherrscht worden, und der Einschrän-
kung strenger Gesetze und harter Zucht bedurft habe.
Diese Strenge und harte Zucht ward ihm endlich vom
Lycurgus aufgelegt, einem der ersten und außeror-
dentlichsten Gesetzgeber, die je unter den Menschen erschienen. Nichts in der ganzen Profangeschichte ist
vielleicht so merkwürdig, und doch nichts so wohl be-
stätigt, als diese Gesetze und Staatsverfassung des Lykurgus. In der That, was kann erstaunenswür-
diger seyn, als ein aufrührisches und wildes Volk sich
Gesetzen unterwerfen sehen, die jedem sinnlichen Ver-

gnügen, jeder Privatneigung Zaum anlegten; es, dem
Wohl des Staats zu Liebe, alle Freuden und Bequem-
lichkeiten des Privatlebens aufopfern, und den stillen,
häuslichen Zustand sich härter und fürchterlicher machen
sehen, als die beschwerlichsten Feldzüge und die müh-
seligsten Pflichten des Krieges. Und doch ward alles
dieses durch die Beharrlichkeit und das Ansehen eines
einzigen Gesetzgebers zu Stande gebracht, der ihnen
durch sein eignes edles Beyspiel die ersten Lehren und
das beste Muster der Selbstverleugnung gab.

Lykurgus war der Sohn des Eunomus, eines der beiden Könige, die gemeinschaftlich Sparta
regierten. Da des Lykurgus älterer Bruder, und
rechtmäßiger Thronfolger seines Vaters Eunomus,
ohne Erben verstarb, so fiel das Recht der Nachfolge
auf den Lykurgus, der also auch die Regierung übernahm. Allein ein unerwarteter Vorfall setzte sich seiner Erhebung entgegen; es befand sich nämlich, daß
seine Schwägerinn schwanger sey, wodurch sein Recht
zweifelhaft wurde. Ein weniger rechtschaffener Mann
würde jedes Mittel gebraucht haben, sich auf dem Throne zu erhalten, und ein Antrag, den ihm die Königinn selbst that, schien seine Ansprüche zu sichern. Sie
erbot sich, unter der Bedingung, daß er sie heirathen
und zur Theilnehmerinn seiner Gewalt machen würde,
die Frucht abzutreiben. Lykurgus unterdrückte weislich seinen Unwillen über einen so unnatürlichen Vorschlag, und besorgt, daß sie Mittel gebrauchen würde,
ihren Entwurf zu vollziehen; versprach er ihr, so bald
das Kind geboren sey, selbst schon dafür zu sorgen, daß
es aus dem Wege geschaffe würde. Sie ward demnach von einem Knaben entbunden, welchen Lykurgus sich herbringen ließ, als er eben mit den Obrigkeitlichen Personen zu Abend speiste; ihnen stellt er das
Kind als ihren König vor, und gab ihm, seine und

des Volks Freude zu bezeugen, den Namen Charilaus. So opferte Lykurg seine Ehrbegierde seiner
Pflicht auf; noch mehr, er setzte, nicht als König,
sondern als Vormünder des Prinzen, die Regentschaft
fort. Weil er sich indessen vor der Rache der Königinn fürchtete, und den Staat in großer Unordnung
fand, entschloß er sich auf Reisen zu gehen, um also
zugleich jener Gefahr auszuweichen, und sich Mittel zu
verschaffen, den Mängeln des letztern abzuhelfen.

Entschlossen also, sich mit allen guten Einrichtungen anderer Nationen bekannt zu machen, und sich bey
den erfahrensten Männern in der Regierungskunst, die
er nur finden könnte, Raths zu erholen, besucht' er
zuerst die Insel Kreta, deren harte und strenge Gesetze sehr bewundert wurden. In dieser Insel waren
die Künste und Handwerke schon zu einiger Vollkommenheit gebracht. Man verarbeitete hier Kupfer und
Eisen, und machte Waffenrüstungen, in welchen man
unter einem verwirrten Getöne von Schellen bey den
Opfern der Götter tanzte. Durch die Kretenser wurde die Kunst der Schiffahrt zuerst in Griechenland bekannt, und von ihnen entlehnten viele Gesetzgeber die
Grundsätze ihrer Anordnungen.

Aus Kreta gieng Lykurgus nach Asien hinüber,
wo er neue Belehrungen fand, und zuerst die Werke
des Homer entdeckt haben soll. Von da begab er
sich nach Aegypten, und einige wollen sogar, daß er
auch mit den Gymnosophisten Indiens Bekanntschaft
gemacht. Aber unterdeß er also in fremden Ländern
beschäfftigt war, wurde seine Anwesenheit zu Hause
höchst nöthig. Alle Partheyen wünschten einmüthig
seine Rückkehr, und viele Bothschaften wurden an ihn
abgesandt, seine Ankunft zu beschleunigen. Die Könige selbst drangen deßhalb in ihn, und benachrichtigten
ihn, das Volk sey so sehr in Unordnung gerathen, daß

nichts als sein Ansehn im Stande wäre, der frechen Ungebundenheit desselben Einhalt zu thun. In der That neigte sich Alles zum unvermeidlichen Untergange des Staats, und nichts als seine Gegenwart wünschte man, um das mit schnellen Schritten herbeyeilende Verderben aufzuhalten.

J. d. W.
3400

Lykurgus, der sich endlich zur Rückkehr bereden ließ, fand das Volk seiner eignen Unbändigkeit müde, und bereitwillig, jede neue Einrichtung die er versuchen würde, sich gefallen zu lassen. Da die Verderbniß allgemein war, fand ers nothwendig, die ganze Regierungsform umzuändern; denn er sahe wohl ein, daß einige wenige besondere Gesetze nicht viel ausrichten würden. Er wußte, daß nichts zu Beförderung jeder guten Einrichtung so wirksam beytrage, als die Religion, und gieng daher erst noch Delphi, das Orakel des Apollo um Rath zu fragen. Hier fand er eine Aufnahme, die seinem höchsten Ehrgeiz schmeicheln konnte, denn die Priesterinn grüßte ihn, als einen Freund der Götter, ja als einen, der mehr Gott, als Mensch sey. Seine neuen Einrichtungen betreffend, sagte sie ihm, die Götter hätten sein Gebet erhört, und der Staat, welchen er zu stiften willens sey, würde der vortrefflichste und dauerhafteste auf Erden seyn.

Also aufgemuntert, theilte Lykurgus, nach seiner Rückkehr in Sparta, erst seinen vertrautesten Freunden seine Absichten mit, und brachte dann nach und nach die ersten obrigkeitlichen Personen auf seine Seite. Endlich, als Alles zu der großen Revolution reif war, ließ er dreyßig der Vornehmsten auf dem Marktplatze bewaffnet erscheinen. Charilaus, welcher damals König war, schien anfänglich sich dieser Staatsveränderung widersetzen zu wollen, wurde aber bald durch die überlegne Macht in Furcht gesetzt, und nahm seine Zuflucht in den Tempel der Minerva; doch ver-

mögten die Bitten ſeiner Unterthanen, da er überdem
von nachgebender Gemüthsart war, ihn endlich, wieder herauszukommen und den Verträgen beyzutreten.
Das Volk ließ ſich bald eine neue Einrichtung gefallen,
die offenbar zu ſeinem Beßten abzielte, und unterwarf
ſich mit Freuden Geſetzen, von deren Laſt jeder Klaſſe
der Geſellſchaft gleiches Gewicht zufiel.

Um den Königen noch einen Schatten von Gewalt zu laſſen, beſtätigte er ihnen das Recht der Nachfolge, wie vorher, verminderte aber ihre Macht, indem er einen Senat anordnete, welcher des Gleichgewicht zwiſchen den Regenten und dem Volk erhalten
ſollte. Unterdeſſen behielten ſie noch immer alle vorigen Zeichen der äußerlichen Würde und Ehre bey. Sie
hatten einen auszeichnenden Platz in jeder öffentlichen
Verſammlung; gaben bey Berathſchlagungen zuerſt
ihre Stimme, empfiengen Geſandten und Fremde, und
hatten die Aufſicht über öffentliche Gebäude und Wege.
Im Kriege beſaßen ſie größere Gewalt: ſie kommandirten die Armeen des Staats, wobey ihnen ein General der Reuterey, nebſt einer Anzahl von Richtern
und Kriegsdeputirten zugeordnet war. Indeſſen hatten ſie auch im Kriege nicht ganz freye Hände; denn
ſie erhielten vom Senat Befehle, an welche ſie zwar
größtentheils nicht ſtrenge gebunden waren, aber ſich
doch zuweilen dadurch gezwungen ſahen, den Feind anzugreifen, oder nach Hauſe zurückzukehren, wenns ihnen eben am ungelegenſten war.

Die Staatsverfaſſung war bisher immer noch
ſchwankend geweſen, hatte ſich bald zum Despotiſmus,
bald zur Demokratie geneigt; aber der Senat, welchen Lykurgus anordnete, war ein Zaum für beides,
und erhielt den Staat in ruhigem Gleichgewicht. Die
Politik dieſer Geſellſchaft, die aus acht und zwanzig
Mitgliedern beſtand, war vornehmlich, daß ſie es mit

den Königen hielt, wenn das Volk sich zu viel Macht anmaßen wollte; und, auf der andern Seite, die Parthey des Volks ergriff, wenn die Könige ihre Gewalt zu weit auszudehnen suchten. Zu den ersten Senatoren wurden theils diejenigen erwählt, die dem Lykurg zu seinen Absichten behülflich gewesen waren, theils verschiedne von den Bürgern, die sich durch besondre Tugenden auszeichneten. Vor dem sechzigsten Jahr des Alters wurde keiner aufgenommen. Sie behielten ihre Würde lebenslang, außer wenn Jemand ein grobes Verbrechen begieng. Dies verhütete nicht allein die Unbequemlichkeiten einer zu öfteren Veränderung, sondern war auch eine dauernde Belohnung für die Alten, und ein edler Sporn für die Jugend. Dieser Senat machte den höchsten Gerichtshof aus; und wiewohl es erlaubt war, von ihm an das Volk zu appelliren, so giengen doch gewöhnlich seine Endurtheile ohne Widerruf durch, theils weil das Volk nicht anders, als wenn der Senat es verlangte, sich öffentlich versammlen durfte, theils weil die Senatoren wegen eines ungerechten Urtheils nicht zur Rechenschafft gezogen werden konnten. In der That war, einige Jahrhunderte hindurch, die Behutsamkeit und Rechtschaffenheit dieses Tribunals so groß, daß keiner zu wünschen schien, sein Recht weiter zu suchen, und beyde Partheyen die Gerechtigkeit seines Ausspruchs anerkannten. Indessen wurde doch die große Macht, die der Senat solchergestalt in Händen hatte, etwa ein Jahrhundert nachher durch einen höheren Gerichtshof gemäßiget, welcher des Gericht der Ephoren hieß, und nur aus fünf Mitgliedern bestand, die jährlich neu gewählt wurden. Sie wurden von dem Volke gewählt, und hatten die Macht, sich selbst der Person ihrer Könige zu bemächtigen, und sie gefangen zu setzen, wenn sie die Pflicht ihres Standes aus den Augen setzten.

Auch

Auch das Volk hatte dem Namen nach Antheil an der Regierung. Es hatte seine Versammlungen, die nur aus Bürgern bestanden, und auch eine große Zusammenkunft aller freyen Leute im Staat. Allein dieses Recht, sich zu versammlen, war nichts weiter als bloßer Schein, indem es nur dem Senat allein erlaubt war, es zusammen zu berufen, und es ihm freystand, es nach belieben wieder aus einander gehen zu lassen. Auch den Gegenstand der Berathschlagung mußte der Senat vortragen, unterdeß das Volk, ohne sich berathschlagen oder untersuchen zu dürfen, weiter nichts konnte, als mit lakonischer Entscheidung verwerfen oder bestätigen. Um es noch hülfloser zu lassen, war es von allen Staatsbedienungen ausgeschlossen, und wurde bloß als eine Maschiene betrachtet, die der weisere Theil des Staats regieren und gebrauchen müße.

Ein so geringer Grad von Macht, der dem Volke gewährt war, hätte sehr leicht diese neuen Anordnungen in ihrer Kindheit zerstören können; allein, um diesen Theil der Bürger mit der Veränderung auszusöhnen, faßte Lykurgus den kühnen Entschluß, ihnen gleichen Antheil an denen Ländereyen zu geben, deren sie theils der zunehmende Reichthum Einiger, theils die Verschwendung Andrer beraubt hatte. Das Volk in Abhängigkeit und zugleich in Ueberfluß zu erhalten, scheint einer von den feinsten Meisterstreichen in der Gesetzgebung dieses Philosophen gewesen zu seyn. Der größte Theil des Volks war damals so arm, daß es ihm an jeder Art von Besitzungen mangelte, unterdeß eine kleine Anzahl einzelner Bürger alle Ländereyen und Reichthümer des Landes im Besitz hatten. Um also den Uebermuth, den Betrug und die Ueppigkeit der einen, sowohl als das Elend, den Gram und die meuterische Verzweiflung der andern, zu verbannen, so überredt er den größten Theil, und zwang die Uebrigen, alle ihre Ländereyen dem Staat zu übergeben, und eine neue Eintheilung derselben zu machen, damit unter Allen eine vollkommne Gleichheit herrsche. So wurden alle sinnliche Güter des Lebens unter die Herrscher und Beherrschten gleich vertheilt, und nur höheres Verdienst allein gab höhere Vorzüge.

Lykurgus machte dem gemäß aus allen Ländereyen von Lakonien dreyßig tausend, und aus denen von Sparta neun tausend Theile, und theilte dieselben unter die Einwohner jedes Distrikts gleich aus. Jeder Antheil reichte hin, eine Familie auf die frugale Art, die er einführen wollte, zu ernähren; und wiewohl den Königen zu Behauptung ihrer Würde ein größerer Antheil angewiesen ward, so hatte doch ihre Tafel mehr das Ansehen des Wohlstandes und Auskommens, als des Ueberflusses und der Verschwendung. Man sagt, Lykurg habe einige Jahre nachher, als er von einer langen Reise zurückgekehrt, und die gleiche Vertheilung des Getreides in allen Theilen des Landes, gesehen, lächelnd zu denen, die um ihn waren, gesagt: Gleicht nicht Lakonien einem Landgut, welches mehrere Brüder unter sich getheilt haben?

Doch die bloße Vertheilung der Ländereyen würde keinen daurenden Zweck erreicht haben, wenn das Geld sich dabey noch immer hätte anhäufen können. Um also jeden andern Unterschied, außer dem, welchen Verdienste machten, aufzuheben, entschloß er sich, allen Reichthum ohne Unterschied auf gleichen Fuß zu setzen. Er beraubte zwar diejenigen, welche Gold und Silber besaßen, nicht ihres Eigenthums; aber, was gleich viel war, er setzte seinen Werth herab, und erlaubte den Spartanern kein ander Geld im Handel und Wandel zu gebrauchen, als Eisen. Diese Münze macht' er noch überdem so schwer, und gab ihr einen so geringen Werth, daß ein Wagen mit zwey Ochsen bespannt nöthig war, eine Summe von zehen Minen, oder etwa hundert und zwanzig Thalern, fort zu bringen, und ein ganzes Haus, sie zu verwahren. Dieses eiserne Geld hatte in keinem der andern Griechischen Staaten Umlauf; und diese, weit entfernt, es zu schätzen, machten es vielmehr äußerst verächtlich und lächerlich. Wegen dieser Geringschätzung der Auswärtigen, fiengen die Spartaner bald selbst an, es so sehr zu verachten, daß endlich das Geld außer Gebrauch kam, und wenige sich mit mehrerem beschwerten, als sie gerade nöthig hatten, sich die nothwendigen Bedürfnisse zu verschaffen. So wurde nicht allein Reichthum, sondern auch sein unzertrennliches Gefolge, Habsucht, Betrug, Raub und Ueppigkeit, aus diesem simplen Staate verbannt, und das Volk fand in der Unwissenheit des Reichthums den glücklichsten Ersatz für den Mangel derjenigen Verfeinerungen, die er gewährt.

Allein diese beiden Anordnungen wurden noch nicht für hinlänglich gehalten, dem Hange zu Ausschweifungen, welcher dem Menschen angeboren ist, vorzubauen. Es ward daher noch eine dritte Einrichtung gemacht, vermöge welcher alle Mahlzeiten öffentlich gehalten werden mußten. Er befahl nehmlich, daß alle Mannspersonen ohne Unterschied in einem gemeinschaftlichen großen Saale speisen sollten; und damit ja keine Fremde seine Bürger durch ihr Beyspiel verderben mögten, ward ihnen durch ein ausdrückliches Gesetz untersagt, sich in der Stadt aufzuhalten. Durch dieses Mittel wurde die Frugalität nicht allein nothwendig, sondern auch der Gebrauch des Reichthums zu gleicher Zeit gänzlich verbannt. Jeder Bürger schickte monatlich seinen Beytrag zu dem gemeinschaftlichen Vorrath, nebst einer Kleinigkeit an Gelde zu andern nöthigen Ausgaben. Dieser Beytrag bestand aus einem Schaffel Mehl,

acht Maaß Wein, fünf Pfund Käse, und drittehalb
Pfund Feigen. Die Tafeln bestunden jede aus fünf,
zehn Personen, und keiner wurde anders, als mit Bewilligung der ganzen Gesellschaft, zugelassen. Jedermann, ohne Ausnahme der Person, war verbunden,
sich bey der gemeinschaftlichen Mahlzeit einzufinden;
und lange Zeit nachher mußte der König Agis sich
Verweise und Strafe gefallen lassen, weil er, bey seiner Rückkehr von einem glücklichen Feldzuge, zu hause
mit seiner Gemahlinn gespeist hatte. Selbst die Kinder hatten an diesen Mahlzeiten Theil, und wurden dahin gebracht, als in eine Schule der Mäßigkeit und
Weisheit. Denn hier war kein ungezogener oder un-
sittlicher Umgang, keine nichtsbedeutende Zänkereyen,
kein großsprecherisches Geschwätz erlaubt. Jeder bemühte
sich seine Gedanken mit äußerster Klarheit und Kürze
auszudrücken; Witz wurde nur als Gewürz der Speise
gestattet, und Verschwiegenheit gab der Unterhaltung
Sicherheit. So bald ein junger Mensch ins Zimmer
kam, pflegte der Aelteste in der Gesellschaft, auf die
Thüre weisend, zu ihm zu sagen: **Nichts, was hier
gesprochen wird, darf da hinaus.** Schwarze
Suppe war ihr liebstes Gericht. Von was für In-
gredienzen sie gemacht worden, ist nicht bekannt, aber
vermuthlich hatte sie Aehnlichkeit mit den Linsengerichten,
die noch jetzt auf dem festen Lande gewöhnlich sind.
Fleisch war nicht unter ihren Speisen. Der Tyrann
Dionysius fand ihr Essen sehr unschmackhaft, aber
der Koch sagte ihm sehr richtig, die Suppe sey freylich
ein schlechtes Essen, wenn sie nicht durch Arbeit und
Hunger gewürzt würde.

Ein so strenges Geboth, welches auf einmal allen
Delikatessen und Raffinements der Ueppigkeit ein Ende machte, war den Reichen sehr unwillkommen, und
sie ergriffen jede Gelegenheit, den Gesetzgeber wegen

seiner neuen Anordnungen zu kränken. Mehrmals kam
es darüber zum Aufruhr; und in einem derselben schlug
ein junger Kerl, Namens Alexander, dem Lykurg
ein Auge aus. Aber er hatte den größten Theil des
Volks auf seiner Seite, welches, über diese Beleidigung aufgebracht, ihm den jungen Menschen in die
Hände lieferte, um ihn mit gebührender Strenge zu
bestrafen. Lykurgus, anstatt etwas von viehischer
Rachsucht zu äußern, gewann seinen Feind durch alle
Künste der Leutseligkeit und Liebe, bis er endlich, aus
einem der übermüthigsten und unruhigsten Köpfe in
Sparta, ein Muster der Weisheit und Mäßigung,
und ein sehr brauchbarer Gehülfe des Lykurgus zu
Beförderung seiner neuen Einrichtungen, wurde.

So fuhr er fort, durch keinen Widerstand geschreckt,
und unerschütterlich standhaft in seinem Entwurf, an
einer gänzlichen Verbesserung der Sitten seiner Landsleute zu arbeiten. Da die Erziehung der Jugend einer
von den wichtigsten Gegenständen der Bemühungen
eines Gesetzgebers war, so trug er Sorge, den Kindern früh solche Grundsätze einzuflößen, daß sie gewissermaßen schon mit einem Gefühl von Ordnung und
Zucht auf die Welt kämen. Sein großer Grundsatz
war, Kinder seyen das Eigenthum des Staats, und
gehörten mehr dem gemeinen Wesen, als ihren Aeltern
an. Zu diesem Ende macht' er gleich mit dem Augenblick der Empfängniß den Anfang, indem er den Müt-
tern solche Diät und Leibesübungen vorschrieb, wodurch
sie in den Stand gesetzt wurden, gesunde und starke
Kinder zur Welt zu bringen. Da während dieser Periode alle Anordnungen einen Anstrich von der rohen
Wildheit der Zeiten hatten, so darf man sich nicht wundern, wenn Lykurgus befahl, daß alle die Kinder,
welche, nach einer öffentlichen Besichtigung, häßlich
und schwächlich, und ungeschickt zu einem thätigen,

mühseligen Leben befunden würden, in einer Höhle an
dem Berge Taygetus ausgesetzt werden und umkommen sollten. Dies sah man als eine öffentliche Strafe der Mutter an, und hielt es für den kürzesten Weg,
den Staat einer künftigen Last zu entledigen.

Diejenigen, die ohne irgend einen Hauptfehler geboren waren, wurden dann als Kinder des Staats angenommen, und ihren Aeltern übergeben, sie mit Strenge und Härte aufzuziehen. Von ihrem zartesten Alter
an, wurden sie gewöhnt, keinen Unterschied in ihren
Speisen zu machen, sich im Finstern nicht zu fürchten,
nicht verdrüßlich und mürrisch zu werden, wenn sie allein gelassen wurden, mit bloßen Füßen zu gehen, auf
harten Lager zu schlafen, Winter und Sommer gleiche
Kleider zu tragen, und sich nie vor ihres Gleichen zu
fürchten. In siebenden Jahre wurden sie aus ihrer
Aeltern Hause genommen, und in die Klassen zur öffentlichen Erziehung gethan. Hier war ihre Zucht fast
nichts anders, als eine Uebung in Ertragung aller Beschwerden, in Selbstverleugnung und Gehorsam. In
diesen Klassen führte einer von den ältesten und erfahrensten Knaben die Oberaufsicht, schrieb die Uebungen
vor, und hatte Macht, die Widerspänstigen zu züchtigen. Selbst ihre Spiele und Leibesbewegungen waren
nach der strengsten Zucht eingerichtet und bestanden aus
Arbeiten und Beschwerden. Sie giengen barfuß, mit
geschornen Köpfen, und mußten nackt mit einander fechten. Während der Zeit, daß sie zu Tische saßen, pflegten die Lehrer die Knaben zu unterrichten, indem sie
ihnen über die Natur moralischer Handlungen, und
über die verschiednen Verdienste der bekanntesten Männer ihrer Zeit Fragen vorlegten. Die Knaben waren
verbunden, schnelle und fertige Antwort zu geben, und
zugleich ihrer Gründe anzuführen, alles so kurz gefaßt,
als möglich; denn die Sprache eines Spartaners war

so sparsam, als sein Geld groß und schwer. Alte prah=
lerische Gelehrsamkeit war aus diesem simpeln Staat
verbannt; ihr einziges Studium war, Gehorchen, ihr
einziger Stolz, Beschwerlichkeiten ertragen. Jede
Kunst wurde gebraucht, sie gegen künftige Gefahren
abzuhärten. Zu diesem Ende wurden sie jährlich an
dem Altar der Diana gegeißelt, und der Knabe, wel=
cher diese schmerzhafte Behandlung am standhaftesten
ertrug, gieng als Sieger davon. Dies geschah öffent=
lich vor den Augen ihrer Aeltern, und in Gegenwart
der ganzen Stadt; und oftmals gab einer unter dieser
harten Züchtigung seinen Geist auf, ohn' einen Seuf=
zer auszustoßen. Selbst ihre eignen Väter, wenn sie
sie mit Blut und Wunden bedeckt, und im Begriff
sahen den Geist aufzugeben, ermahnten sie, mit Stand=
haftigkeit und Entschlossenheit bis ans Ende auszuhal=
ten. Plutarch, welcher versichert, daß er mehr
als einmal Kinder unter dieser grausamen Behandlung
sterben sehen, erzählt uns von einem, der als er einen
gestohlnen Fuchs unter seinem Kleide trug, sich von
ihm den Bauch zerfressen ließ, um den Diebstahl nicht
zu entdecken.

Jede Einrichtung schien dahin abzuzwecken, Kör=
per und Geist zum Kriege zu härten und zu schärfen.
Um sie zu Kriegslisten und plötzlichen Ueberfällen ab=
zurichten, erlaubte man den Knaben, einander zu be=
stehlen, wurden sie aber auf der That ertappt, so be=
strafte man sie wegen ihres Mangels an Geschicklichkeit.
Eine solche Erlaubniß also war nicht viel mehr, als
ein Verbot des Diebstahls, weil, wie jetzt, im Fall
der Entdeckung die Strafe erfolgte. In der That
wurde durch diese Anordnung Nachläßigkeit des Besi=
ßers mit Recht durch den Verlust seiner Besißungen be=
straft, eine Bemerkung, welche von nachfolgenden Ge=
setzgebern nicht genug in Erwägung gezogen worden.

Im zwölften Jahre wurden die Knaben in eine höhere Klasse versetzt. Hier wurden, um die Saamen des Lasters, welche um diese Zeit zu keimen anfiengen, gänzlich auszurotten, Zucht und Arbeit zugleich mit dem Alter vermehrt. Hier hatten sie ihren Lehrer aus den Männern, welcher Pädonomos hieß, und unter ihm die Irenen, junge Leute aus ihrem eignen Mittel erwählt, um eine beständigere, unmittelbarere Zucht über sie auszuüben. Jetzt hatten sie ihre Scharmützel zwischen kleineren Partheyen, und ihre ordentlichen Treffen zwischen größeren Haufen. In diesen fochten sie oft mit Händen, Füßen, Zähnen, und Nägeln, mit solcher Hartnäckigkeit, daß es etwas Gewöhnliches war, sie ihre Augen und oft ihr Leben verlieren zu sehen, ehe der Sieg entschieden wurde. So war die beständige Zucht während ihrer Minderjährigkeit beschaffen, welche bis ins dreyßigste Jahr dauerte, vor welchem es ihnen nicht erlaubt war, weder zu heirathen, noch Kriegsdienste zu thun, noch irgend eine Staatsbedienung zu verwalten.

Was die Mädchen anbetrifft, so war ihre Zucht eben so strenge, als der Knaben. Sie wurden zu ununterbrochener Arbeit und Geschäfftigkeit gewöhnt, bis ins zwanzigste Jahr, vor welcher Zeit sie nicht heirathen durften. Sie hatten auch ihre besondern Leibesübungen. Sie liefen in die Wette, rangen, warfen nach dem Ziel, und verrichteten alles dieses nackend vor der ganzen Versammlung der Bürger. Dies ward auf keine Weise für unanständig gehalten, indem man voraussetzte, daß der öftere Anblick der nackten Person jede wollüstige Begierde eher unterdrücken als erregen würde. Eine so männliche Erziehung ermangelte nicht, ihr entsprechende Gesinnungen bey den Spartanischen Frauenzimmer hervorzubringen. Sie waren kühn, frugal und patriotisch, voll von Gefühl der Ehre und

Begierde nach Kriegeriſchem Ruhm. Als einige aus-
ländiſche Frauenzimmer einſt in Geſellſchaft der Gemahlinn des **Leonidas** ſagten, die Spartaniſchen
Weiber allein verſtünden die Kunſt, ihre Männer zu
beherrſchen, erwiederte ſie dreiſt: die Spartaniſchen
Weiber allein bringen Männer zur Welt. Eine Mutter gab ihrem Sohn, als er ins Treffen gieng, ſeinen
Schild mit der Ermahnung: **Komm mir nicht anders als mit ihm, oder auf ihm, zurück.** Das
hieß, ſie wollte ihn lieber todt auf ſeinem Schild, nach
Sparta zurücktragen ſehen, als hören, daß er ihn im
Fliehen von ſich geworfen. Eine andre, als ſie hörte,
daß ihr Sohn für ſein Vaterland fechtend umgekommen, antwortete ohne alle Bewegung: **Dazu hab'
ich ihn geboren.** Nach der Schlacht bey **Leuktra**
giengen die Aeltern derer, die im Treffen geblieben, in
die Tempel und dankten den Göttern, daß ihre Söhne ihre Pflicht gethan, unterdeß die andern, deren
Kinder dieſen ſchrecklichen Tag überlebt hatten, un-
tröſtbar waren.

Indeſſen darf ich nicht verſchweigen, daß das Frauenzimmer, welches von ſolcher Leidenſchaft für den
Kriegsruhm beſeelt war, ſich durch eheliche Treue eben
nicht auszeichnete. In der That hatten ſie gar kein
Geſetz wider den Ehebruch, und eine Vertauſchung der
Ehemänner war nichts Ungewöhnliches. Dies geſchah
aber freylich immer mit gegenſeitiger Einwilligung beider Partheyen, wodurch ſie der unangenehmen Ceremonien einer Eheſcheidung überhoben waren. Ein
Grund, den man für die Geſtattung dieſer gegenſeiti-
gen Freyheit anführte, war nicht ſo ſehr, ausgelaſſene
Begierden zu befriedigen, als durch Verbindung ſolcher
Perſonen, die gegenſeitige Neigung für einander hatten, eine beſſere Gattung von Menſchen für den Staat
zu erhalten. Ueberhaupt ſcheint **Lykurg** bey vielen

feiner Gefetze den Grundfatz gehabt zu haben, daß Pri-
vatlaſter zum Beßten des gemeinen Wefens gereichen
können; ſo auch in diefem Falle.

Außer diefer mit der Staatsverfaſſung verbundenen Grundfätzen, herrſchten noch viele andre Marimen
unter ihnen, welche nicht anders als Gefetze betrachtet
wurden. So wars ihnen nicht erlaubt, irgend ein
Handwerk oder eine mechaniſche Kunſt zu treiben. Die
vornehmſte Beſchäfftigung der Spartaner beſtand in
Leibesübungen oder in der Jagd. Die Heloten, die
einige hundert Jahre vorher ihre Freyheit verloren
hatten, und zu ewiger Eklaverey verdammt waren,
pflügten ihnen ihre Ländereyen, wofür ſie weiter nichts,
als ihren bloßen Unterhalt zum Lohn erhielten. Die
Bürger, welche alſo ihr hinlängliches Auskommen und
nichts zu thun hatten, brachten den größten Theil ihrer Zeit in ihren großen Säälen in Geſellſchaft zu,
wo ſie zuſammen kamen und ſich unterredten. Selten
waren ſie allein, gewöhnt, gleich Bienen immer zuſammen zu leben, immer auf ihre Oberhäupter und
Anführer Acht zu haben. Liebe für ihr Vaterland
und das allgemeine Wohl war ihre herrſchende Lei-
benſchaft, und alles Selbſtintereſſe verlor ſich in dem
allgemeinen Wumſche für die Wohlfahrt der Geſellſchaft. Pedarktus, dem ſeine Hoffnung fehlſchlug,
unter den dreyhundert Männern, die einen gewiſſen
Vorzug vor den übrigen Bürgern genoſſen, erwählt
zu werden, bezeugte, anſtatt ſich über die Vereitelung
ſeiner Ehrbegierde zu ärgern, große Freude, daß in
Sparta noch dreyhundert beſſere Männer
wären, als er.

Unter andern Marimen diefes Gefetzgebers, war
den Spartanern auch verboten, gegen den nehmlichen
Feind oft hinter einander Krieg zu führen. Diefes
Verbot hatte die Wirkung, daß ſich keine eingewur-

zelte und zu weit getriebne Feindseligkeit bey ihnen
festsetzte, daß sie nicht in Gefahr kamen, diejenigen,
welche sie bekriegten, in ihrer Kriegszucht zu unterrichten, und daß sie alle ihre Bündnisse auf diese Art
öfter erneuern konnten.

So oft sie den Feind in Unordnung und zum Weichen gebracht hatten, verfolgten sie ihn nie weiter, als
nöthig war, sich des Sieges zu versichern. Sie hielten es für rühmlich genug, gesiegt zu haben, und schäm-
ten sich, einen nachgebenden oder fliehenden Feind zu
tödten. Auch hatte dies nicht selten seine guten Folgen; denn der Feind, welcher wußte, daß Alles, was
sich widersetzte, niedergehauen würde, ergriff oft die
Flucht, als das sicherste Mittel, sein Leben zu retten.
Also schienen Tapferkeit und Edelmuth die herrschenden
Triebfedern dieser neuen Verfassung zu seyn; Waffen
waren ihre einzige Uebung und Beschäfftigung, und
ihr Leben war nicht so strenge im Lager als in der Stadt.
Die Spartaner waren das einzige Volk in der Welt,
dem die Zeit des Krieges eine Zeit der Gemächlichkeit
und Erquickung war, weil denn die Strenge ihrer Sitten etwas herabgespannt, und größere Freyheiten ihnen
verstattet wurden. Ihr erstes und unverletzlichstes Kriegs-
gesetz war, nie ihrem Feinde den Rücken zu zu kehren, so
sehr er ihnen auch an Macht überlegen seyn mogte, und
ihre Waffen nicht eher als mit dem Leben fahren zu lassen. Als der Dichter Archilochus nach Sparta kam,
zwang man ihn, die Stadt zu verlassen, weil er in einem seiner Gedichte behauptet hatte, daß es besser sey,
seine Waffen, als sein Leben zu verlieren. Also entschlossen zu siegen oder zu sterben, giengen sie ruhig,
mit aller Zuversicht eines glücklichen Ausgangs, dem
Feind' entgegen, überzeugt, daß sie entweder einen
glorreichen Sieg, oder, was ihnen gleich galt, einen
edlen Tod finden würden.

Um also ihre Sicherheit von nichts anders, als ihrer Tapferkeit, zu erwarten, verbot ihr Gesetzgeber, die Stadt mit Mauren zu umgeben. Sein Grundsatz war, eine Mauer von Menschen sey besser, als eine Mauer von Steinen, und eine eingesperrte Tapferkeit sey nicht viel besser, als Feigheit. In der That bedurfte eine Stadt, in welcher sich dreyßig tausend geübte Krieger befanden, keiner Mauren zu ihrem Schutz; und wir haben kaum ein Beyspiel in der Geschichte, daß sie sich bis in ihre letzte Zuflucht zurücktreiben lassen. Krieg und seine Ehren waren ihr Geschäfft und ihr Stolz; ihre Heloten, oder Sklaven, bauten ihre Felder, und verrichteten alle ihre knechtischen Arbeiten. Diese unglückseligen Menschen waren gewissermassen an den Boden gebunden, es war nicht erlaubt, sie an Auswärtige zu verkaufen, oder sie in Freyheit zu setzen. Wenn etwa einmal ihre Vermehrung dem Staat lästig, oder ihren harten Herren verdächtig wurde, so hatten sie die *Kryptia*, oder ein **geheimes Gesetz**, welches ihnen erlaubte, sie ums Leben zu bringen. Von dieser barbarischen Strenge indessen, spricht Plutarch den Lykurgus frey; aber gewiß ist, daß seine Anordnungen nicht hinreichten, das Volk von solcher Niederträchtigkeit und Grausamkeit zurückzuhalten. Diesem geheimen Gesetz zufolge giengen verschiedne Haufen von jungen Leuten, mit Dolchen versehen, bey Tage aus der Stadt, versteckten sich in Gebüschen bis es dunkel wurde, fielen denn ihre Sklaven an, und stießen alles nieder, was ihnen in den Weg kam. Thucydides erzählt, daß zweytausend dieser Sklaven auf einmal unsichtbar geworden, ohne daß man nachher je etwas von ihnen gehört. Man muß wirklich erstaunen, daß ein Volk, wie die Spartaner, berühmt wegen Gelindigkeit gegen die Besiegten, wegen Unterwürfigkeit gegen ihre Obern, wegen Ehrfurcht gegen das Alter,

und Freundschaft gegen einander, so viehisch grausam
gegen ihre Untergebnen seyn können; gegen Menschen,
die sie in jeder Absicht als ihres Gleichen, als ihre
Landsleute, die nur durch ungerechte Usurpation herab-
gewürdigt waren, hätten ansehen sollen. Indessen ist
nichts gewisser, als ihre barbarische Behandlung; sie
waren nicht allein zu den sklavischen Arbeiten verdammt,
sondern wurden auch oft ohne Grund ums Leben gebracht. Sie wurden oft trunken gemacht, und ihren
Kindern zum Gelächter dargestelt, um diese von einer
so viehischen Art von Schwelgerey abzuschrecken.

Dies ist das Wesentliche der Anordnungen des
Lykurgus, die durch ihre Abzweckung sich die Hoch-
achtung und Bewundrung aller benachbarten Nationen
erwarben. Die Griechen ließen sich immer gern durch
Tugenden blenden, die mehr glänzend als nützlich waren, und erhoben die Gesetze des Lykurgus, die,
aufs beßte, mehr darauf ausgerechnet waren, die Menschen kriegerisch als glücklich zu machen, und Fühllosig-
keit an die Stelle des frohen Lebensgenusses zu setzen.
Betrachtet man sie mit politischen Auge, so war die
Stadt Lacedämon weiter nichts als eine militärische
Garnison, die durch die Arbeiten einer zahlreichen Bau-
renschaft, ihrer Sklaven, ernährt wurde. Die Gesetze also, nach welchen sie beherrscht wurden, sind nicht
viel strenger, als viele von den militarischen Einrichtungen neuerer Fürsten; gleich harte Arbeiten, gleiche
Zucht, gleiche Armuth und gleiche Subordination findet man in vielen Jahrhunderten in Sparta. Der
einzige Unterschied zwischen einem Lacedämonischen
Krieger und einem Garnisonsoldaten in Grevelingen,
besteht meines Bedünkens darinn, daß Jener Erlaubniß hatte, im breyßigsten Jahr zu hairathen, dieser
aber verbunden ist, auf Lebenslang unverehelicht zu bleiben; daß dieser mitten in einem civilisirten Lande lebt,

welches er, wie man sagt, beschützen soll, Jener mitten
unter einer Menge civilisirter Staaten lebte, denen
er nicht Lust hatte, was zu Leide zu thun. Krieg ist
das Gewerbe beider, und ein Feldzug ist oft eine Er-
holung von den strengeren Pflichten einer eingesperrten
Garnison.

Nachdem Lykurgus also seine kriegerische Verfassung zu Stande gebracht, und der Staat, welchen
er eingerichtet hatte, gesund und stark genug zu seyn
schien, um sich selbst erhalten zu können, so gieng seine
nächste Sorge dahin, ihn so dauerhaft zu machen, als
es ihm nur möglich war. Zu diesem Ende that er dem
Volk zu wissen, daß noch etwas zur Vollendung seines
Plans zu thun übrig sey, und daß er deßhalb das Orakel zu Delphi nothwendig um Rath fragen müsse. Unterdessen überredt' er seine Mitbürger einen Eid abzulegen, daß sie seine Gesetze bis zu seiner Rückkehr aufs
genaueste halten wollten. Als dies geschehen war, reist'
er ab, mit dem festen Entschluß, Sparta nie wieder
zu sehen. Als er zu Delphi angekommen war, fragt'
er das Orakel, ob die Gesetze, die er den Lacedämoniern gegeben, hinreichend wären, sie glücklich zu machen; und als er zur Antwort erhielt, daß nichts zu
ihrer Vollkommenheit fehle, schickt' er diese Antwort
nach Sparta, und hungerte sich darauf zu Tode.
Andre sagen, er sey in Kreta gestorben, nachdem er
vorher befohlen, daß man seinen Leichnam verbrennen,
und die Asche ins Meer werfen sollte. Der Tod dieses großen Gesetzgebers gab seinen Gesetzen eine San-
ction und ein Ansehen, das sein Leben ihnen nicht verschaffen konnte. Die Spartaner betrachteten sein Ende
als die glorreichste aller seiner Handlungen, und als
den edelsten Schluß seines verdienstvollen Lebens. Sich
selbst hielten sie durch alle Bande der Dankbarkeit und
Religion zu der genauesten Beobachtung aller seiner

Anordnungen verbunden; und die lange Dauer der Spartanischen Staatsverfassung zeugt von der Beharrlichkeit ihres Entschlusses.

Nachdem Lacedämon also eingerichtet war, schien es nur eine Gelegenheit zu wünschen, die Ueberlegenheit seiner Macht unter den benachbarten Staaten, seinen Nebenbuhlern, zu zeigen. Der Krieg mit den Messeniern lehrte die Lacedämonier bald die Vorzüge ihrer kriegerischen Verfassung kennen; da ich aber wichtigeren Begebenheiten zueile, so will ich diesen Krieg nur so kurz, als möglich berühren. Die Messenier und Lacedämonier besaßen gemeinschaftlich einen Tempel der Diana, der an der Gränze jedes Königreichs stand. Hier sollten die Messenier, wie man ihnen Schuld gab, einige Spartanische Jungfrauen zu schänden gesucht, und den Teleklus, einen der Spartanischen Könige, welcher sie in Schutz genommen, ums Leben gebracht haben. Die Messenier hingegen leugneten diese Beschuldigung, und behaupteten, diese vorgeblichen Jungfrauen seyen verkleidete junge Männer gewesen, die mit Dolchen unter den Kleidern vom Teleklus dahin gestellt wären, um sie zu überfallen. Zu dem gegenseitigen Unwillen, der hierdurch veranlasset wurde, kam bald noch eine andre Ursach der Feindseligkeit: Polychares, ein Messenier, welcher in den Olympischen Spielen den Preis gewonnen hatte, gab dem Euphänus, einem Lacedämonier, einige Kühe auf die Weide, und machte mit ihm aus, daß er sich mit einem Theil der Nutzung bezahlt machen sollte. Euphänus verkaufte die Kühe, und gab vor, sie seyen ihm gestohlen. Polychares schickte seinen Sohn an ihn, das Geld zu fodern; aber der Lacedämonier, um das Verbrechen voll zu machen, tödtete den Jüngling, und beredte seine Mitbürger, keine Genugthuung zu geben. Polychares also wollte sich selbst Ge-

nugthuung verschaffen, und tödtete alle Lacedämonier,
die ihm in den Weg kamen. Beide Königreiche brachten darüber ihre Beschwerden und Gegenbeschwerden
an, bis endlich die Sache zu einem allgemeinen Kriege kam, der viele Jahre hindurch mit zweifelhaften
Glücke geführt wurde.   In dieser Lage schickten die
Messenier nach Delphi, das Orakel um Rath zu fragen, welches verlangte, daß man eine Jungfrau aus
der Familie des Aepytus opfern sollte. Als man das
Loos über alle Nachkommen dieses Fürsten warf, traf
es die Tochter des Lyciskus; da man sie aber für
untergeschoben hielt, so bot Aristodemus seine eigne
Tochter an, die Jedermann für die seinige anerkannte.
Ihr Liebhaber indessen bemühte sich, den Streich von
ihr abzuwenden, indem er behauptete, daß sie von ihm
schwanger sey; hierüber aber ward der Vater so sehr
entrüstet, daß er ihr mit eigner Hand öffentlich den
Bauch aufriß, um ihre Unschuld zu retten.   Der En-
thusiasmus, worein dieses Opfer die Messenier versetzte, gab ihnen auf eine Zeitlang die Oberhand; bis sie
endlich gänzlich geschlagen und in der Stadt Ithome
belagert wurden, worauf Aristodemus, da er Alles
ohne Rettung verloren sah, sich selbst auf dem Grabe
seiner Tochter ums Leben brachte.   Mit ihm fiel das
Königreich Messenien, nicht ohne den hartnäckigsten
Widerstand und manche Niederlage der Spartanischen
Armee, welcher sie also länger als zwanzig Jahre zu
schaffen machten.   Ein merkwürdiges Verfahren der
Lacedämonier während dieses Krieges dürfen wir nicht
übergehen.   Da sie ihre Stadt von allen männlichen
Einwohnern entblößt, und sich durch einen Eid verbindlich gemacht hatten, nicht eher wieder zu kommen, als
bis sie ihre Absicht erreicht hätten; so stellten ihre Weiber ihnen unterdessen vor, daß es bey ihrer langen Abwesenheit mit aller Nachkommenschaft ein Ende haben
würde.

J.d.W.
3061

würde. Dieſem Uebel abzuhelfen, ſchickten ſie funfzig ihrer am meiſten verſprechenden jungen Männer aus
dem Lager nach Sparta ab, und erlaubten ihnen, ohne
Unterſchied allen jungen Mädchen nach Belieben beyzuwohnen. Die Kinder dieſer Mädchen nannte man
nachher Partheniä oder Jungfernſöhne; ſie wurden
aber von den Spartanern nach ihrer Rückkehr ſo verächtlich behandelt, daß ſie ſich einige Jahre nachher
mit den Heloten zu einer Empörung verbanden; aber
bald bezwungen wurden. Sie wurden aus dem Staat
verbannt, und begaben ſich unter ihrem Anführer Phi-
lantus nach Italien, wo ſie ſich zu Tarent niederließen.

Nach einer ſtrengen Unterwerfung von neun und
dreyßig Jahren, machten die Meſſenier noch einmal
einen muthigen Verſuch, ihre Freyheit zu erkämpfen.
Ariſtomenes, ein junger Mann von großem Muth
und Fähigkeit, führte ſie an. Der Ausgang des er- J. d. W.
ſten Treffens war zweifelhaft; und als den Lacedämo- 3299
niern durch das Orakel gerathen wurde, ſich von den
Athenienſern einen General auszubitten, ſo ſchickte dieſer politiſche Staat ihnen den Tyrtäus, einen Dichter und Schulmeiſter, deſſen vornehmſtes Geſchäfft war,
Reden zu halten, und ſeine Verſe herzuſagen. Die
Spartaner fanden wenig Geſchmack an ihrem neuen
Anführer, aber ihre Ehrfurcht für das Orakel machte
ſie ſeinen Befehlen gehorſam. Ihr Glück indeſſen beſ-
ſerte ſich mit ihrem Gehorſam nicht; ſie wurden vom
Ariſtomenes geſchlagen, welcher zum Glück im Nach-
ſetzen ſeinen Schild verlor, wodurch ihre gänzliche Niederlage verhindert wurde. Eine zweyte und dritte Niederlage erfolgte bald nachher; ſo daß die Lacedämonier
allen Muth verloren, und ſchon willens waren, auf
was für Bedingungen es ſeyn mögte, Frieden zu ſchlieſ-
ſen. Allein Tyrtäus entflammte ſie ſo ſehr durch ſeine

C

Reden und Lieder zum Lobe des Heldenruhms, daß sie
sich zu einem andern Treffen entschlossen, in welchem
sie den Sieg erfochten, und bald nachher den Aristomenes, nebst funfzigen seiner Begleiter in einem
Scharmützel gefangen nahmen.

Die Begebenheiten dieses Helden verdienen bemerkt
zu werden. Nachdem er als Gefangner nach Sparta
gebracht war, wurde er, nebst seinen funfzig Gefährten in eine tiefe Höhle geworfen, die man vorher zu
Hinrichtung der Uebelthäter gebraucht hatte. Alle kamen durch den Fall ums Leben, Aristomenes ausgenommen, welcher lebendig auf den Boden kam. Als
er nachher einen Fuchs gewahr wurde, welcher an einem
der Leichname nagte, ergriff er ihn beym Schwanz
hielt ihm mit der andern Hand den Kopf, daß er nicht
beißen konnte, und folgte ihm so bis an seinen Ausgang nach. Hier sahe er sich genöthigt, weil das Loch
zu enge war, abzulassen, verfolgte aber die Spur mit
den Augen, entdeckte einen Schimmer von Licht, und
arbeitete sich endlich glücklich durch. Nach dieser außerordentlichen Entwischung verfügt' er sich unverzüglich
zu seinen Truppen, und that mit ihnen bey Nacht einen
glücklichen Angriff auf die Korinthier, die Bundsgenossen der Spartaner. Demungeachtet ward er bald
nachher wieder durch einige Kretenser in Spartanischen
Diensten gefangen genommen; aber er machte seine Hü-
ter trunken, erstach sie mit ihren eignen Dolchen, und
kehrte zu seinem Heere zurück. Allein mit aller seiner
Tapferkeit war er allein nicht im Stande, den Untergang seines Vaterlandes abzuwenden; wiewohl er schon
dreymal die Hekatomphonia gewonnen hatte, ein
Opfer, welches denen zu Ehren angestellt wurde, welche hundert Feinde mit eigner Hand im Treffen erlegten. Aber seine Truppen waren so sehr eingeschmolzen
und durch ununterbrochne Dienste so sehr entkräftet, daß

die Stadt **Eira**, die er vertheidigte, erobert wurde, und die Meſſenier ſich genöthigt ſahen, zu dem Ana-**J.d.W.** xilas, einem Sicilianiſchen Fürſten, ihre Zuflucht zu **3314** nehmen. Was den **Tyrtäus** anbetrifft, ſo machten die Lacedämonier ihn zum Bürger ihrer Stadt, die höchſte Ehre, welche ſie zu geben im Stande waren. Durch die Verbindung des Meſſeniſchen Landes mit dem Spartaniſchen Gebiet, ward dieſer Staat einer der mächtigſten in ganz Griechenland, und ſtand nur dem Athenienſiſchen Staate nach, welchen er immer mit eiferſüchtigen Augen anſah.

Dritter Abſchnitt.

Regierungsform der Athenienſer; Geſetze des Solon; Geſchichte der Republik von Solons Zeit bis auf den Anfang des Perſiſchen Krieges.

Wir kehren jetzt wieder zu Athen zurück. Nach-dem **Kodrus**, der letzte König dieſes Staats, ſich für das Wohl ſeines Vaterlandes aufgeopfert hatte, wurde eine neue Obrigkeit, unter dem Titel **Archon**, ſtatt der königlichen Regierung angeordnet. Der Er-**J.d.W.** ſte, welcher dieſe Würde bekleidete, war **Medon**, des **2913** letztern Königs Sohn. Er fand anfänglich einen Geg-ner an ſeinem Bruder **Nileus**, ward aber durch das Orakel vorgezogen, und demnächſt in ſein neues Amt eingeſetzt. Die Archonten regierten Anfangs lebens-länglich; bald nachher ward ihr Amt auf zehn Jahr **J.d.W.** eingeſchränkt, und endlich wurden ſie jährlich neu er-**3298** wählt. Dieſer Zuſtand dauerte beynahe dreyhundert Jahre. Der Staat war während dieſer Periode ſehr unthätig und arm an unterhaltendem Stoff für die Ge-ſchichte. Der Geiſt einer weit ausgebreiteten Herr-

schaft hatte sich noch nicht in Griechenland eingeschli-
chen, und die Bürger waren noch zu sehr mit ihren
Privatintriguen beschäfftigt, als daß sie auf auswärtige Angelegenheiten hätten achten sollen. Athen blieb
also lange Zeit unfähig seine Macht zu erweitern, zufrieden mit seiner Sicherheit mitten unter dem streiten-
den Interesse hochstrebender Potentaten und partheysüchtiger Bürger.

Die Begierde, durch geschriebne Gesetze regiert zu
werden, gab endlich zu einer neuen Veränderung in der
Staatsverfassung Anlaß. Länger als ein Jahrhundert hindurch hatten sie die guten Wirkungen der Gesetze in der neuen Einrichtung des Spartanischen Staats
gesehen; und, da sie ein erleuchteteres Volk waren,
als jene, so erwarteten sie noch größere Vortheile von
einer neuen Verfassung. Sie wählten also einen Gesetzgeber, und fielen auf den Drako, einen Mann von
allgemein anerkannter Weisheit, unerschütterlicher
Rechtschaffenheit, aber auch von einer Strenge und
Härte, welche die menschliche Natur nicht zu ertragen
vermogte. Es scheint nicht, daß irgend ein Griechi-
scher Staat vor seiner Zeit geschriebne Gesetze gehabt.
Dem ungeachtet scheut' er sich nicht, die härtesten Gesetze abzufassen, welche den schwärzesten Verbrechen und
den unerheblichsten Vergehungen gleiche Strafen auf-
erlegten. Diese Gesetze, welche alle Verbrechen mit
dem Tode bestraften, und von denen man sagte, daß
sie nicht mit Dinte, sondern mit Blut geschrieben worden, waren zu grausam, als daß sie hätten gebührlich
und den Rechten gemäß gehandhabt werden können.
Empfindung und Menschlichkeit bey den Richtern,
Mitleiden mit dem Beklagten, wenn sein Verbrechen
seinen Leiden nicht gleich kam, Unwilligkeit der Zeugen,
eine zu grausame Genugthuung zu suchen, auch die
Furcht vor der Erbitterung des Volks; alles dieses ver-

J. d. W.
3361

einigte sich, die Gesetze wieder ungültig zu machen, ehe sie noch recht vollzogen werden konnten. Also wirkten die neuen Gesetze ihrem eignen Zweck entgegen, und ihre übertriebne Strenge bahnten der gefährlichsten Straflosigkeit den Weg.

In diesem betrübten Zustande des Staats wandte J. d. W. man sich an den Solon, den weisesten und gerechtesten Mann in ganz Athen, und bat ihn um Rath und Beystand. Seine Gelehrsamkeit hatte ihm so großen Ruhm erworben, daß man ihn für den ersten der sieben Weisen Griechenlandes hielt, und seine bekannte Menschlichkeit gewann ihm die Liebe und Ehrfurcht jeder Klasse von seinen Mitbürgern. Solon war aus Salamis gebürtig, einer Insel, welche unter Atheniensischer Bothmäßigkeit stand, sich aber empört und der Herrschaft der Megarenser unterworfen hatte. Die Athenienser hatten schon viel Blut und Geld verschwendet, um diese Insel wieder zu erobern, bis sie endlich, müde des unglücklichen Versuchs, ein Gesetz machten, wodurch sie Todesstrafe darauf setzten, wenn Jemand zu einem neuen Unternehmen gegen die abgefallne Insel rathen würde. Solon unternahm es dem ungeachtet, sie zu einem neuen Versuch zu bereden. Er stellte sich wahnsinnig, lief mit gewaltsamen Bewegungen des Körpers durch alle Gassen, rief und schrie, und machte den Atheniensern die heftigsten Vorwürfe, daß sie so träge und weibisch wären, und alle Hoffnung das Verlorne wieder zu gewinnen aufgäben. Kurz, er spielte seine Rolle so gut, brachte unter dem Schein des Wahnsinns so starke Gründe vor, daß das Volk sich entschloß, noch einmal eine Expedition gegen Salamis zu wagen. Solon bediente sich der Kriegslist, einen Haufen junger Krieger in Frauenskleidern auf die Insel zu bringen, welche denn den Feind überfielen, und die Insel der Atheniensischen Bothmäßigkeit wieder unterwarfen.

Doch dies war nicht die einzige Gelegenheit, wo er vorzügliche Geschicklichkeit und Weisheit zeigte. Zu der Zeit, da Griechenland die Künste der Beredsamkeit, Dichtkunst und Staatsverwaltung höher getrieben hatte, als man sie bisher unter den Menschen gesehen, hielt man den Solon für einen der ersten in jeder Vollkommenheit. Die Weisen Griechenlandes, deren Ruhm noch immer lebt, erkannten seine Verdienste, und nahmen ihn in ihre Gesellschaft auf. Die Verbindung dieser weisen Männer war zu gleicher Zeit lehrreich, freundschaftlich, und redlich. Ihrer waren sieben, nämlich, Thales von Milet, Solon aus Athen, Chilo aus Lacedämon, Pittakus aus Mitylene, Periander, aus Korinth, Bias und Kleobulus, deren Geburtsörter nicht ausgemacht sind. Diese Weisen besuchten oft einander, und ihre Unterredungen betrafen gewöhnlich die beßte Methode einen Staat wohl einzurichten, oder die Mittel der Privatglückseligkeit. Eines Tages, als Solon den Thales zu Milet besuchte, äußerte er seine Verwunderung, daß Thales nie Lust gehabt zu heirathen, oder Kinder zu haben. Thales antwortete ihm nicht gleich; einige Tage nachher aber kam ein Fremder, welcher von ihm abgerichtet war, und von Athen zu kommen vorgab, in ihre Gesellschaft. Als Solon hörte, woher der Fremde komme, erkundigt' er sich, was es in seiner Vaterstadt Neues gäbe. Der Fremde wußte weiter nichts, als daß ein junger Mensch gestorben, worüber die ganze Stadt äußerst betrübt sey, weil man ihn für den hoffnungsvollsten Jüngling in ganz Athen gehalten. „Ach! rief Solon, wie sehr bedaur' ich „den armen Vater des Jünglings! aber wie heißt „er? — Ich hörte den Namen erwiederte der Frem„de, aber ich hab' ihn vergessen: so viel weiß ich nur „noch, daß alles Volk viel von seiner Weisheit und

„Gerechtigkeit sprach;„ — Jede Antwort machte den
wißbegierigen Vater unruhiger und bänger, und kaum
hatt' er Kraft zu fragen, ob der Jüngling nicht Solons Sohn gewesen? —„Ganz recht, eben der,„ versetzte der Fremde— Bey diesem Worte äußerte Solon
alle Zeichen der untröstbarsten Betrübniß. Dies wars,
was Thales gewollt hatte; er faßt' ihn bey der Hand,
und sagte lächelnd: „Tröste dich, Freund, Alles was
„du gehört hast, war nur Erdichtung, mag aber zur
„Antwort auf deine Frage dienen, warum ich nie Lust
„gehabt, mich zu verheirathen?„

Eines Tages, am Hofe des Periander zu Korinth, warf man die Frage auf, welche Staatsverfassung ein Volk am glücklichsten mache? Die, sagte
Bias, wo das Gesetz keinen über sich hat.— Die,
sagte Thales, wo die Bürger weder zu reich, noch zu
arm sind.— Die, sagte Anacharsis, der Scythe;
wo Tugend geehrt, und Laster verabscheuet wird. —
Die, sagte Pittakus, wo die Staatsbedienungen
nur Tugendhaften, nie Lasterhaften gegeben werden.—
Die, sagte Kleobulus, wo die Bürger sich mehr
vor Tadel, als vor Strafe scheuen. —. Die, sagte
Chilo, wo die Gesetze mehr geachtet werden, als Redner. — Aber Solons Meynung scheint mehr zu
sagen, als alle übrigen: „wo eine Beleidigung, die
„dem geringsten der Unterthanen widerfährt, als ein
„Verbrechen gegen die ganze Verfassung angesehen
„wird.„

Bey einer gewissen Gelegenheit, als Solon sich
mit dem Scythischen Philosophen Anacharsis, über
seine vorhabenden Verbesserungen im Staat, unterred-
te, rief der Scythe aus: „Ach! alle eure Gesetze werden
„nicht viel besser, als Spinnweben seyn: die schwachen
„und kleinen Fliegen werden sich darinn fangen und
„verwickeln   aber die großen und mächtigen wer-

„den immer Kräfte genug haben, sich durchzuwei-
„sen.„

Solons Besuch bey dem König von Lydien,
Krösus, und seine Unterredung mit ihm, ist noch
berühmter. Dieser Monarch, welcher für den reichsten
in ganz Kleinasien gehalten wurde, wollte mit seinem
Reichthum vor dem griechischen Philosophen großthun.
Nachdem er ihm unermeßliche Haufen von Gold, und
eine Menge verschiedner andrer Kostbarkeiten gezeigt
hatte, fragt' er ihn, ob er nicht den Besitzer dieser
Schätze für den glücklichsten aller Menschen hielte?—
Nein, erwiederte Solon; ich kenne einen glücklicheren
Menschen, einen armen Bauer in Griechenland, der
weder in Ueberfluß, noch in Mangel lebt, nur wenig
Bedürfnisse hat, und sich diese durch seine Arbeit zu
verschaffen weiß. Diese Antwort gefiel dem eitlen Monarchen gar nicht, welcher auf seine Frage eine Antwort zu erhalten hoffte, die seinem Stolz schmeicheln
würde. Um ihm aber doch eine günstigere Antwort
abzunöthigen, fragt' er ihn, ob er ihn denn nicht wenigstens für glücklich hielte? „Ach! rief Solon;
„welcher Mensch kann glücklich genannt werden vor sei-
„nem Ende„? — Der Erfolg rechtfertigte die Redlichkeit und Weisheit dessen, was Solon gesagt hatte. Das Königreich Lydien wurde vom Cyrus angegriffen, überwunden, und Krösus selbst gefangen
genommen. Als man ihn, der barbarischen Gewohnheit jener Zeiten gemäß, zum Tode führte, erinnert er
sich zu spät der Grundsätze des Solon, und konnte sich
nicht enthalten, als er auf dem Scheiterhaufen war,
Solons Namen auszurufen. Da Cyrus ihn mit
so vielem Affect diesen Namen mehrmals wiederholen
hörte, verlangt' er die Ursach zu wissen; und als ihm
Krösus die merkwürdige Warnung des Philosophen
erzählte, fieng er an, für sich selbst besorgt zu werden,

verzieh dem Krôfus, und machte ihn nachher zu feinem Vertrauten und Freunde. So hatte Solon das Verdienſt, einem König das Leben zu retten, und einen andern zu beſſern.

Dies war der Mann, mit beſſen Hülfe die Athenienſer die Strenge ihrer Verfaſſung zu verbeſſern, und gerechtere Geſeße einzuführen wünſchten. Athen war damals in ſo viele Partheyen getrennt, als es verſchiedne Arten von Einwohnern in Attika gab. Diejenigen, die auf den Bergen lebten, wünſchten eine vollkommne Gleichheit; diejenigen, die auf dem platten Lande wohnten, waren für die Herrſchaft einiger Wenigen, und die Nachbarn der Seeküſte, die folglich Handlung trieben, ſuchten beide Partheyen ſo im Gleichgewichte zu halten, daß keine ihre Abſicht erreichen mögte. Aber außer dieſen gab es noch eine vierte Parthey, die bey weitem die zahlreichſte war; ſie beſtand nämlich aus den Armen, die von den Reichen ſehr hart gequält und gedrückt wurden, und unter einer Laſt von Schulden ſeufzten, die ſie nicht im Stande waren, abzutragen. Dieſe unglückliche Parthey, die, ſo bald ſie nur ihre Stärke kannte, immer die Oberhand behalten mußte, war jetzt entſchloſſen, das Joch ihrer Unterdrücker abzuwerfen, und ſich einen Anführer zu erwählen, der durch eine neue Vertheilung der Ländereyen die Staatsverfaſſung verbeſſern ſollte.

Da Solon es nie mit irgend einer von dieſen Partheyen gehalten hatte, ſo ſahen ſie ihn alle für ihre Zuflucht an; den Reichen gefiel er, weil er reich, und den Armen, weil er ehrlich war. Wiewohl er nun anfänglich gar nicht geneigt war, ein ſo gefährliches Geſchäfft zu übernehmen, geſtattete er doch endlich, daß man ihn zum Archon erwählte; zugleich ward er, mit einmüthiger Bewilligung Aller, zum höchſten Geſeßgeber gemacht. Dies war ein Poſten, in welchem

nichts seine Macht vergrößern konnte , und doch rie-
then viele von den Bürgern ihm , sich zum König zu
machen ; aber er hatte zu viel Weisheit , einen Namen
zu verlangen , der ihn vielen seiner Mitbürger würde
verhaßt gemacht haben , da er ohnedem wirklich mehr
als königliche Gewalt besaß. Tyranney, sagt' er,
gleicht einem schönen Garten; sehr anmuthig
so lange man drinn ist, aber kein Weg wieder hinauszukommen.

Er verwarf also den Wunsch nach königlicher Würde, und entschloß sich eine Regierungsform einzuführen,
die auf dem Grunde einer gerechten und vernünftigen
Freyheit ruhen sollte. Ohn' es zu wagen, sich mit der
Heilung gewisser Krankheiten des Staatskörpers abzugeben, die er für unheilbar hielt, unternahm er keine andre Veränderungen, als solche, die selbst dem blö-
besten Kopfe als vernünftig und billig in die Augen
fallen mußten. Kurz sein Zweck war, nicht den Atheniensern die beste aller möglichen Verfassungen zu geben, sondern die beste von allen, die sie anzunehmen
fähig waren. Seinen ersten Versuch also macht' er
zum Besten der Armen, deren Schulden er, durch ein
ausdrückliches Gesetz der Insolvenz, auf einmal tilgte.
Um hierdurch so wenig als möglich ungerecht gegen die
Gläubiger zu werden, so setzt' er den Werth des Geldes nach einem mäßigen Verhältniß höher an, wodurch er dem Schein nach ihren Reichthum vermehrte. Allein seine Maaßnehmungen bey dieser
Gelegenheit hätten beynahe sehr gefährliche Folgen
gehabt; denn einige seiner Freunde, denen er seinen Entwurf vorläufig mitgetheilt hatte, nahmen
große Summen Geldes auf, so lang' es noch in geringem Werthe stund, um nach Erhöhung des Werths
den Ueberschuß zu gewinnen. Solon selbst kam in Verdacht, daß er Theil an diesem Betruge habe; um aber

allen Argwohn von ſich abzuwenden, erließ er ſeinen
Schuldnern fünf, oder, wie andre ſagen, funfzig Talente, und gewann alſo das Vertrauen des Volks
wieder.

Sein nächſter Schritt war, alle Geſetze, welche
Drako gegeben hatte, zu wiederruffen, die gegen den
Mord ausgenommen. Dann ſchritt' er zur Einrichtung der Staatsbedienungen und obrigkeitlichen Aemter, die er alle in den Händen der Reichen ließ. Er
vertheilte die reichen Bürger in drey Klaſſen, die er nach
ihren Einkünften ordnete. Diejenigen, welche jährlich
fünfhundert Maaß, ſowohl an Getreide als an flüſ-
ſigen Sachen hatten, kamen in die erſte Klaſſe, diejenigen, welche dreyhundert hatten, in die zweyte, und
diejenigen, welche nur zweyhundert hatten, in die dritte. Alle übrigen Bürger, deren Einkünfte keine zweyhundert Maaß betrugen, wurden in einer vierten und
letzten Klaſſe begriffen, und für untüchtig angeſehen,
irgend eine öffentliche Bedienung zu verwalten. Um
aber dieſe Ausſchließung wieder zu vergüten, gab er jedem Privatbürger das Recht, in der großen Verſammlung des ganzen Staatskörpers ſeine Stimme zu geben. Dies könnte, beym erſten Anblick eine Bewilligung von geringer Erheblichkeit zu ſeyn ſcheinen, aber
man fand bald, daß es ſehr wichtige Vortheile einſchloß.
Denn nach den Athenienſiſchen Geſetzen war es erlaubt,
von dem Ausſpruch der Obrigkeiten an die allgemeine
Verſammlung des Volks zu appelliren, und ſo kamen,
mit der Zeit, alle Sachen von Wichtigkeit vor dieſelbe.

Der Gewalt dieſer Verſammlung des Volks gewiſſermaßen entgegen zu wirken, gab er dem Gerichtshofe, Areopagus, ein größeres Gewicht, und ordnete auch einen andern Rath an, der aus vierhundert
Perſonen beſtand. Der Areopagus, welcher dieſen
Namen von dem Orte hatte, wo das Gericht gehalten

wurde, war schon einige hundert Jahre vorher angeordnet, aber Solon stellte seine Macht wieder her, und
vergrößerte sie. Diesem Gerichtshofe lag es ob, über
die Beobachtung und Vollziehung der Gesetze zu wachen. Vor seiner Zeit wurden die redlichsten und gerechtesten Bürger zu Richtern in diesem Tribunal gemacht. Solon war der erste, der es für zuträglicher
hielt, daß keiner mit dieser wichtigen Stelle beehrt würde, der nicht vorher das Amt eines Archon verwal-
tet. Nichts war ehrwürdiger als dieser Areopagus;
der Ruhm seiner Gerechtigkeit und Redlichkeit breitete
sich so sehr aus, daß die Römer zuweilen Rechtssachen,
die zu verwickelt waren, als daß sie es selbst gewagt hätten, sie auszumachen, ihm zur Entscheidung vorlegten. Wahrheit war das einzige, was hier in Betrachtung kam; und damit keine äußere Gegenstände der
Gerechtigkeit nachtheilig werden mögten, ward das Gericht im Finstern gehalten, und den Sachwaltern war
verboten, irgend ein Mittel zu gebrauchen, um die Leidenschaften der Richter rege zu machen. Ueber dieses
Gericht setzte Solon den großen Rath der Vierhundert, welcher über die Appellationen von dem Areopagus sein Urtheil fällen, und jede Streitsache reiflich untersuchen mußte, ehe sie vor die allgemeine Versammlung des Volks kam.

Dies war die Verbesserung der allgemeinen Anordnungen zum Beßten des Staats; vielmehr aber
waren seiner besondern Gesetze zur Handhabung der Gerechtigkeit. Fürs erste wurden diejenigen, die, in
öffentlichen Streitigkeiten und Partheyen, es mit keiner von beiden hielten, sondern eine tadelhafte Neutra-
lität beobachteten, für infam erklärt, zu ewiger Verbannung verdammt, und alle ihre Güter wurden eingezogen. Nichts konnte den Geist des Patriotismus
mehr befördern, als dieses berühmte Gesetz. Ein

Mensch, der also gezwungen ist, in allen öffentlichen
Angelegenheiten Parthey zu ergreifen, lernt durch Gewohnheit, diese Angelegenheiten zu seiner ersten Sorge zu machen, und sein Selbstinteresse ihnen immer un-
terzuordnen. Durch diese Art, die Gemüther des
Volks zu gewöhnen, daß es den als einen Feind betrachtete, der sich bey öffentlichen Unglücke gleichgültig
und unbekümmert bewies, verschafft' er dem Staat eine schnelle und allgemeine Zuflucht bey jeder gefährlichen Lage der Sachen.

Hiernächst erlaubt' er jedem Privatmann mit jedem
Andern, der beleidigt oder beschimpft worden, er sey
wer er wolle, Parthey zu machen. Vermöge dieses
Gesetzes wurde jedermann im Staat der Feind dessen,
welcher Unrecht that, und unruhige Köpfe wurden also
durch die Menge ihrer Gegner überwältigt.

Er schaffte die Gewohnheit ab, jungen Frauenzimmern, wenn sie verheirathet wurden, einen Braut-
schatz mitzugeben, wofern sie nicht einzige Töchter waren. Die Braut durfte ihrem Manne weiter nichts
mitbringen, als drey vollständige Kleider, und einiges
Hausgeräth von geringem Werth. Seine Absicht hie-
bey war, zu verhindern, daß der Ehestand nicht ein
gewinnsüchtiges Gewerbe würde; denn er betrachtete
ihn, als eine ehrenvolle Verbindung, die bestimmt sey,
beyde Partheyen glücklich zu machen, und zum allgemeinen Wohl des Staats beyzutragen.

Vor seiner Zeit durfte kein Athenienser ein Testa-
ment machen, sondern die Güter des Verstorbenen fielen nothwendig und ohne weitere Umstände seinen Kindern zu. Solon erlaubte Jeden, sein ganzes Vermögen zu vermachen, wem er wollte, und gab also
Freundschaft vor Verwandtschaft, und freyer Wahl
vor Nothwendigkeit und Zwang den Vorzug. Durch
diese Einrichtung ward das Band zwischen Aeltern und

Kindern stärker und fester, es vergrößerte die rechtmäßige Gewalt der ersten, und die nothwendige Abhängigkeit der letztern.

Er machte auch eine Anordnung, nach welcher die Belohnungen der Sieger in den Olympischen und Isthmischen Spielen vermindert wurden. Er hielt es für Ungerechtigkeit, daß ein Haufen Müßiggänger, die überhaupt genommen ohne Nutzen, oft aber gefährlich für den Staat waren, Belohnungen erhielten, die nur verdienstvollen Leuten zukämen. Er wünschte, daß diese Vortheile den Wittwen und Waisen derjenigen, die im Dienst des Vaterlandes ihr Leben aufgeopfert, zufließen, und der Aufwand, dadurch daß er zur Aufmunterung wahrer Verdienste angewandt würde, dem Staat zur Ehre gereichen mögte.

Um Fleiß und Arbeitsamkeit aufzumuntern, mußte der Areopagus die Lebensart eines jeden Einwohners untersuchen, und Alle, die ein müssiges Leben führten, bestrafen. Geschäfftlose Leute sah man als einen Haufen gefährlicher und aufrührischer Köpfe an, die immer auf Neuerungen erpicht wären, und ihre Umstände durch Plünderung des Staats zu verbessern hofften. Um also allem Müßiggange den Muth zu benehmen, war ein Sohn nicht verpflichtet, seinen Vater im Alter oder Dürftigkeit zu erhalten, wenn der letztere ihn nicht ein Handwerk oder Gewerbe hatte lernen lassen. Alle unehelichen Kinder waren auch von dieser Pflicht frey, da sie ihren Aeltern wenig mehr zu danken hatten, als unauslöschliche Schande.

Es war nicht erlaubt, öffentlich Schmähworte gegen Jemanden auszustoßen. Die obrigkeitlichen Personen, die nicht vor dem dreyßigsten Jahr erwählt werden konnten, mußten vorzüglich sorgfältig in ihrem Betragen seyn, und für einen Archon war so gar Todesstrafe darauf gesetzt, wenn man ihn betrunken fand.

Es ist merkwürdig, daß er kein Gefeß wider den Vatermord machte, weil er es für unmöglich hielt, daß ein solches Verbrechen in einer bürgerlichen Gesellschaft ausgeübt werden könne.

Was das weibliche Geschlecht anbetrifft, so erlaubt' er jedem Mann, einen Ehebrecher zu tödten, wenn er ihn auf der That ergriff. Er gestattete öffentliche Bordells, verbot aber den gemeinen Huren allen Umgang mit ehrbaren Frauenzimmern, und als ein Unterscheidungszeichen mußten sie geblümte Kleider tragen. Auch die Mannspersonen, die vielen Umgang mit ihnen pflegten, durften nicht öffentlich reden, und wer ein Frauenzimmer nothzüchtigte, mußt' eine schwere Geldstrafe erlegen.

Dies waren die vornehmsten Anordnungen dieses berühmten Gesetzgebers, und wiewohl sie weder so frappant, noch so gut authorisirt waren, als des Lykurgus Gefeße, so wirkten sie doch einige Jahrhunderte hindurch, und schienen durch Beobachtung mehr Stärke zu gewinnen.

Nachdem er nun diese Gefeße zu Stande gebracht, gieng seine nächste Sorge dahin, sie so allgemein bekannt zu machen, daß keinem der Vorwand der Unwissenheit übrig bliebe. Zu diesem Ende wurden Abschriften derselben öffentlich in der Stadt zu Jedermanns Durchsicht ausgehangen, und eine Anzahl obrigkeitlicher Personen, Thesmotheten genannt, dazu bestimmt, sie sorgfältig durchzusehen, und sie alle Jahr einmal deutlich vorzulesen. Hiernächst, um seinen Anordnungen Dauer zu geben, verpflichtete er das Volk durch einen öffentlichen Eid, sie gewissenhaft zu beobachten, wenigstens auf hundert Jahre. Sobald er auf solche Art sein großes Werk vollendet hatte, verließ er die Stadt, um der Zudringlichkeit Einiger, und dem verfänglichen Muthwillen Andrer zu entgehen.

Denn er war überzeugt, daß es schwer, wo nicht unmöglich sey, es Allen recht zu machen.

Solon reiste jetzt in Aegypten, Indien und verschiednen andern Ländern herum, und überließ Athen
sich selbst, um sich an seine neuen Einrichtungen zu gewöhnen, und durch Erfahrung ihre Weisheit einsehen
zu lernen. Aber es war nicht leicht für eine Stadt, die
so lange durch bürgerliche Zwistigkeiten zerrüttet worden,
selbst den aller weisesten Gesetzen unbedingten Gehorsam
zu leisten; ihre vorigen Feindseligkeiten fiengen wieder
an aufzuleben, so bald jene Authorität nicht mehr da
war, welche allein sie im Zaum halten konnte. Die
drey verschiednen Partheyen des Staats hatten drey Anführer an ihrer Spitze, welche die Erbitterung des
Volks wider einander entflammten, und durch Umkeh-
rung aller Ordnung ihre eigne Herrschsucht zu befriedigen hofften. Ein gewisser **Lykurgus** war an der Spitze der Bewohner des platten Landes, **Pisistratus**
erklärte sich für die, welche auf den Bergen lebten, und
Megakles war Anführer derer, die an der Seeküste
wohnten.

Der mächtigste unter diesen dreyen war **Pisistratus**. Er war ein Mann von feiner Lebensart, von
gefälligen und einschmeichelnden Betragen, und immer bereit den Armen aufzuhelfen und beyzuspringen,
deren Sache zu führen er vorgab. Er war weise und
gemäßigt gegen seine Feinde, der vollkommenste
Meister in der Verstellungskunst, und in aller Absicht tugendhaft, seinen unbeschränkten Ehrgeiz ausgenommen. Sein Ehrgeiz gab ihm den Schein, als
besäß' er diejenigen guten Eigenschaften, die ihm in der
That gänzlich fehlten: er stellte sich als der eifrigste Ver-
fechter der Gleichheit unter allen Bürgern, unterdeß
er doch in der That mit dem gänzlichen Umsturz der
Freyheit umgieng, und er erklärte sich laut gegen alle

Neu-

Neuerungen, unterdeß er doch wirklich eine gänzliche
Revolution im Sinne hatte. Der taumelnde Pöbel,
von dieſem Schein berauſcht, unterſtützte ſeine Abſichten aufs eifrigſte, und ließ ſich, ohne ſeine Abſichten
zu unterſuchen, blindlings der Tyranney und dem Untergange entgegenführen.

Eben war *Piſiſtratus* im Begriff ſeinen Zweck
zu erreichen, und ſeinen höchſten Ehrgeiz befriedigt zu
ſehen, als, zu ſeiner großen Demüthigung, Solon
wieder auftrat, welcher jetzt, nach einer Abweſenheit
von zehn Jahren, von den Abſichten des *Piſiſtratus*
belehrt, und willens ſie zu vereiteln, zurückkehrte. Ueberzeugt alſo von ſeiner Gefahr, und dem durchdringen-
den Blick dieſes großen Geſetzgebers, brauchte der ehr-
ſüchtige Demagog alle möglichen Künſte, ſeine wahren Abſichten zu verbergen, und unterdeß er ihm öffentlich ſchmeichelte, gab er ſich alle Mühe, das Volk immer mehr in ſein Intereſſe zu ziehen. Solon bemühte ſich anfänglich ſeiner Argliſt Kunſtgriffe entgegen zu
ſtellen, und ihn mit ſeinen eignen Waffen zu ſchlagen.
Er lobte ihn wieder, und erklärte einmal, was vielleicht
wahr ſeyn mogte, daß er, den unmäßigen Ehrgeiz des
Piſiſtratus ausgenommen, keinen Menſchen von ſo
großen und erhabnen Tugenden kenne. Indeſſen ſucht'
er auf alle Weiſe ſeinen Entwürfen entgegenzuarbeiten,
und ſeine Abſichten, ehe ſie zur Ausführung reif wären, zu vereiteln.

Allein in einem laſterhaften Staat vermag keine
Emſigkeit zu warnen, keine Weisheit zu ſchützen. Piſiſtratus verfolgte ſeinen Plan mit unermüdeten Eifer, und machte ſich täglich, durch ſchöne Worte und
Freygebigkeit neue Anhänger. Endlich, als er ſeine
Entwürfe zum Ausbruch reif fand, gab er ſich ſelbſt
verſchiedne Wunden, und ließ ſich in dieſem Zuſtande,
überher mit Blut bedeckt, in ſeinen Wagen auf den

D

Markt bringen, wo er durch seine Klagen und seine Beredtsamkeit den Pöbel so sehr entflammte, daß man ihn
als ein Opfer für die Sache des Volks, als einen Mär-
tyrer für sein Wohl ansahe. Alsobald wurde eine Versammlung des Volks zusammenberufen, von welcher er
sich eine Wache von fumfzig Mann zu seiner künftigen
Sicherheit ausbat. Vergebens wandte Solon seine
ganze Authorität und Veredtsamkeit an, sich einem so
gefährlichen Verlangen zu widersetzen. Er erklärte seine Leiden für bloßes Gaukelspiel. Er verglich ihn mit
dem Ulysses im Homer, der sich in ähnlicher Absicht verwundete; warf ihm aber vor, daß er diese Rolle
nicht recht spiele, denn Ulysses habe seine Feinde dadurch hintergehen wollen, Pisistratus aber seine Freunde und Erhalter. Er machte dem Volk die empfindlich-
sten Vorwürfe wegen seiner Dummheit, und sagte, er
für seine Person habe zwar Verstand genug, diesen
Plan durchzuschauen, es allein aber habe Stärke genug, sich ihm zu widersetzen. — Aber Alles war um-
sonst, die Parthey des Pisistratus behielt die Oberhand, und eine Wache von funfzig Mann ward ihm
zum Geleite gegeben. Dies war Alles, was er wünschte; denn jetzt, da er einmal von so vielen seiner eignen
Kreaturen beschützt wurde, blieb ihm nichts übrig, als
ihre Anzahl unvermerkt zu vermehren. So wurden
täglich seiner Miethlinge eine größere Menge, unterdeß die stillschweigende Furcht der Bürger in gleichem
Verhältniß wuchs. Aber jetzt war es zu spät; denn
so bald die Anzahl seiner Truppen ihn außer Gefahr setzte, zurückgeschlagen zu werden, bemächtigte er sich auf
einmal der Citadelle, ohne daß sich Einer fand, der Muth
oder Klugheit gehabt hätte, sich ihm zu widersetzen.
In dieser allgemeinen Bestürzung, der Frucht der
Thorheit auf der einen, und der Verrätherey auf der
andern Seite, war die ganze Stadt eine allgemeine

Scene von Tumult und Verwirrung; Einige flohen,
Andre grämten ſich innerlich, Andre ſchickten ſich an,
mit geduldiger Unterwerfung das Joch der Sklaverey
aufzunehmen.   Solon war der Einzige, der ohne
Furcht und Scheu die Thorheit der Zeiten beklagte,
und den Atheniensern ihre Feigheit und Verrätherey
vorwarf.   „Ihr hättet, ſagt’ er, den Tyrannen ſehr
„leicht in der Knospe zertrümmern können, aber jetzt
„bleibt euch nichts übrig, als ihn mit der Wurzel aus-
„zureißen.„ — Für ſeine Perſon hatt’ er wenigſtens
die innre Beruhigung, ſeiner Pflicht gegen ſein Vaterland und gegen die Geſetze Genüge gethan zu haben;
im übrigen hatt’ er nichts zu befürchten, und fand bey
dem Untergange ſeines Vaterlandes in ſeinem hohen
Alter, Troſt, welches ihm Hoffnung machte, daß er
ihn nicht lange überleben würde.   In der That überlebt’ er die Freyheit ſeiner Mitbürger nicht länger, als
zwey Jahre; er ſtarb zu Cyprus im achtzigſten Jahr
ſeines Alters, beweint und bewundert von ganz Griechenland.   Außer ſeiner Weisheit in der Geſetzgebung,
zeichnete ſich Solon noch durch verſchiedne andre glänzende Vollkommenheiten aus.   Er war ein ſo großer
Redner, daß Cicero den Urſprung der Beredſamkeit
in Athen von ihm an rechnet.   Auch in der Dichtkunſt
war er glücklich; und Plato behauptet, daß er ſich
nur ſtärker darauf hätte legen dürfen, um dem Homer
ſelbſt den Preis ſtreitig zu machen.

Solons Todt verwickelte Athen nur in neue Unruhen.   Lykurgus und Megakles, die Anführer
der beiden Gegenpartheyen verbanden ſich, und trieben
den Piſiſtratus aus der Stadt; allein Megakles
rief ihn bald nachher wieder zurück, und gab ihm ſeine
Tochter zur Ehe.   Dann entſtanden wieder neue Unruhen.   Piſiſtratus ward zweymal abgeſetzt, und
fand zweymal Mittel, ſich wieder herzuſtellen; denn er

besaß die Kunst, sich Macht zu erwerben, und Mäßigung, sie zu behaupten.   Die Gelindigkeit seiner Regierung, und sein unbedingter Gehorsam gegen die Gesetze, machte das Volk die Mittel vergessen, wodurch er seine Gewalt erworben hatte ; und von seiner Güte eingenommen, übersah es seine Usurpation.   Seine Gärten und Lustörter standen allen Bürgern offen; und er soll zuerst eine öffentliche Bibliothek zum gemeinen Gebrauch in Athen errichtet haben.   Cicero ist der Meynung, Pisistratus habe die Athenienser zuerst mit den Gedichten des Homers bekannt gemacht, er habe sie in die Ordnung gebracht, worinn wir sie jetzt noch finden, und sie zuerst an dem Fest Panathenäa vorlesen lassen.   Seine Gerechtigkeit ist nicht weniger merkwürdig, als seine Politesse und Aufgeklärtheit. Da er einst eines Mordes wegen angeklagt wurde, wie wohl er eben die Oberherrschaft in Händen hatte, so macht' er doch nicht Gebrauch von seiner Macht, sondern stellte sich persönlich vor den Areopagus, seine Sache zu führen, wo aber sein Ankläger nicht zu erscheinen wagte.   Kurz, er besaß viel vortreffliche Eigenschaften, und mißbrauchte sie nicht weiter, als in sofern sie seiner Herrsucht im Wege standen.   Nichts konnte ihm vorgeworfen werden, als daß er größere Macht hatte, als die Gesetze; und dadurch, daß er diese Macht nicht äußerte, wurden seine Mitbürger fast mit der Königlichen Würde ausgesöhnt. Dieserwegen verdient' er mit Recht weniger tugendhaften Usurpateurs entgegengesetzt zu werden, und man fand eine so große Aehnlichkeit zwischen ihm und einem glücklichern Unterdrücker der Freyheit seines Vaterlandes, daß Julius Cäsar der Pisistratus von Rom genannt wurde.

J.d.W.   Pisistratus starb in Ruhe, und hinterließ die
3457   höchste Gewalt seinen beiden Söhnen Hippias und

Hipparchus, welche alle Tugenden ihres Vaters geerbt
zu haben ſchienen. Liebe für die Wiſſenſchaften und
die Gelehrten war ſeit einiger Zeit eine herrſchende Leidenſchaft in Athen, und dieſe Stadt, die bereits alle
ihre Zeitgenoſſen in allen Künſten der Verfeinerung und
des Geſchmacks bey weiten übertraf, ſchien ſich ohne
Widerwillen Königen zu unterwerfen, welche Gelehr-
ſamkeit zu ihrem Stolz und zu ihrer Profeſſion machten. Anakreon, Simonides, und Andre, wurden an ihren Hof eingeladen und reichlich belohnt.
Schulen wurden geſtiftet, um die Jugend in den Wiſſenſchaften zu unterrichten, und Hermesſäulen, mit
moraliſchen Sentenzen beſchrieben, an allen Heerſtraſ-
ſen aufgerichtet, um ſelbſt den niedrigſten Pöbel auf-
zuklären. Indeſſen dauerte ihre Regierung nur achtzehn Jahre, und endigte ſich auf folgende Weiſe.

Harmodius und Ariſtogiton, beide Bürger
von Athen, hatten die genauſte Freundſchaft unter einander geſchloſſen, und den Entſchluß gefaßt, die Be-
leidigungen, die einem von beiden würden angethan
werden, mit gemeinſchaftlichen Eifer zu rächen. Hipparchus, welcher verliebten Temperaments war, ver-
führte die Schweſter des Harmodius, und machte
nachher ihre Schande öffentlich kund, da ſie eben im
Begriff war, einer gottesdienſtlichen Proceſſion beyzuwohnen, indem er ſagte, daß ihr jetziger Zuſtand
ihr nicht erlaubte, an ſolcher Ceremonie Theil zu nehmen. Dieſes gedoppelt niederträchtige Verfahren brachte natürlicher Weiſa beide Freunde gegen ihn auf, und
ſie faßten den feſten Entſchluß, die Tyrannen zu vertilgen, oder ſelbſt in dem Verſuch ihr Leben zu laſſen.
Um indeß die günſtige Gelegenheit abzuwarten, verſchoben ſie ihren Vorſatz bis auf das Feſt Panathenäa, wo, der Ceremonie gemäß, alle Bürger in den
Waffen erſcheinen mußten. Um deſto ſicherer zu gehen,

vertrauten sie nur einer kleinen Anzahl von Freunden
ihr geheimes Vorhaben an, denn sie sahen gewiß vorher, daß es ihnen bey der ersten Bewegung nicht an
Unterstützung fehlen würde.   Also entschloßen, giengen sie, als der bestimmte Tag kam, früh Morgens
auf den Markt, jeder mit seinem Dolch bewaffnet,
und unbeweglich in seinem Vorsatze.   Unterdeß sahen
sie den Hippias mit seinem Gefolge aus dem Pallast
kommen, um den Wachen außer der Stadt wegen der
bevorstehenden Ceremonie Befehle zu ertheilen.   Als
die beiden Freunde ihm nun in einiger Entfernung nachfolgten, und einen von ihren Mitbewußten sehr vertrau-
lich mit ihm sprechen sahen, befürchteten sie, ihr Anschlag sey verrathen.   Voll Begierde ihren Entwurf
auszuführen, waren sie schon im Begriff ihn niederzu-
stoßen, aber sie besannen sich, daß der wahre Beleidi-
ger denn ungestraft davon kommen würde.   Sie giengen also wieder in die Stadt zurück, um sich zuerst
an dem Urheber ihrer Beschimpfung zu rächen.   Nicht
lange, so begegnete ihnen Hipparchus; sie fielen
ihn unverzüglich an, und stießen ihn mit ihren Dolchen nieder, wurden aber bald darauf selbst in dem Tumult ums Leben gebracht.   Hippias, als er hörte
was vorgegangen, ließ alsobald, um fernern Unord-
nungen zuvorzukommen, alle diejenigen entwaffnen,
von denen er im geringsten argwöhnte, daß sie an der
Verschwörung Theil haben könnten, und dachte sobann
auf Rache.

Unter den Freunden der erblichnen Freyheitsrächer,
befand sich eine gewisse Leäna, eine Buhlerinn, die
durch die Reize ihrer Schönheit und ihre Geschicklichkeit die Harfe zu spielen, einige von den Verschwornen bezaubert hatte, und wie Jeder glaubte, aufs ge-
nauste um die Sache wußte. Da der Tyrann — denn
diesen Namen hatt' er sich durch sein letztes Verfahren

verdient — nun nicht zweifelte, daß diesem Frauenzimmer nichts verborgen sey, so ließ er sie auf die Fol-
ter spannen, um die Namen der Mitschuldigen heraus-
zubringen. Allein sie ertrug die grausamsten Qualen
mit unerschütterlicher Standhaftigkeit; und aus Furcht,
daß der unerträgliche Schmerz sie endlich zum Bekennt-
niß verleiten mögte, biß sie sich die Zunge ab, und spie
sie dem Tyrannen ins Gesicht. So starb sie endlich,
der Sache der Freyheit getreu, und gab der Welt ein
merkwürdiges Beyspiel der Standhaftigkeit ihres Ge-
schlechts. Die Athenienser wollten das Andenken einer
so heroischen Handlung nicht in Vergessenheit gerathen
lassen: sie errichteten ihr zu Ehren eine Statue, die
eine Löwinn ohne Zunge vorstellte.

Unterdessen setzte Hippias seinem Unwillen keine
Gränzen. Eine rebellisches Volk macht immer einen
argwöhnischen Tyrannen. Ganze Schaaren von Bürgern wurden hingerichtet; und um aufs künftige gegen
dergleichen Unternehmungen desto sicherer zu seyn, sucht'
er seine Gewalt durch fremde Bundsgenossen zu befestigen. Er gab seine Tochter dem Sohn des Tyrannen,
von Lampsakus zur Ehe, er unterhielt eine Korre-
spondenz mit dem Artaphanes, Gouverneur von
Sardis, und bemühte sich, die Freundschaft der Lacedämonier zu gewinnen, die damals das mächtigste
Volk in ganz Griechenland waren.

Aber eben diese Bundsgenossen, von denen er den
größten Beystand hoffte, brachten ihn zu Fall. Die
Familie der Alkmäoniden, die gleich im Anfange
der Revolution von Athen verbannet waren, gaben sich
alle Mühe, sein Interesse zu Sparta zu untergraben,
und sie gelangten endlich zu ihrem Zweck. Da sie große
Reichthümer besaßen, und auch sehr freygebig damit
umgiengen, wirkten sie sich, unter andern öffentlichen
Diensten, die sie dem Staate leisteten, die Freyheit

aus, den Tempel zu Delphi neu aufbauen zu lassen,
und gaben ihm die prächtigste Fronte von Parischen
Marmor. Ein so edles Geschenk ermangelte nicht die
gebührende Erkenntlichkeit der Priesterinn des Apollo nach sich zu ziehen; die so verbindlich war, daß sie
ihr Orakel zum Echo ihrer Wünsche machte. Da also
diese Familie nichts so eifrig wünschte, als den Umsturz
der königlichen Gewalt in Athen, so unterstützte die Priesterinn ihre Absichten aus allen Kräften, und so oft die
Spartaner das Orakel um Rath fragten, versprach sie
ihnen nie den Beystand des Gottes, als unter der Bedingung, daß Athen in Freyheit gesetzt würde. Dieser Befehl ward so oft von dem Orakel wiederholt, daß
die Spartaner sich endlich entschlossen, zu gehorchen.
Ihre ersten Versuche wollten indeß nicht gelingen; die
Truppen, die sie gegen den Tyrannen abschickten, wurden mit Verlust zurückgeschlagen. Sie ließen sich dadurch nicht abhalten, einen zweyten Versuch zu wagen.
Athen wurde belagert, und die Kinder des Hippias
fielen den Feinden in die Hände, als sie eben an einen
sichern Ort heimlich aus der Stadt gebracht wurden.
Um diese aus der Sklaverey zu erretten, sah der Vater
sich genöthigt, einen Vergleich zu treffen, vermöge dessen er darein willigte, seine Ansprüche auf die höchste
Gewalt fahren zu lassen, und innerhalb fünf Tagen das
Atheniensische Gebiet zu räumen. So ward Athen noch
einmal von seinen Tyrannen erlöst, und erhielt seine
Freyheit in dem nehmlichen Jahre, in welchem die Könige aus Rom verjagt wurden.

J.d.W.
3474

Die Alkmäoniden hatten das mehrste bey der
Sache gethan; aber das Volk schien lieber den beiden
Freunden, welche den ersten Streich gewagt hätten,
seine Freyheit verdanken zu wollen. Die Namen Har-
modius und Aristogiton wurden in allen folgenden
Zeitaltern nicht ohne Ehrfurcht genannt, und kaum ge-

finger geachtet, als die Götter selbst. Ihre Statüen
wurden öffentlich auf dem Markte aufgestellt; eine Ehre, die noch keinem Andern vor ihnen erwiesen wär;
und so oft das Volk diese betrachtete, fühlt' es sich von
einer Liebe für Freyheit und einem Abscheu gegen Tyranney beseelt, die weder Zeit noch Furcht nachher je
wieder vertilgen konnte.

Vierter Abschnitt.

Kurze Uebersicht des Zustandes von Griechen-land, vor dem Persischen Kriege.

Bisher haben wir die Griechischen Staaten noch immer in einer ungewissen, schwankenden Lage gesehen; wir haben gesehen, wie einige Staaten sich em-
porhuben, andre verschwanden; wie ein kleines Volk
sich dem andern widersetzte, und beide von einem dritten verschlungen wurden; wie jeder Staat sich aus seiner alten ursprünglichen Verfassung herausarbeitete,
und nach und nach größere Freyheit erlangte; wie geschriebne Gesetze eingeführt wurden, und was für Vortheile sie, durch die Beständigkeit und Festigkeit, die
sie der Verfassung gaben, nach sich zogen.

Während diesem Ringen nach Macht unter den
benachbarten Staaten, und nach Freyheit zu Hause,
eilten die sittlichen Wissenschaften, die Künste der Beredsamkeit, der Dichtkunst, des Krieges, mit schnellen Schritten unter ihnen der Vollkommenheit entgegen, und diejenigen Einrichtungen, die sie ursprünglich von den Aegyptern geborgt hatten, erhielten unter
ihren Händen täglich auffallende Verbesserungen. Da
Griechenland jetzt aus verschiednen kleinen Republiken
bestand, die an einander gränzten, und in ihren Gesetzen, Sitten und Gewohnheiten verschieden waren; so

war dies eine beſtändige Quelle der Nacheifrung, und
jede Stadt ſtrebte nicht nur nach Ueberlegenheit im
Kriege, ſondern auch nach dem Vorzuge in allen Künſten des Friedens und des Geſchmacks. Daher waren
ſie immer unter den Waffen, übten ſich beſtändig im
Kriege, unterdeß ihre Philoſophen und Dichter von
einer Stadt zur andern reiſten, und durch ihre Ermah-
nungen und Geſänge ſie mit Liebe zur Tugend und heiſ-
ſem Durſt nach Kriegsruhm beſeelten. Dieſe Friedens - und Kriegs-Tugenden erhoben ſie auf den höchſten Gipfel ihrer Größe, und es fehlte ihnen jetzt nur
an einem ihrer Waffen würdigen Feinde, um der Welt
ihre Kräfte zu zeigen. Die Perſiſche Monarchie, die
größte in der Welt zu jenen Zeiten, bot ſich bald zu ihrer Gegnerinn an, und ihr gänzlicher Umſturz endigte
den Streit.

Da aber Griechenland immer, nicht nur ſeine Verfaſſung, ſondern auch ſeine Gewohnheiten änderte, da
es in dem einen Jahrhundert ein ganz andres Gemälde darſtellte, als in dem vorhergehenden, ſo wirds nöthig ſeyn, dieſes Verbündniß kleiner Republiken, ehe
ihr Krieg mit Perſien ausbrach vorher noch einmal zu
überſchauen; denn durch Vergleichung ihrer Kräfte
mit der Macht ihres Gegners werden wir finden, wie
ſehr weit Weisheit, Zucht und Tapferkeit über unzähl-
bare Heere, Reichthum und prahleriſchen Stolz erhaben ſind. Die erſte Stelle in dieſem Bündniß können
wir der Stadt Athen geben, welche das kleine Land
Attika beherrſchte. Ihr ganzes Gebiet war kaum
größer im Umfang, als eine der größten Grafſchafften
in England. Aber was ihr an Ausdehnung fehlte, er-
ſetzten Bürger, die im Kriege geübt und von den höchſten Begriffen ihrer eignen Kräfte voll waren. Ihre
Redner, ihre Dichter hatten bereits das ganze menſchliche Geſchlecht zu erleuchten und zu verfeinern angefan-

gen; und ihre Generale, wiewohl nur in kleinen Gefechten mit ihren Nachbarn gebildet, hatten schon neue Kriegskünste erfunden. Es gab drey Arten von Einwohnern in Athen; Bürger, Fremde, und Dienstleute. Ihre Anzahl belief sich gewöhnlich auf ein und zwanzig tausend Bürger, zehntausend Fremde, und vierzig bis sechszig tausend Dienstleute.

Ein Bürger konnte Jemand nicht anders, als durch Geburt oder Adoption werden. Um durch Geburt Atheniensischer Bürger zu seyn, wars nothwendig, daß Vater und Mutter beide Athenienser und beide frey waren. Das Volk aber konnte das Bürgerrecht auch Fremden geben, und diejenigen, welche man also adoptirt hatte, genossen fast derselben Rechte und Vorzüge, als gebohrne Bürger. Dies Bürgerrecht ward oft, als ein Zeichen der Ehre und Dankbarkeit, solchen Leuten gegeben, die sich um den Staat verdient gemacht hatten, wie zum Beyspiel dem Arzt Hippokrates; und selbst Könige bewarben sich oft um diesen Titel für sich und ihre Kinder. Sobald ein Jüngling das zwanzigste Jahr erreicht hatte, ward er in das Verzeichniß der Bürger eingeschrieben, nachdem er den Bürgereid abgelegt hatte, und Kraft dessen ward er ein Mitglied des Staats.

Fremdlinge, die sich des Handels wegen, oder irgend ein Gewerbe zu treiben, in Athen niederließen, hatten weder Theil an der Regierung, noch Stimme in den Versammlungen des Volks. Sie gaben sich unter den Schutz irgend eines Bürgers, und waren dadurch zu gewissen Pflichten und Dienstleistungen gegen denselben verbunden. Sie bezahlten dem Staat einen jährlichen Tribut von zwölf Drachmen, *) und wurden, im Fall sie diesen nicht bezahlen konnten, zu Sklaven gemacht, und öffentlich verkauft.

* Eine Drachme betrug 3 ggl. guten Geldes.

Unter den Dienstleuten gab es Freye und Sklaven, welche leßteren entweder im Kriege gefangen genommen, oder von Sklavenhändlern erkauft waren. Die Athenienser zeichneten sich eben so sehr durch ihre Gelindigkeit, als die Lacedämonier durch ihre Strenge und Härte gegen diese unglücklichen Menschen aus. Es gab so gar einen Zufluchtsort für Sklaven, wo die Gebeine des Theseus begraben lagen; und dieser Zufluchtsort bestand fast zwey tausend Jahre. Wenn ein Sklav mit zu vieler Strenge und Unmenschlichkeit behandelt wurde, so konnt' er seinen Herrn vor Gericht verklagen; und wenn er seine Klage genugthuend bewies, war der Herr verbunden, ihn an einen andern zu verkaufen. Sie konnten sich auch wider den Willen ihres Herrn loskaufen, wenn sie so viel Geld zusammen gehegt hatten, als dazu nöthig war, denn von dem, was sie durch ihre Arbeit verdienten, bezahlten sie nur einen gewissen Theil an ihre Herren, und behielten das Uebrige für sich, welches sie denn nach belieben gebrauchen konnten. Privatpersonen, wenn sie mit ihren Diensten zufrieden waren, schenkten ihnen oft ihre Freyheit; und wenn die Noth den Staat zwang, so viel Truppen als möglich aufzubringen, so wurden sie ebenfalls zu Soldaten gemacht, und waren von der Zeit an auf immer frey.

Die Einkünfte dieser Stadt beliefen sich, dem Aristophanes zufolge, auf zwey tausend Talente, oder ungefähr zwey Millionen Thaler. Man zog sie gewöhnlich aus den Auflagen auf den Ackerbau, dem Verkauf des Holzes, dem Ertrag der Bergwerke, den Kontributionen der Bundsgenossen, einer Kopfsteuer die von den Einwohnern des platten Landes, sowohl Eingebornen als Fremden, gehoben wurde, und den Geldstrafen, die auf verschiedne Verbrechen gesetzt waren. Die Anwendung dieser Einkünfte be=

stand in Besoldung der Truppen, in Erbauung und Ausrüstung der Flotten, in Unterhaltung und Ausbesserung öffentlicher Gebäude, Tempel, Mauren, Häfen und Citadellen. Zu den Zeiten des Verfalls der Republik aber wurde der größte Theil zu unnützen Aufwande, Spielen, Festen und Gepränge verschwendet, welches alles unermeßliche Summen kostete, und dem Staat nicht den mindesten Vortheil brachte.

Nichts aber gab Athen größeren Glanz, als daß es die Schule und der Wohnsitz, der Gelehrsamkeit, der schönen Wissenschaften und Künste war. Das Studium der Dichtkunst, der Beredsamkeit, der Philosophie und Mathematik nahm hier seinen Anfang, und erreichte fast den höchsten Grad der Vollkommenheit. Das erste, was junge Leute lernten, war die Grammatik, die ihnen in ordentlichen Stunden, und nach den Grundsätzen ihrer eignen Sprache gelehrt wurde. Die Beredsamkeit studierten sie noch eifriger, da sie ihnen bey ihrer demokratischen Verfassung zu den höchsten Ehrenstellen den Weg bahnte. Mit der Rhetorik verbanden sie dann die Philosophie, welche alle Wissenschaften in sich begriff, und in dieser hatten sie eine Menge von Lehrern, die sehr geübt und erfahren in ihrer Kunst waren, aber, wie gewöhnlich, mehr Eitelkeit als wahre Wissenschaft besaßen.

Alle kleineren Griechischen Staaten schienen Athen zum Gegenstand ihrer Nachahmung zu machen; und wiewohl sie ihr im Ganzen nachstunden, so brachten sie doch alle wechselsweise große Gelehrten und merkwürdige Kriegshelden hervor. Sparta allein nahm keinen andern Staat zum Muster. Es war noch immer den Einrichtungen seines großen Gesetzgebers Lykurgus strenge zugethan, und verschmähte alle Künste des Friedens, die, indem sie den Geist poliren, ihn zugleich entnerven. Nur für den Krieg gebildet, sehnten sie

sich bloß nach Feldzügen und Schlachten, als Scenen der
Ruh' und Erquickung.   Alle Gesetze der Spartaner,
alle Anordnungen des Lykurgus schienen keinen andern Gegenstand zu haben , als Krieg ; alle andern
Beschäftigungen, Künste, schöne Wissenschaften, Gelehrsamkeit, Handlung, und selbst Haushaltung waren ihnen verboten.   Der lacedämonischen Bürger
gabs zwey Arten , Einwohner der Stadt Sparta,
welche daher Spartaner hießen, und Bewohner des
Landes, welches der Stadt gehörte.   Zu Lykurgus
Zeiten belief sich die Anzahl der Spartaner auf neun
tausend Mann , und der Landleute auf dreyßigtausend.
Diese Anzahl nahm in der Folge eher ab, als zu, machte aber noch immer ein furchtbares Heer aus , welches
dem ganzen übrigen Griechenlande oft Gesetze vorschrieb.
Die eigentlich so genannten Spartanischen Soldaten,
wurden als die Blüthe der Nation angesehen, und aus
der Bestürzung, welche die Republik blicken ließ, als
ihrer einst dreyhundert von den Atheniensern gefangen
genommen waren , können wir schließen , wie großen
Werth man auf sie setzte.

Ungeachtet dieser großen Tapferkeit des Spartanischen Staats aber, war er doch mehr zu defensiven, als
offensiven Kriegen gemacht. Sie waren immer äußerst
sparsam mit den Truppen ihres Landes, und da sie so
wenig Geld hatten, waren sie nicht im Stande, weite
Feldzüge mit ihren Armeen vorzunehmen.

Die Armeen sowohl der Spartaner, als Athenienser, bestanden aus vier Arten von Truppen: Bürgern,
Bundsgenossen, Miethlingen, und Sklaven.   Die
größte Anzahl unter den Truppen beider Republicken
machten die Bundsgenossen aus, die von den Bürgern,
welche sie schickten, besoldet wurden. Diejenigen, welche von dem Staat, der sie gebrauchte, ihren Sold empfiengen, nannte man Miethlinge.   Die Anzahl der

Sklaven , bey jeder Armee war sehr groß , und die Heloten besonders wurden als leichtes Fußvolk gebraucht.

Daß Griechische Fußvolk bestand aus zwo Arten von Soldaten; Schwerbewaffneten, welche große Schilde , Spieße und Degen, und Leichtbewaffneten, welche Wurfspieße , Bogen und Schleudern führten. Diese letztern wurden gewöhnlich an die Spitze der Schlachtordnung , oder an die Flügel gestellt , um auf den Feind ihre Pfeile abzuschießen, oder ihre Wurfspieße und Steine abzuwerfen, und dann zogen sie sich durch die Zwischenräume hinter die Glieder zurück , um gelegentlich den Feind beym Rückzuge anzufallen.

Die Athenienser wußten fast nichts von Reuterey, und die Lacedämonier bedienten sich ihrer nicht eher, als nach dem Kriege mit Messene. Sie bekamen ihre Pferde vornehmlich aus einer kleinen Stadt nicht weit von Lacedämon, Namens Sciros, und stellten die Reuter immer an die Spitze des linken Flügels, welchen Platz sie, als einen von Rechtswegen ihnen gebührenden Posten foderten.

Zum Ersatz für diesen Mangel an Reuterey waren die Athenienser zur See allen Griechischen Staaten weit überlegen. Da sie eine gute Strecke der Seeküste in Besitz hatten, und ein Handelsmann bey ihnen in Ehren stand, so ward ihre Flotte immer größer, und endlich so mächtig, daß sich die großen Persischen Flotten vor ihr fürchten mußten.

So waren diese beiden Staaten beschaffen, die gewissermaaßen die ganze Macht Griechenlandes allein in Händen hatten; und wiewohl verschiedne kleine Königreiche sich noch immer unabhängig erhielten, so hatten sie doch ihre Sicherheit bloß der gegenseitigen Eifersucht dieser mächtigen Nebenbuhler zu verdanken, und fanden immer Schutz bey dem einen gegen die Unterdrü-

ckung des andern.   In der That trug die Verschiedenheit der Gewohnheiten, Sitten und Erziehung dieser
beiden Staaten eben so viel bey ihre Trennung zu unterhalten, als ihr politischer Ehrgeiz.   Die Lacedämonier waren rauh, und schienen fast etwas brutales in
ihrem Charakter zu haben.   Eine zu strenge Regierungsform und ein zu mühseliges Leben, machte ihre
Gemüthsart trotzig, finster und unbiegsam. Die Athenienser hingegen waren von Natur gefällig und angenehm; immer lustig und aufgeweckt, menschlich gegen ihre Untergebnen, aber dabey unruhig, ungleich,
furchtsame Freunde, und eigensinnige Beschützer. Daher kams denn, daß weder die Lacedämonier, noch die
Athenienser die kleineren Griechischen Staaten ganz in
ihr Interesse ziehen konnten; und wiewohl ihr Ehrgeiz
es nie lange Friede im Lande seyn ließ, so waren doch
ihre sichtbaren Mängel immer ein Hinderniß gegen die
Ausbreitung ihrer Herrschaft.   So hielt gegenseitige
Eifersucht diese Staaten immer wach und bereit zum
Kriege, unterdeß ihre gemeinschaftlichen Gebrechen die
kleineren Staaten unabhängig erhielten.

Fünfter Abschnitt.

Von der Verbannung des Hippias bis auf den Tod des Darius.

In dieser Lage befanden sich Athen und Sparta,
und die kleineren Staaten, ihre Nachbarn, als
die Persische Monarchie anfieng, sich in ihre Zwistigkeiten zu mengen, und sich zum Schiedsrichter ihres
Wettstreits um Freyheit aufwarf, in der Absicht, sie
sämmtlich ihrer Freyheit zu berauben.   Ich habe schon
erzählt, daß Hippias, als er in Athen belagert wurde, und seine Kinder in Gefangenschaft geriethen, um
diese zu befreyen sich gefallen ließ, die höchste Gewalt
nieder-

niederzulegen, und das Athentensische Gebiet innerhalb
fünf Tagen zu räumen. Athen genoß indeß, nach
Wiedererlangung seiner Freyheit, nicht derjenigen Ruhe,
die man von der Freyheit erwarten konnte. Zween der
vornehmsten Bürger, Klisthenes, ein Liebling des
Volks, und Isagoras, der von den Reichen unterstützt wurde, fiengen an, um diejenige Gewalt zu strei-
ten, an deren Unterdrückung sie vorher gemeinschaftlich
gearbeitet hatten. Der Erstere, welcher sich bey dem
großen Haufen sehr beliebt gemacht hatte, machte eine
Abänderung in ihrer Verfassung, und vergrößerte die
Anzahl der vier Zünfte, aus denen das Volk vorher
bestand, auf zehen. Er führte auch die neue Art Stimmen zu geben ein, die man Ostracismus nannte. Diese
bestand darinn, daß jeder Bürger, der nicht unter
sechszig Jahren war, einen kleinen Stein oder eine
Austerschaale (wovon die Benennung Ostracismus
kam) eingab, worauf er einen Namen geschrieben hatte; worauf denn derjenige, dessen Name von den mehrsten aufgeschrieben war, auf zehn Jahre verbannt wurde. Diese Gesetze, die so offenbar auf die Vergröße-
rung der Macht des Volks abzielten, waren dem Isagoras so mißfällig, daß er, anstatt sich zu unterwerfen, lieber zu dem Kleomenes, König von Sparta, seine Zuflucht nahm, welcher denn auch bereit war,
sich seiner Sache anzunehmen. In der That warteten
die Lacedämonier nur auf einen günstigen Vorwand,
um die Macht der Athenienser zu vermindern und zu
Grunde zu richten, welche sie doch, dem Befehl des
Orakels zufolge, erst eben von der Tyranney befreyet
hatten. Kleomenes also machte sich die Trennung
der Stadt zu Nutze, rückte in Athen ein, und bracht
es dahin, daß Klisthenes, nebst noch sieben hundert
andern Familien, die es bey den letztern Unruhen mit
ihm gehalten hatten, verbannt wurden. Hiermit nach

E

nicht zufrieden, wollt' er dem ganzen Staat eine neue
Form geben; allein der Senat widersetzte sich ihm aus
aller Macht. Er bemächtigte sich darauf der Citadelle,
ward aber binnen zween Tagen genöthigt, sie wieder zu
verlassen und nach Hause zurückzukehren. Als Klisthenes den Abzug des Feindes erfuhr, kam er mit
seinen Anhängern zurück, fand aber daß alle Bemühungen die höchste Gewalt an sich zu reißen, vergebens
seyn würden, und stellte daher die vorige Verfassung,
so wie Solon sie eingerichtet hatte, wieder her.

Unterdessen fiengen die Lacedämonier an, die wichtigen Dienste, die sie ihrer Nebenbuhlerinn geleistet, zu
bereuen, und den Betrug des Orakels, welches sie
bewogen hatte, ihrem eignen Interesse zuwider zu handeln, einzusehen. Sie giengen also nun mit den Gedanken um, den Hippias wieder auf den Thron zu
setzen. Ehe sie indessen dergleichen etwas wagten, hielten sie es der Klugheit gemäß, vorher die kleineren
Griechischen Staaten zu Rathe zu ziehen, und zu sehen, was für Rechnung sie sich dabey auf ihren Beystand und ihre Zufriedenheit machen könnten. Nichts
aber konnte demüthigender seyn, als der Abscheu, womit ihr Vorschlag von den Deputirten dieser Staaten
aufgenommen wurde. Der Abgeordnete von Korinth
bezeugte den äußersten Unwillen über ein solches Vorhaben, und schien zum höchsten erstaunt, daß die Spartaner, die geschwornen Feinde der Tyrannen, sich also
der Sache eines Menschen, der als ein grausamer Usur-
pateur allgemein verhaßt sey, annehmen könnten. Die
Uebrigen traten ihm mit vieler Wärme bey, und die
Lacedämonier, voller Schaam und Reue, ließen auf
immer den Hippias und seine Sache im Stiche.

Da Hippias also seine Hoffnung, die Griechen
zur Unterstützung seiner Ansprüche aufzuwiegeln, vereitelt sah, entschloß er sich, zu einem viel mächtigern

Beschützer seine Zuflucht zu nehmen. Er nahm daher
Abschied von den Spartanern, und wandte sich an den
Artaphernes, Persischen Gouverneur von Sardis,
den er durch jede Kunst zu einem Kriege gegen Athen
zu bewegen suchte. Er stellte ihm die innerlichen Trennungen vor, welche in der Stadt herrschten, schilderte
ihre großen Reichthümer, und ihre glückliche Lage zur
Handlung. Er zeigte ihm, wie leicht sie würde eingenommen werden können, und wie rühmlich eine solche
Eroberung seyn würde. Alle diese schönen Bewegungsgründe entflammten den Stolz und die Habsucht des
Persischen Hofes, und nichts ward jetzt so begierig gesucht, als ein Vorwand zum Kriege mit den Atheniensern. Als daher Athen eine Gesandtschaft an den
Persischen Hof schickte, welche ihr Verfahren rechtfertigen, und vorstellen mußte, daß Hippias keine Unterstützung von einem so großen Volk verdiene, so erhielten sie zur Antwort: Wenn die Athenienser ihren Untergang nicht wollten, müßten sie den Hippias wieder zu ihrem König annehmen. Athen, welches erst
eben das Joch abgeworfen hatte, fühlte sein vergang-
nes Elend noch gar zu stark, als daß es auf so niederträchtige Bedingungen hätte Sicherheit annehmen sollen, und entschloß sich, eher das Aeußerste zu dulden,
als seine Thore einem Tyrannen zu öffnen. Als Artaphernes demnach die Wiedereinsetzung des Hippias verlangte, gaben die Athenienser ihm unerschrocken eine gänzlich abschlägige Antwort. Dies gab Anlaß zu dem Kriege zwischen Griechenland und Persien,
einem der glorreichsten und merkwürdigsten, der je die
Annalen der Königreiche geziert hat.

Aber mehr Ursachen als eine, wirkten gemeinschaftlich dahin, einen Bruch zwischen diesen merkwürdigen
Nationen hervorzubringen, und einen unversöhnlichen
gegenseitigen Haß zu entzünden. Die Griechischen

Kolonien von **Jonien**, **Aeolien** und **Karien**, die sich schon seit länger als fünfhundert Jahren in Kleinosien festgesetzt hatten, wurden endlich von dem **Cröfus**, König von Lydien, bezwungen; und da dieser nachher unter der Macht des **Cyrus** erlag, so fiel natürlicher Weise auch sein ganzes Reich den Persern zu. Der Persische Monarch welcher also ein ungeheures Gebiet besaß, setzte Gouverneurs über die verschiednen Städte, die er sich also unterworfen hatten; und da Leute, die an einem despotischen Hofe auferzogen waren, natürlicher Weise dem Beyspiel nachahmten, welches ihnen zu Hause gegeben war, so ist es wahrscheinlich genug, daß sie ihre Gewalt mißbrauchten. Dem sey aber, wie ihm wolle, in allen Griechischen Städten nannte man sie **Tyrannen**; und da diese kleinen Staaten noch nicht alle Begriffe von Freyheit verloren hatten, so bedienten sie sich jeder Gelegenheit, sie wieder zu erlangen, und wagten viele kühne, aber unglückliche Versuche für diese rühmliche Sache. Die **Jonier** vorzüglich, welche das mehreste unter ihnen vermogten, ließen keine Gelegenheit aus den Händen, die ihnen nur einen Schimmer von Hoffnung zeigte, das Persische Joch abzuwerfen.

Was ihre Absichten bey dieser Gelegenheit begünstigte, war der Feldzug des **Darius** in Scythien, wohin er eine zahlreiche Armee abschickte, und zu dem Ende über den Fluß **Ister** eine Brücke schlagen ließ. Die **Jonier** waren zur Wache an diesen wichtigen Posten gestellt, und **Miltiades**, den wir bald edlere Thaten verrichten sehen werden, gab ihnen den Rath, die Brücke abzubrechen, und also den Persern den Rückweg abzuschneiden. Die **Jonier** verwarfen diesen Rath, und **Darius** kehrte mit seiner Armee in Europa zurück, wo er durch **Thracien** und **Macedonien** seine Eroberungen vermehrte.

Histiäus, der Tyrann von Milet, war es, der sich dem Rath des Miltiades widersetzte; ein Mann voller Ehrgeiz und Intriguen, welcher die Verdienste aller seiner Zeitgenossen zu verkleinern suchte, um seine eigne desto glänzender zu machen. Aber er sah sich in seinen hohen Erwartungen betrogen; Darius, dem wegen dieser Entwürfe mit Recht seine Treue verdächtig wurde, nahm ihn mit sich nach Susa, unter dem Vorwande, sich seiner Freundschaft und seines Raths zu bedienen, in der That aber, um seinen künftigen Anschlägen zu Hause zuvorzukommen. Aber Histiäus sah nur zu wohl die wahre Absicht ein, und betrachtete seinen Aufenthalt an dem Persischen Hofe als eine Gefangenschaft unter schönem Namen; er bediente sich daher jeder Gelegenheit, die Jonier insgeheim zu einer Empörung aufzuwiegeln, in der Hoffnung, daß er vielleicht selbst bereinst abgeschickt werden würde, sie zum Gehorsam zu bringen.

Aristagoras war um diese Zeit dieses Staatsmanns Abgeordneter zu Milet, und erhielt Instructionen von seinen Herrn, die Jonischen Städte mit äußerstem Eifer zu einer Empörung aufzuwiegeln. In der That war der Kredit dieses Generals am Persischen Hofe, seit einem fehlgeschlagenen Unternehmen, welches er vor kurzem auf Naxos gemacht hatte, gänzlich gefallen, und es blieb ihm jetzt keine andre Wahl, als dem Rath des Histiäus, einen Aufruhr zu erregen, zu gehorchen, und den Versuch zu machen, sich selbst an die Spitze einer neuen Konföderation zu stellen.

Der erste Schritt, den er that, um sich die Liebe der Jonier zu gewinnen, war, daß er der Stadt Milet, wo er im Namen des Histiäus regierte, ihre Freyheit und alle ihre vorigen Rechte wiedergab. Sodann macht' er eine Reise durch ganz Jonien, wo er durch sein Beyspiel, sein Ansehn, und vielleicht auch

durch Drohungen jeden andern Gouverneur bewog, seinem Beyspiel zu folgen. Sie fanden sich alle um desto williger dazu, da die Persische Macht, seit dem
Stoß welchen sie in Scythien bekommen hatte, desto
weniger im Stande war, ihre Empörung zu strafen,
oder ihre fortgesetzte Treue zu belohnen. Nachdem er
also alle diese kleinen Staaten durch das Bewußtseyn
eines gemeinschaftlichen Verbrechens vereinigt hatte, so
warf er die Maske ab, erklärte sich für das Oberhaupt
der Konföderation, und bot der Macht Persiens
Troß.

Um sich in den Stand zu setzen, den Krieg mit
desto größerem Nachdruck führen zu können, begab er
sich zu Anfang des folgenden Jahrs nach Lacedämon,
um diesen Staat in sein Interesse zu ziehen, und ihn
zum gemeinschaftlichen Kriege gegen eine Macht zu bereden, welche täglich der allgemeinen Freyheit Griechenlandes den Untergang zu drohen schien. Kleomenes
war damals König von Sparta, und an ihn wandte
sich Aristagoras um Beystand zu einem Unternehmen, welches er als eine gemeine Angelegenheit vorstellte. Er führte ihm zu Gemüth, daß die Jonier
und Lacedämonier Landsleute wären; daß es Sparta
zur Ehre gereichen würde, in seinen Entwurf den Joniern ihre Freyheit wiederzugeben, einzutreten; daß die
Perser durch Ueppigkeit entnervt wären; daß ihre Reichthümer die Sieger reichlich belohnen würden, da zugleich nichts leichter wäre, als solche Feinde zu überwinden. Wenn man bedächte, sagt' er, welch ein Geist
jetzt die Jonier belebte, so würd' es den siegreichen
Spartanern nicht schwer fallen, mit ihren Waffen selbst
bis vor die Thore von Susa, der Hauptstadt des Persischen Reichs zu bringen, und also denen Gesetze zu
geben, die vermessen genug wären, sich Herrn der
Welt zu nennen. Kleomenes bat sich einige Zeit

aus, um den Vorschlag zu überlegen; und als einer,
der in Spartanischer Unwissenheit aufgewachsen war,
fragt' er, wie weit es wohl sey von dem Jonischen Meere bis nach Susa? Aristagoras, welcher nicht
gleich bedachte, worauf diese Frage abzielte, antwortete, ein Weg von etwa drey Monaten. Kleomenes
erwiederte darauf nichts, sondern kehrte einem solchen
Abentheurer dem Rücken zu, und befahl ihm, vor Sonnenuntergang die Stadt zu verlassen. Dem ungeachtet folgte Aristagoras ihm in sein Haus nach, um
zu versuchen, da er sah daß alle seine Beredsamkeit
nichts vermogte, was er mit großen Anerbietungen
ausrichten würde. Er bot ihm erst zehn Talente, stieg
dann bis funfzehn, und wer weiß, was eine so große
Summe über den Spartaner vermogt haben würde,
hätte nicht seine Tochter, ein Kind von neun Jahren,
die eben bey diesem Antrage zugegen war, ausgerufen:
Fliehe Vater, oder dieser Fremde wird dich
bestechen. Dieser Rath, in dem Augenblick der
Unschlüßigkeit gegeben, gab den Ausschlag; Kleomenes, schlug seine Bestechung ab, und Aristagoras gieng, bey andern Städten Hülfe zu suchen, wo
Beredsamkeit mehr Ansehen und Reichthum mehr Reiz
hatte.

Athen war die Stadt, wo er eine günstigere Aufnahme erwartete. Nichts konnte sich glücklicher für
ihn fügen, als daß er gerade zu der Zeit ankam, da
sie eben den entscheidenden Befehl von den Persern erhalten hatten, entweder ihren Tyrannen wieder aufzunehmen, oder die Folgen ihrer Widersetzlichkeit zu erwarten. Ganz Athen war damals in Aufruhr, und
der Vorschlag des Aristagoras fand die günstigste
Aufnahme. Es ward ihm leichter, eine ganze Menge einzunehmen, als einen Einzigen. Die ganze Bür-
gerschaft machte sich augenblicklich anheischig, zwanzig

Schiffe zu Unterstützung seines Vorhabens herzugeben; und diesen fügten die Eretrier und Euböer noch fünfe hinzu.

Aristagoras, mit dieser Hülfe versehen, entschloß sich, die Sache mit möglichsten Nachdruck anzugreifen; er zog gleich alle seine Truppen zusammen, und segelte nach Ephesus ab. Hier ließ er seine Flotte, rückte in die Persischen Gränzen ein, und marschirte zu Lande gegen Sardis, die Hauptstadt von Lydien. Artaphernes, welcher als Persischer Vicekönig hier seinen Sitz hatte, fand daß er sich in der Stadt nicht würde halten können, und zog sich daher in die Citadelle zurück, von welcher er mußte, daß sie nicht leicht erobert werden könnte. Da die mehrsten Häuser dieser Stadt mit Roh: gebauet waren, und also sehr leicht in Brand gerathen konnten, so gieng ganz Sardis in Flammen auf, da ein Jonischer Soldat an einem Hause Feuer anlegte, und eine Menge Einwohner wurden dabey niedergemacht. Allein die Perser wurden bald wegen dieser unnöthigen Grausamkeit gerochen, denn es sey nun, daß sie sich von ihrem vorigen panischen Schrecken erholten, oder daß sie von den Lydiern verstärkt wurden, sie fielen plötzlich die Jonier mit einen großen Heere an, und trieben sie mit großem Blutvergießen zurück; setzten ihnen dann immer nach, bis Ephesus, wo endlich, als Sieger und Besiegte zu gleicher Zeit ankamen, noch ein großes Blutbad erfolgte, und nur ein kleiner Theil der geschlagnen Armee davon kam, welcher theils auf die Flotte, theils in die benachbarten Städte seine Zuflucht nahm. Hierauf erfolgten noch andre Niederlagen. Die Athenienser, durch einen so unglücklichen Anfang in Furcht gesetzt, wollten sich nicht bereden lassen, den Krieg fortzusetzen. Die Cyprier sahen sich aufs neue genöthigt, sich dem Persischen Joch zu unterwerfen. Die Jonier verloren die mehrsten ihrer Städte eine nach der andern, und Aristagoras, welcher nach Thracien entfloh, ward daselbst mit allen seinen Leuten von den Einwohnern niedergemacht.

nehmen, unterdessen, welcher die erste Ursach alles dieses Unglücks war, und jetzt sahe, daß man ihn in Verdacht zu haben anfieng, verließ den Persischen Hof unter dem Vorwande, diejenigen Unruhen beyzulegen, die er selbst unter der Hand angestiftet und genährt hatte; allein sein doppelseitiges Betragen macht ihn jetzt beiden Partheyen verdächtig. Artaphernes, der Persische Vicekönig, klagte ihn öffentlich der Verrätherey an, und seine eignen Milesier weigerten sich, ihn als ihren Herrn aufzunehmen. Also schwankend, unentschlossen, und nicht wissend wohin er sich wenden sollte, zog er einige wenige Ueberbleibsel der geschlagenen Armeen an sich, traf mit dem Harpagus, einem der Persischen Generale zusammen, welcher seine Truppen schlug, und den Histiäus selbst gefangen nahm. Er schickte ihn zum Artaphernes, und dieser unmenschliche Satrap ließ ihn alsobald ans Kreuz schlagen, und schickte seinen Kopf an den Darius, welcher dies Geschenk mit einem Widerwillen empfieng, der seinem menschlicheren Herzen Zeugniß gab. Er beweinte ihn mit freundschaftlichem Schmerz, und ließ den Kopf mit allen Ehren begraben.

Unterdessen wurden die Umstände der Jonischen Konföderation täglich hoffnungsloser. Die Persischen Generale, welche fanden, daß sie sich auf Milet vornehmlich verließen, entschlossen sich, mit aller ihrer Macht diese Stadt anzugreifen, denn sie schlossen, daß alle übrigen sich von selbst unterwerfen würden, so bald sie diese erobert hätten. Die Jonier, welche von diesem Vorhaben Nachricht erhielten, faßten in einer allgemeinen Versammlung den Entschluß, sich zu Lande, wo die Perser gar zu mächtig waren, nicht zu widersetzen, sondern Milet zu befestigen, und alle ihre Kräfte zur See anzustrengen, wo sie durch ihre größere Geschicklichkeit im Gebrauch der Schiffe die Oberhand zu behaupten hofften. Sie versammleten Macht oder Flotte von dreyhundert Schiffen bey einer kleinen Insel Milet gegen über, und setzten ihr ganzes Vertrauen auf die überlegne Macht dieser Flotte. Aber das Persische Gold brachte das zu Stande, was ihre Waffen nicht vermogten. Ihre Abgeschickten bestachen heimlich den größten Theil ihrer Bundsgenossen, und bewogen sie zum Abfall; als es daher zwischen beiden Flotten zum Treffen kommen sollte, segelten die Schiffe von Samos, Lesbos und verschiednen andern Orten davon, und giengen nach Hause. So ward der übrige Theil der Flotte, der nur etwa noch aus hundert Schiffen bestand, sehr bald überwältigt und fast gänzlich zu Grunde gerichtet.

Hierauf ward die Stadt Milet belagert, und ohne Mühe zur Uebergabe gezwungen. Alle übrige Städte; sowohl auf dem festen Lande, als auf den Inseln, wurden auch bald zum Gehorsam gebracht. Diejenigen, welche gar nicht nachgeben wollten, wurden mit großer Strenge behandelt. Die schönsten Jünglinge wurden ausgesucht, um in dem Pallast des Königs zu dienen und alle jungen Mädchen wurden nach Persien geschickt. Dies Ende nahm der Aufstand der Jonier, welcher, seit seinem ersten Ausbruch unter dem Aristagoras, sechs Jahre gewährt hatte, und dies war das drittemal, daß die Jonier sich genöthigt sahen, sich dem Joch fremder Herrschaft zu unterwerfen, denn die Liebe zur Freyheit, die bekannte Leidenschaft aller Griechen, war ihnen angeboren.

Nachdem die Perser sich also den größten Theil von Kleinasien unterworfen hatten, warfen sie ihre Augen auf

Europa, als ein Land, das ihnen Eroberungen, ihres Ehrgeizes würdig, darbot. Der Beystand, welchen die Athenienische Flotte den Joniern geleistet, und die Weigerung dieses Staats, den Hippias zum König anzunehmen; die Eroberung der Stadt Sardis, und die Verachtung welche sie gegen die Persische Macht bezeugten, alles dieses waren hinreichende Bewegungründe, den Unwillen dieser Monarchie rege zu machen, und ganz Griechenland zum Untergange auszuzeichnen. Darius also, nachdem er alle seine übrigen Generale zurückberufen, schickte im acht und zwanzigsten Jahre seiner Regierung den **Mardonius**, des **Gobryas** Sohn, einen jungen Persischen Fürsten, der vor kurzem eine der Töchter des Königs zur Gemahlinn erhalten hatte, ab, um über die ganze Seeküste von Asien das Oberkommando zu führen, und vornehmlich die Zerstörung der Stadt Sardis zu rächen. Diese Beleidigung schien dem Monarchen ganz besonders empfindlich gewesen zu seyn, denn von der Zeit dieses Brandes an, hatt' er einem seiner Bedienten Befehl gegeben, jedesmal, so oft er sich an Tafel setzte, auszurufen: Vergiß der Athenienser nicht!

Mardonius, voll Begierde den feindseligen Absichten seines Herrn Genüge zu leisten, rückte unverzüglich an der Spitze einer großen Armee in Thracien ein, und setzte die Einwohner dieses Landes so sehr in Schrecken, daß sie sich mit blinden Gehorsam seiner Gewalt unterwarfen. Von da segelte er nach Macedonien ab, aber indem seine Flotte um das Vorgebirge des Berges **Athos** herumschiffen wollte, um die Macedonischen Küsten zu erreichen, ward sie von einem so heftigen Sturm angegriffen, daß an dreyhundert Schiffe zu Grunde giengen, und mehr als zwanzig tausend Mann in der See ums Leben kamen. Seiner Landarmee, welche unterdeß eben dahin einen gros-

sen Umweg nahm, gieng es zu gleicher Zeit eben so unglücklich. Denn da sie sich an einem unsichern Orte ge-
lagert hatten, überfielen sie die Thracier bey Nacht,
und richteten ein grosses Blutbad unter ihnen an.
Mardonius selbst ward verwundet, und da er seine
Armee außer Stande fand das Feld zu behaupten, kehrt'
er mit Verdruß und Schaam über sein verunglücktes
Unternehmen zur See und zu Lande, an den Persischen
Hof zurück.

Allein der unglückliche Ausgang eines oder zweyer
Feldzüge konnte den Zorn oder den Muth des Königs
von Persien nicht niederschlagen. Mit unerschöpflichen
Hülfsquellen, einem unermeßlichen Reichthum, und
Kriegsheeren, die sich durch Niederlagen zu vermehren schienen, versehen, ward seine Entschlossenheit durch
jeden Stoß, den er bekam vermehrt, und je größer
sein Verlust gewesen war, desto mehr verdoppelt' er
seine Zurüstungen. Er sahe nun ein, daß die Jugend
und Unerfahrenheit des Mardonius einem so großen
Unternehmen nicht gewachsen wären; er nahm ihm daher das Kommando ab, und setzte zween andre Generale, den Datis, einen Meder, und den Artaphernes, des vorigen Gouverneurs von Sardis Sohn,
an seine Stelle. Er war nun ernstlich darauf bedacht,
Griechenland mit seiner ganzen Macht anzugreifen; er
wünschte nichts mehr, als an Athen, welches er als
die vornehmste Ursache des neuerlichen Aufstandes in
Jonien ansahe, eine auszeichnende Rache zu vollziehen:
überdem war Hippias noch immer bey ihm, und sparte
nichts, seinen Ehrgeiz anzufeuren, und seinen Zorn
lebendig zu erhalten. Griechenland, sagt' er, sey jetzt
ein würdiger Gegenstand für solch einen Eroberer; die
Welt hab' es schon lange mit einem Auge voll Bewundrung betrachtet, und wofern es nicht bald gedemüthigt

würde, könnt' es mit der Zeit selbst Persien die Huldigung der Welt entreißen.

Angespornt also durch jeden Bewegungsgrund des
Ehrgeizes und der Rache, entschloß sich Darius, seine ganze Aufmerksamkeit auf den Krieg mit Griechenland zu richten. Im Anfang seiner Regierung hatt'
er, unter Anführung des Democedes, eines Griechischen Arztes, Kundschafter abgeschickt, die ihm von
der Stärke und der Lage aller Griechischen Staaten
Nachricht geben sollten. Diese geheime Deputation
war mißlungen; er schickte daher nochmals Leute als
Herolde ab, den Griechen seinen Unwillen anzukündi-
gen, und zu gleicher Zeit auszuforschen, wie die verschiednen Staaten des Landes gegen ihn gesinnt wären.
Die Ceremonie, deren sich die Perser bedienten, wenn
sie Unterwerfung von geringeren Staaten verlangten,
war, daß sie Erde und Wasser im Namen ihres Monarchen foderten; wer dies abschlug, ward als ein Feind,
der sich der Persischen Macht widersetzte, angesehen.
Als demnach die Herolde in Griechenland ankamen, ließen viele Städte, welche die Persische Macht fürchteten,
sich ihre Forderungen gefallen. Die Aegineter, nebst
einigen Inseln, waren bereit sich zu unterwerfen, und
fast alle, außer Athen und Sparta, waren zufrieden, ihre Freyheit gegen Sicherheit zu vertauschen.

Aber diese beiden edlen Republicken verschmähten
den Gedanken, die Persische Oberherrschaft anzuerken-
nen; sie hatten das Glück der Freyheit gefühlt, und
waren entschlossen, sie bis aufs Aeußerste zu behaupten.
Anstatt also Erde und Wasser, wie die Perser verlangten, herzugeben, warfen sie den einen der Herolde in
einen Brunnen, und den andern in eine Grube, und
baten sie spöttisch, sich nun Erde und Wasser zu nehmen. Dies thaten sie vermuthlich, um sich alle Hoffnung einer Aussöhnung abzuschneiden, und sich fester

andre Zuflucht als Beharrlichkeit oder Verzweiflung
übrig zu lassen. Diese Beschimpfung der Perser war
den Atheniensern noch nicht genug, sie wollten auch die
Aegineter bestrafen, welche durch niederträchtige Unterwerfung unter die Persische Macht, an der gemeinen
Sache Griechenlandes Verräther geworden waren. Sie
stellten demnach diese Sache, von ihrer nachtheiligsten
Seite, und in dem häßlichsten Lichte, welches ihre so
berühmte Beredsamkeit ihr ertheilen konnte, den Spartanern vor. Vor solchen Richtern konnten Feigheit und
Furchtsamkeit natürlicher Weise nicht viel Schutzredner
finden; die Spartaner thaten augenblicklich den Ausspruch gegen die Aegineter, und schickten den Kleomenes, einen ihrer Könige, ab, die Urheber einer so
niederträchtigen Unterwerfung in Verhaft zu nehmen.
Die Aegineter weigerten sich indessen, sie auszuliefern,
unter dem Vorwande, daß Kleomenes ohne seinen
Gehülfen gekommen sey. Dieser Gehülfe war Demaratus, der ihnen selbst unter der Hand diese Ent-
schuldigung eingegeben hatte. Sobald Kleomenes
nach Sparta zurückgekommen war, um sich an dem
Demaratus zu rächen, daß er also den Befehlen seines Vaterlandes zuwider gehandelt, bemüht' er sich ihn
des Throns zu entsetzen, aus dem Grunde, weil er
nicht von der königlichen Familie sey. In der That
war Demaratus nur sieben Monate nach der Ehe
gebohren, und dies wurde von Vielen als ein hinläng-
licher Beweis seiner Unächtheit angesehen. Da diese
Anklage also jetzt aufs neue wieder rege gemacht wurde,
kam man dahin überein, daß das Pythische Orakel den
Streit entscheiden sollte. Kleomenes bestach die
Priesterin, und ihre Antwort gegen seinen Gehülfen
fiel daher gerade so aus, wie ers verlangte. Da also
Demaratus für einen Bastard erklärt, und nicht im
Stande war eine so grobe Beschimpfung zu ertragen,

verbannt' er sich selbst aus seinem Vaterlande, und verfügte sich zum Darius, der ihn mit großer Freundschaft aufnahm, und ihm ansehnliche Güter in Persien gab. Sein Nachfolger in der Regierung war Leotychides, welcher in die Absichten des Kleomenes eintrat, und die Aegineter bestrafte, indem er zehn der schuldigsten Bürger in die Hände der Athenienser überlieferte; unterdeß Kleomenes einige Zeit nachher, als es entdeckt wurde, daß er die Priesterinn bestochen hatte, in einem Anfall von Verzweiflung sich selbst das Leben nahm.

Auf der andern Seite beklagten die Aegineter sich sehr über die Strenge, mit welcher man gegen sie verfahren; da sie aber gar keine Hoffnung sahen, daß man ihren Klagen abhelfen würde, faßten sie den Entschluß, sich diejenige Gerechtigkeit durch Gewalt zu verschaffen, die man ihren Bitten versagte. Sie fiengen demnach ein Atheniensisches Schiff auf, welches einer jährlichen Gewohnheit seit des Theseus Zeiten zufolge, nach Delos geschickt wurde, um dort ein Opfer zu bringen. Dies gab zu einem Seekriege zwischen den beiden Staaten Anlaß, in welchem, nach mancherley Glückswechseln, die Aegineter den Kürzern zogen, und die Athenienser sich der Herrschaft zur See bemächtigten. So fielen diese bürgerlichen Zwistigkeiten, welche anfangs die Absichten des gemeinschaftlichen Feindes zu begünstigen schienen, zum allgemeinen Vortheil Griechenlandes aus. Denn die Athenienser, die hierdurch große Seemacht erlangten, waren nun im Stande der Persischen Flotte die Spitze zu bieten, und die Lebensmittel, welche sie immer ihren Landarmeen zuführten, abzuschneiden.

Unterdessen wurden die Zurüstungen zu einem allgemeinen Kriege von beiden Seiten mit der größten Erbitterung und Eile fortgesetzt. Darius schickte

seine Generale, Datis und Artaphernes, die er an
des Mardonius Stelle gesetzt hatte, zu einer, seiner Einbildung nach, ungezweifelten Eroberung ab.
Sie waren mit einer Flotte von sechs hundert Schiffen,
und einer Armee von hundert und zwanzig tausend
Mann versehen. Ihr Auftrag war, Athen und Eretria, eine kleine Stadt, die dem Bündniß gegen ihn
beygetreten war, der Plünderung Preis zu geben, alle
Häuser und Tempel beider Städte in die Asche zu legen, und alle ihre Einwohner als Sklaven wegzufüh-
ren. Das Land sollte gänzlich verwüstet werden, und
die Armee ward mit einer hinlänglichen Anzahl von
Ketten und Fesseln versehen, die besiegten Nationen zu
binden.

Diesem furchtbaren Angriffe hatten die Athenienser weiter nichts, als ihre Tapferkeit, ihre Erbitterung,
ihren Abscheu vor der Sklaverey, ihre Kriegszucht,
und etwa zehn tausend Mann entgegenzustellen. Ihre
innerlichen Streitigkeiten mit den andern Griechischen
Staaten hatten ihren kriegerischen Geist, List und Ver-
schlagenheit beygebracht; das Genie ihrer Bürger,
unaufhörlich geregt und geübt, hatte seinen höchsten
Gipfel erreicht, und machte sie fähig sich in jeder Gefahr auszuhelfen. Athen hatte schon lange einen feinen Geschmack in allen den Künsten, die einen Staat
fähig machen, Eroberungen auszubreiten oder zu genießen; jeder Bürger war Staatsmann und General,
und jeder Soldat betrachtete sich als eine der Schutz-
wehren seines Vaterlandes. Indeß befanden sich in
diesem kleinen Staat, aus welchem alle die Vollkommenheiten, welche seitdem bürgerlichen Gesellschaften
verschönert und veredelt haben, als aus der ersten Quelle abgeflossen, damals drey Männer, denen man vor
allen Uebrigen den Vorzug einräumte; die sich alle drey
durch ihre Geschicklichkeit im Kriege, durch ihre Recht-
schaffen-

schaffenheit im Frieden, kurz durch alle diejenigen Eigenschaften auszeichneten, die den Ruhm eines Staats,
oder die Glückseligkeit seiner Mitglieder befördern
können.

Unter diesen stand **Miltiades**, als der erfahren-
ste von allen, damals im größten Ansehen. Er war
Sohn des **Cimon**, und Neffe des **Miltiades**, eines
vornehmen Atheniensers, der die Regierung eines Volks
im Thracischen Chersonesus übernahm. Als der alte
Miltiades ohne Nachkommen starb, folgte ihm sein
Neffe **Stesagoras** in der Regierung, und als der
auch mit Tode abgieng, ward der junge **Miltiades**
zu seinem Nachfolger erwählt. Dies ereignete sich in
dem nehmlichen Jahre, als **Darius** seinen unglücklichen Feldzug gegen die Scythen unternahm. Er sah
sich genöthigt, diesen Monarchen mit so vielen Schiffen, als er nur anschaffen konnte, bis an den **Ister**
zu begleiten; aber immer begierig das Persische Joch
abzuwerfen, gab er den Joniern den Rath, die Brücke abzubrechen, und die Armee des **Darius** ihrem
Schicksal zu überlassen. Als die Sachen der Griechen
in Kleinasien immer hoffnungsloser wurden, entschloß
sich **Miltiades**, lieber wieder nach **Athen** zurückzu-
gehen, als in Abhängigkeit zu leben; und kam also
mit fünf Schiffen, dem einzigen was er von seinen zer-
trümmerten Gütern gerettet hatte, daselbst an.

Zwey andre Bürger, jünger als **Miltiades**,
fiengen zu gleicher Zeit an, sich in **Athen** hervorzuthun,
nämlich **Aristides** und **Themistokles**. Diese waren von sehr verschiednem Gemüthscharakter; aber eben
aus dieser Verschiedenheit entsprangen die größten Vortheile für ihr Vaterland. **Themistokles** war von
Natur zur Demokratie geneigt, und unterließ nichts,
was ihn bey dem Volke beliebt machen, oder ihm Freunde erwerben konnte. Seine Gefälligkeit kannte keine

F

Gränzen, und seine Begierde Andre zu verbinden schweifte oft über die Schranken der Pflicht aus. Seine Partheylichkeit war so auffallend, daß einst Jemand, der über die Materie mit ihm sprach, zu ihm sagte, er würde sich trefflich zu einer Magistratsperson schicken, wenn er nur mehr Unpartheylichkeit hätte: Gott verhüte, erwiedert' er, daß ich je auf einem Richterstuhl sitzen sollte, wo meine Freunde nicht mehr Begünstigung fänden, als Fremde.

Aristides zeichnete sich eben so sehr durch seine Gerechtigkeit und Redlichkeit aus. Als ein Freund der Aristokratie, nach dem Beyspiel des **Lykurgus**, war er gefällig, aber nie auf Kosten der Gerechtigkeit. Wenn er Ehrenstellen suchte, so vermied er immer die Unterstützung seiner Freunde, damit sie nicht, zur Vergeltung, wieder seine Unterstützung fodern mögten, wenns seine Pflicht wäre, unpartheyisch zu seyn. Liebe für das allgemeine Wohl des Staats war die große Triebfeder seiner Handlungen, und da diese ihm immer vor Augen schwebte, konnten keine Schwierigkeiten ihn zurückschrecken, kein glücklicher Erfolg ihn einschläfern, keine Erhebung ihn berauschen. Bey allen Vorfällen und Umständen blieb er sich immer gleich, überzeugt daß er ganz seinem Vaterlande, und nur sehr wenig sich selbst angehöre. Eines Tages, als ein Schauspieler auf der Bühne eine Stelle aus dem Aeschylus hersagte, die einen Mann beschrieb, der nicht rechtschaffen zu scheinen, sondern zu seyn wünschte, warf die ganze Versammlung ihre Augen auf den Aristides, und wandte die Stelle auf ihn an. Bey Verwaltung öffentlicher Aemter war sein ganzer Zweck, seine Pflicht zu thun, ohne den kleinsten Gedanken sich selbst zu bereichern.

Dies waren die großen Männer, welche die Angelegenheiten des Athenienfischen Staats regierten, als

Darius seine Waffen gegen Griechenland kehrte. Diese beseelten ihre Mitbürger mit einem edlen Vertrauen auf die Gerechtigkeit ihrer Sache, und machten alle Zurüstungen gegen den drohenden Angriff, welche Klugheit und überlegte Tapferkeit nur an die Hand geben konnten.

Unterdessen rückten Datis und Artaphernes mit ihren ungeheuren Heeren gegen Europa an; und nachdem sie sich der Inseln im Aegeischen Meere ohne allen Widerstand bemächtigt hatten, richteten sie ihren Lauf gegen Eretria, welche Stadt vormals den Joniern in ihrer Empörung beygestanden. Die Eretrier, die sich jetzt in der äußersten Noth befanden, sahen keine Hoffnung, ihrem Feinde im Felde die Spitze bieten zu können; sie schickten daher vier tausend Mann, welche die Athenienser ihnen zu Hülfe gesandt hatten, wieder zurück, und entschlossen sich, geduldig eine Belagerung auszuhalten. Sechs Tage lang bemühten sich die Perser die Stadt durch Sturm zu erobern, wurden aber immer mit Verlust zurückgeschlagen; am siebenden Tage aber ward sie ihnen durch Verrätherey einiger der vornehmsten Einwohner in die Hände geliefert, sie rückten ein, plünderten und verbrannten sie. Die Einwohner wurden in Ketten gelegt, und als Erstlinge des Krieges an den Persischen Monarchen abgeschickt; dieser aber begegnete ihnen, ihrer Erwartung zuwider, mit größter Gelindigkeit, und gab ihnen ein Dorf in dem Lande Cissa zur Wohnung ein, wo Apollonius von Tyana noch sechs hundert Jahre nachher ihre Nachkommen antraf.

Nach diesem glänzenden Siege über Eretria blieb ihnen nun nichts übrig, als die dem Schein nach so leichte Eroberung von Griechenland. Hippias, der verjagte Tyrann von Athen, begleitete noch immer die Persische Armee, und führte sie durch die sichersten

Märsche in das Herz des Landes; endlich, taumelnd
vom Siege, und des glücklichsten Erfolgs gewiß, bracht'
er sie in die Ebnen von **Marathon**, ein fruchtbares
Thal, nur einige Stunden weit von Athen. Von hier
aus forbert' er die Athenienser zur Unterwerfung auf,
indem er ihnen das Schicksal der Stadt **Eretria** an-
kündigte, und zugleich bekannt machte, daß kein einziger der Einwohner ihrer Rache entgangen sey. Aber
die Athenienser ließen sich durch keine Nähe der Gefahr
in Furcht setzen. Sie hatten freylich nach **Sparta**
gesandt, und sich Hülfe gegen den gemeinschaftlichen
Feind ausgebeten, die ihnen auch, ohne darüber zu
berathschlagen, bewilligt war; allein der Aberglaube
damaliger Zeiten vereitelte diese Hülfe, denn es war ein
ausdrückliches Gesetz in Sparta, nie vor dem Vollmonde ins Feld zu rücken. Sie wandten sich auch an
andre Staaten; aber diese waren zu sehr durch die Persische Macht in Schrecken gesetzt, als daß sie sich zu
ihrer Vertheidigung hätten regen sollen. Eine Armee
von hundert und zwanzig tausend Mann, die mitten in
ihrem Lande mit stolzem Uebermuth frohlockte, war viel
zu furchtbar für eine schwache eifersüchtige Konföderation. Die Einwohner von **Platäa** allein gaben ihnen
tausend Mann, alle übrige Hülfe mußten sie in ihrer
Verzweiflung suchen.

In dieser Noth sahen sie sich gezwungen, ihre Sklaven für die allgemeine Sicherheit aller zu bewaffnen,
und so belief sich ihre ganze Macht nur auf zehntausend
Mann. In der Hoffnung also durch ihre Kriegszucht
zu ersetzen, was ihnen an Macht abgieng, übergaben
sie die Anführung dieser Armee zehn Generalen, von
denen **Miltiades** der vornehmste war, und von diesen sollte jeder der Reihe nach einen Tag das Kommando führen. Eine an sich selbst schon so wenig verspre-
chende Anordnung wurde noch mehr durch die Gene-

rale selbst verwirrt, welche nicht einig waren, ob sie
ein Treffen wagen, oder den Feind in ihren Mauren
erwarten sollten. Die letztere Meynung schien eine Zeitlang die Oberhand zu behalten. Man behauptete, es
würde die Unbesonnenheit selbst seyn, einer so mächtigen, geübten Armee mit einer Handvoll Leute entgegengehen zu wollen; die Soldaten würden aus der Sicherheit hinter ihren Mauren Muth schöpfen, und die
Spartaner könnten zu gleicher Zeit von außen eine Diversion machen, wenn man von innen einen Ausfall
thäte.— Miltiades aber erklärte sich für die entgegengesetzte Meynung, und zeigte, das einzige Mittel, den Muth ihrer eignen Truppen zu erhöhen, und
den Feinden Schrecken einzujagen, sey, wenn man ihnen kühn mit der Miene der Zuversicht und einer verzweifelten Unerschrockenheit entgegengienge. Auch
Aristides erklärte sich eifrig für diese Meynung, und
wandte seine ganze männliche Beredsamkeit an, auch
die Uebrigen davon zu überzeugen. Nachdem die Frage nun von beiden Seiten vorgetragen, und die Stimmen gesammlet waren, fand sich die Anzahl auf jeder
Seite gleich. Es kam also jetzt bloß auf den Kallimachus, den Polemarchen an, welcher so wohl als
die zehn Generale das Recht hatte seine Stimme zu geben, wie er sich erklären und diesen wichtigen Streit
entscheiden würde. An ihn also wandte sich jetzt Miltiades mit dem dringendsten Ernst, und stellte ihm
vor, daß das Schicksal seines Vaterlandes jetzt in seinen Händen sey; sein einziger Ausspruch müsse jetzt
Sklaverey oder Freyheit seines Vaterlandes entscheiden;
durch ein einziges Wort könn' er sich jetzt einen ewigen
Nachruhm erwerben, gleich dem Ruhm des Harmodius und Aristogiton, der Urheber der Athenienfischen Freyheit. Auf solche Aufmunterungen blieb
Kallimachus nicht lange unentschlossen, er gab seine

Stimme zum Treffen; und **Miltiades**, also unterstützt, schickte sich an, seine kleine Armee zu der großen Entscheidung in Bereitschaft zu setzen.

Unterdessen sahe man ein, daß so viele Anführer, welche einer nach dem andern das Kommando führten, zu weiter nichts dienten, als einander zu verwirren und entgegen zu handeln. Aristides erkannte, daß ein Kommando welches täglich umwechselte, unfähig seyn müsse, irgend einen gleichförmigen Plan zu entwerfen oder auszuführen. Er erklärte also, daß ers für nothwendig hielte, die ganze Gewalt einer einzigen Person anzuvertrauen; und um seine Gehülfen zu bewegen, sich dieses gefallen zu lassen, gab er ihnen selbst das erste Beyspiel. Als der Tag kam, da an ihm die Reihe war, das Kommando zu führen, trat er es an den **Miltiades**, als den geschicktern und erfahrneren General, ab, und die übrigen Befehlshaber, durch eine so edle Verleugnung zur Nacheiferung angespornt, folgten seinem Beyspiel nach.

Da also **Miltiades** das Oberkommando, welches jetzt der gefährlichste Posten war, in Händen hatte, bemühte er sich, als ein erfahrner General, durch eine vortheilhafte Stellung zu ersetzen, was ihm an Stärke und Anzahl fehlte. Er sahe wohl ein, daß er, wenn er seine Fronte ausdehnte, sie zu sehr schwächen, und der dicken Schlachtordnung der Feinde den Vortheil geben würde. Er stellte also seine Armee an den Fuß eines Berges, damit ihn der Feind nicht umringen oder ihm in den Rücken fallen könnte. Auf die Flügel zu beiden Seiten ließ er große Bäume werfen, die er zu dem Ende hatte fällen lassen, und diese dienten, ihn vor der Persischen Reuterey zu schützen, welche gemeiniglich in der Hitze des Treffens dem Feinde in die Flanke zu fallen pflegte.

Datis sah, auf der andern Seite, das Vortheilhafte dieser Stellung wohl ein, aber weil er sich auf die Ueberlegenheit seiner Menge verließ, und nicht gern warten wollte, bis die Spartanischen Verstärkungen ankamen, entschloß er sich ohne Bedenken den Feind anzugreifen. Und nun sollte also das erste große Treffen, welches die Griechen je erlebt hatten, gefochten werden. Dies war ganz etwas anders als ihre vormaligen innerlichen Streitigkeiten, die sich aus Eifersucht entspannen, und ohne Schwierigkeit gütlich beygelegt wurden: es war ein Treffen mit dem größten Monarchen der Erde, mit der zahlreichsten Armee, die man bisher in Europa gesehen hatte; ein Treffen, das über die Freyheit von ganz Griechenland, und was von unendlich größerer Wichtigkeit war, über den künftigen Fortgang der Verfeinerung unter den Menschen entscheiden sollte. Auf dem Ausgang dieses Treffens beruhte die Bildung, welche die Sitten der Abendländer künftig annehmen, ob sie Asiatische Gewohnheiten von ihren Erobern lernen, oder sich nach Griechischen Geschmack, welches nachher geschah, formen würden. Man kann also dieses Treffen als eins der wichtigsten ansehen, welches je gefochten worden, und der Ausgang war eben so unerwartet, als der Sieg glorreich.

Das Zeichen war nicht so bald gegeben, als die Athenienser, ohne den Angriff der Perser zu erwarten, mit solcher Schnelligkeit auf ihre Glieder einstürzten, als ob sie auf ihre eigne Sicherheit gar nicht bedacht wären. Die Perser sahen diesen ersten Schritt der Athenienser für bloße Tollkühnheit an, und waren geneigter, sie wie Wahnsinnige zu verachten, als ihnen, wie Kriegern, Widerstand zu thun. Allein sie fanden sich bald in ihrer Meynung betrogen. Es war vorher nie der Griechen Gewohnheit gewesen, mit solcher blindlings hinstürzenden Tapferkeit anzufallen; aber jetzt, da sie ihre eigne kleine Anzahl mit der Men-

ge der Feinde verglichen, und nur von der äußersten
Hitze des Angriffs guten Erfolg erwarteten, waren sie
entschlossen, entweder die Glieder der Feinde zu durch-
brechen, oder in dem Versuch das Leben zu lassen. Die
Größe der Gefahr vermehrte ihre Tapferkeit, und Verzweiflung that das übrige. Die Perser hielten indessen mit großer Unerschrockenheit Stand, und das Gefecht war sehr blutig und hartnäckig. Miltiades
hatte die Flügel seiner Armee ausnehmend stark gemacht,
das Hauptkorps aber schwächer und dünner gelassen;
denn da er nur zehntausend Mann einer so ungeheuren
Armee entgegenzusetzen hatte, so glaubte er, daß er
auf keine andre Weise den Sieg würde erhalten können,
als wenn er seine Flügel recht stark machte, weil er
nicht zweifelte, daß diese, wenn sie erst den Sieg erhalten hätten, mit größtem Vortheil das Hauptkorps
der Feinde von beiden Seiten würden angreifen, und
so sie mit leichter Mühe in die Flucht schlagen können.
Da die Perser also das Hauptkorps am schwächsten
fanden, griffen sie dieses mit äußerster Hitze an. Vergebens bemühten sich Aristides und Themistokles,
welche an diesem gefährlichen Posten kommandirten,
ihre Truppen gegen den Feind zu halten. Muth und
Unerschrockenheit waren nicht im Stande, den Strom
einer immer wachsenden Menge aufzuhalten, so daß sie
sich endlich genöthigt sahen, zu weichen. Unterdessen
aber siegten die Flügel, und eben jetzt, als das Hauptkorps unter dem ungleichen Angriff erlag, kamen diese
dazu, und gaben ihm Zeit, wieder Kräfte zu sammlen und sich in Ordnung zu stellen. So sank also die
Schale des Siegs bald auf ihre Seite, die Perser, welche vorher der angreifende Theil gewesen waren, fiengen jetzt an zu weichen, und da sie nicht mehr durch
frische Truppen unterstützt wurden, flohen sie in größter Eile zu ihren Schiffen zurück. Schrecken und Ver-

wirrung war jetzt allgemein, die Athenienser verfolgten sie bis ans Gestade, und steckten viele ihrer Schiffe in Brand.   Bey dieser Gelegenheit wars, daß Cynädäyrus, des Dichters Aeschylus Bruder, eins der Schiffe, welches der Feind vom Ufer stoßen wollte, mit der Hand ergriff.   Als die Perser auf dem Schiffe sich also festgehalten sahen, hieben sie ihm die rechte Hand, welche das Vordertheil hielt, ab; er hielt es darauf mit der linken, welche sie ihm auch abhieben, worauf er es endlich mit den Zähnen ergriff, und so sein Leben ließ.

Sieben der feindlichen Schiffe wurden erobert, und mehr als sechs tausend Perser kamen ums Leben, diejenigen ungerechnet, welche bey der Flucht auf die Schiffe in der See ertranken, oder bey dem Brande das Leben einbüßten. Von den Griechen blieben nicht mehr als zwey hundert Mann, unter denen sich auch Rallimachus befand, der seine Stimme zum Treffen gegeben hatte.   Hippias, welcher der Hauptanstifter des Krieges war, soll auch in diesem Treffen umgekommen seyn, wiewohl Andre sagen, er sey entwischt, und habe in Lemnos ein elendes Ende genommen.

Dies war die berühmte Schlacht bey Marathon, J.d.W. welche die Perser so gewiß zu gewinnen dachten, daß sie Marmor mit ins Feld gebracht hatten, um ein Siegszeichen daselbst zu errichten.   Gleich nach dem Treffen verließ ein Atheniensischer Soldat, welcher Eukles hieß, ganz mit Blut und Wunden bedeckt, die Armee, und lief nach Athen, um seinen Mitbürgern die Nachricht von dem Siege zu bringen.   Er hatte noch eben so viel Stärke, die Stadt zu erreichen, stürzte in die Thüre des ersten Hauses, welches er antraf, rief noch die Worte aus, Freuet euch, wir siegen! und fiel den Augenblick darauf todt nieder.

Unterdeß ein Theil der Armee nach Athen marschierte; um sie vor etwaigen Versuchen der Feinde zu schützen, blieb Aristides auf dem Schlachtfelde, um die Beute und die Gefangenen zu bewachen; und wiewohl Gold und Silber um das verlassene Lager des Feindes hier im Ueberfluß ausgestreut lag, wiewohl ihre Zelte und Galeeren voll reicher Geräthschaften und Kostbarkeiten waren, erlaubt' er doch nicht, daß das Geringste davon verschleppt würde, sondern bewahrt' es als eine gemeinschaftliche Belohnung für Alle, die an dem erfochtenen Siege Theil gehabt hatten. Auch zwey tausend Spartaner, deren Gesetze ihnen nicht erlaubt hatten, vor dem Vollmonde ins Feld zu rücken, fanden sich jetzt ein, da aber das Treffen schon den Tag vorher geendigt war, hatten sie nur noch Gelegenheit, denen gebührende Ehre zu erweisen, die einen so glorreichen Sieg erfochten hatten, und die Nachricht davon nach Sparta zurückzubringen. Von dem Marmor, welchen die Perser mitgebracht hatten, errichteten die Athenienser ein Siegeszeichen, das aus einer Statue der Göttinn Nemesis, welche nahe an dem Schlachtfelde einen Tempel hatte, bestand, und von der Hand des Phidias gearbeitet war.

Unterdessen machte die Persische Flotte, statt gerades weges nach Asien zurückzusegeln, einen Versuch, Athen zu überfallen, ehe die Griechische Armee von Marathon zurück wäre. Aber die letztern gebrauchten die Vorsicht, gerades weges dahin abzumarschiren, und sie eilten so sehr, daß sie, wiewohl sie an zwanzig Stunden Weges zu machen hatten, doch in einem Tage ankamen. So trieben also die Griechen nicht nur ihre Feinde zurück, sondern setzten sich erst völlig außer Gefahr.

Durch diesen Sieg lernten die Griechen, ihre eigne Kräfte kennen, und künftig nicht zittern vor einem Feinde, der nur dem Namen nach fürchterlich war. Er

flößte ihnen alle folgende Zeitalter hindurch, eine brennende Nacheiferung ein, es ihren Vorfahren gleich zu
thun, und den Wunsch, von der alten Griechischen Tapferkeit nicht auszuarten. Allen denen Atheniensern,
welche im Treffen geblieben waren, erwies man alsobald die Ehre, die ihren Verdiensten gebührte. Herr-
liche Denkmäler, auf denen ihre Namen und die Zunft,
zu welcher sie gehörten, ausgehauen waren, wurden ihnen an eben dem Orte, wo der Sieg erfochten war,
errichtet. Und nicht allein die Athenienser, sondern
auch die Plataenser, und selbst die Sklaven, die man
in dieser dringenden Noth zu Soldaten gemacht hatte,
erhielten ihre Denkmäler, die aber nicht so ansehnlich
waren, als die ersteren.

Aber ihre Dankbarkeit gegen den Miltiades bewies einen Edelmuth, welcher alle kostbaren Triumphe
und kriechende Schmeicheleyen übertraf. Ueberzeugt,
daß seine Verdienste zu groß wären, um sie mit Gelde bezahlen zu können, ließen sie von dem Polygnotus, einem ihrer berühmtesten Künstler, ein Gemälde machen, auf welchem Miltiades vorgestellt war,
wie er an der Spitze der zehn Generale die Soldaten
aufmunterte, und ihnen selbst das Beyspiel ihrer Pflicht
gab. Dieses Gemälde wurde viele Jahrhunderte hindurch, nebst andern von den größten Meistern, in dem
Portikus aufbewahrt, wo Zeno nachmals seine Schule
der Weltweisheit errichtete. Durch alle Stände verbreitete sich eine edle Nacheiferung; Polygnotus war
so stolz auf die Ehre, daß man ihn erwählt hatte dieses Gemälde zu machen, daß er keine Bezahlung dafür annehmen wollte. Zur Vergeltung für diesen Edelmuth wiesen die Amphiktyonen ihm eine öffentliche
Wohnung in der Stadt an, wo er sich nach belieben
aufhalten mögte.

Allein so aufrichtig die Dankbarkeit der Athenien-

fer gegen den Miltiades war, so kurz war ihre Dauer.
Dies veränderliche und eifersüchtige Volk, welches von
Natur eigensinnig, und jetzt mehr als jemals ängstlich
für seine Freyheit besorgt war, suchte Gelegenheit einen
General zu demüthigen, von dessen Verdiensten es viel
zu fürchten hatte.   Diese Gelegenheit fand sich bald;
denn da er mit siebzig Schiffen abgeschickt war, um diejenigen Inseln zu strafen, welche den Kriegszug der Perser gegen Griechenland begünstigt hatten, hob er, auf
ein falsches Gerücht von der Ankunft der feindlichen
Flotte, die Belagerung von Paros auf, und kehrte
unverrichteter Sache nach Athen zurück.   Hierüber
ward er von einem gewissen Xantippus angeklagt,
daß er sich von den Persern bestechen lassen.   Da er
nicht im Stande war, sich gegen diese Anklage zu vertheidigen, weil ein Fall, den er vor Paros gethan,
ihn zu Bette hielt, ward er für schuldig erklärt, und
verurtheilt, sein Leben zu verlieren.   Die Art große
Verbrecher zu bestrafen war, daß man sie in das Ba-
rathrum, oder eine tiefe Grube warf, aus welcher
nie Jemand an das Tageslicht wieder zurückkehrte.
Dies Urtheil ergieng auch über ihn, aber in Rücksicht
auf die großen Dienste, die er vormals dem Staate
geleistet, verwandelte man diese Strafe in eine Geldbuße von funfzig Talenten, die Summe, welche der
Staat zu Ausrüstung der letztern unglücklichen Expedition aufgewandt hatte.   Da er nicht reich genug war,
diese Summe zu bezahlen, so warf man ihn ins Gefängniß, wo der Schaden an seinem Schenkel durch
verdorbne Luft und Einsperrung sich verschlimmerte, bis
endlich der Kaltebrand dazu schlug, der sein Leben und
Elend endigte.

Cimon, sein Sohn, der um diese Zeit noch sehr
jung war, bewies bey dieser Gelegenheit seine edle Den-
kungsart und kindliche Liebe.   Die undankbare Stadt

wollte den Leichnam des Miltiades nicht eher begraben laſſen, als bis alle ſeine Schulden bezahlt wären.
Cimon brachte alſo durch ſeine Freunde und durch allen ſeinen Krebit ſo viel Geld zuſammen, daß er die
Geldbuße bezahlen konnte, und ſeinem Vater ein eh-
renvolles Begräbniß verſchaffte.

Sechster Abſchnitt.

Vom Tode des Miltiades bis auf den Rückzug des Xerxes aus Griechenland.

Der unglückliche Ausgang dieſes erſten Feldzuges
gegen Griechenland erbitterte den Darius nur
noch mehr, und gab ſeiner Beharrlichkeit neue Stärke.
Da er ſah, daß alle ſeine Generale kein Glück hatten,
ſo entſchloß er ſich, in eigner Perſon den Krieg zu führen, und ließ durch ſein ganzes Reich neue Zurüſtun-
gen machen. Allein eine Empörung in Aegypten gab
ſeinem Zorn auf einige Zeit eine andre Richtung; ein
Streit zwiſchen ſeinen Söhnen über die Ernennung ſeines Nachfolgers verzögerte die Ausführung ſeiner Abſichten noch länger; und endlich, als er jede Schwierigkeit überwunden hatte, und ſich eben anſchickte, die
ſchrecklichſte Rache zu vollziehen, machte der Tod allen
ſeinen Entwürfen ein Ende, und gab Griechenland län= J.d.W.
gere Zeit ſich zu rüſten.   3497

Xerxes, ſein Sohn, welcher ihm in der Regierung nachfolgte, erbte mit dem Reich auch ſeines Vaters feindliche Geſinnungen gegen Griechenland. Nachdem er einen glücklichen Feldzug gegen Aegypten gethan,
erwartete er das nehmliche Glück auch in Europa. Gewiß ſeines Sieges, hatt' er nicht Luſt, wie er ſagte,
künftig die Attiſchen Feigen zu kaufen; er wollte ſich
des ganzen Landes bemächtigen, und dann nur eigne
Feigen eſſen. Eh' er ſich indeſſen mit einem ſo wichti-

gen Unternehmen befaßte, hielt ers für dienlich, erſt ſeinen Rath zuſammenzuberufen, und zu hören, was die
vornehmſten Bedienten ſeines Hofes zu der Sache ſagen würden. In der Rede, womit er das Conſeil er-
öffnete, verrieth er ſichtbarlich ſeinen Durſt nach Rache
und heiße Ruhmbegierde. Der beſte Weg alſo, ſich dieſem jungen Monarchen gefällig zu machen, war, wenn
man ſeinen Lieblingsneigungen ſchmeichelte, und ſeinen
ungeſtümen Begierden das Anſehen wohlüberlegter Entwürfe lieh. Mardonius, welchen ſein eigner unglücklicher Feldzug weder weiſer, noch weniger ehrbe-
gierig gemacht hatte, fieng an, den Xerxes über alle
andre Könige vor ihm zu, erheben. Er zeigte, wie
unumgänglich nöthig es ſey, den Schimpf, welcher
dem Perſiſchen Namen angethan worden, zu rächen;
er ſchilderte die Griechen als feige Memmen, die nur
von ungefähr ſo viel Glück gehabt, und war feſt der
Meynung, daß ſie nie wieder den Muth haben würden, nur ein Treffen zu wagen. Eine Rede, die ſo
ganz mit ſeinen Wünſchen eintraf, war dem jungen
Monarchen äußerſt angenehm, und alle Uebrigen ſchienen durch ihre Blicke und ihr Stillſchweigen ſeinen Ungeſtüm zu billigen. Aber Artabanus, des Königs
Oheim, welcher ſchon lange Tapferkeit ſelbſt an Feinden
zu ehren gelernt hatte, und wegen ſeines Alters und ſeiner Erfahrung es wagen zu können glaubte, unverho-
len ſeine Meynung zu ſagen, ſtand mit der Freymüthigkeit eines redlichen Mannes auf, um den vorhabenden Feldzug in ſein wahres Licht zu ſtellen.

„Erlaube mir, König, ſprach er, meine Meynung
„bey dieſer Gelegenheit mit einer Freyheit zu eröffnen, zu
„der mein Alter und die Sorge für dein Wohl mich be-
„rechtigt. Als Darius, dein Vater und mein Bru-
„der, zuerſt den Gedanken hatte, die Scythen zu be-
„kriegen, gab ich mir alle Mühe, ihn davon abzuhal-

„ten. Das Volk aber, welches du anzugreifen willens
„bist, ist unendlich furchtbarer als die Scythen. Wenn
„die Athenienser allein das zahlreiche Heer, welches
„Datis und Artaphernes anführten, in die Flucht
„schlagen konnten, was sollen wir denn von der Gegen=
„wehr aller vereinigten Staaten Griechenlandes erwar=
„ten? Du gedenkst eine Brücke über die See zu schla=
„gen, und so aus Asien in Europa überzugehen. Aber
„wie, wenn die Athenienser uns nachher zuvorkämen,
„diese Brücke zerstörten, und uns also den Rückweg ab=
„schnitten? Warum sollen wir uns solchen Gefahren
„aussetzen, da gar keine dringende Bewegungsgründe
„uns dazu nöthigen? Wenigstens laßt uns Zeit neh=
„men, erst besser darüber nachzudenken. Haben wir
„eine Sache vorher reiflich überlegt, so sey der Aus=
„gang welcher er wolle, wir haben uns doch wenigstens
„nichts vorzuwerfen. Uebereilung ist unbesonnen, und
„gewöhnlich unglücklich. Vor allen Dingen, großer
„König, laß dich nicht durch den Glanz eines einge=
„bildeten Ruhms verblenden. Die höchsten Bäume
„haben am meisten Ursach, sich vor dem Donner zu
„fürchten. Gott demüthigt gern den Uebermüthigen,
„und behält den Stolz unvergleichbarer Größe für sich
„allein. Was dich anbetrifft, Mardonius, der
„du so ernstlich auf diesen Feldzug dringest, so magst
„du ihn selbst, wenns so seyn soll, in Europa hinein=
„führen. Laß nur den König, dessen Leben uns allen
„theuer ist, nach Persien zurückkehren. Unterdessen
„laß uns beide unsre Kinder als Geißel für den Erfolg
„des Krieges verpfänden. Ist der Ausgang glücklich,
„so bin ich zufrieden, daß die meinigen hingerichtet wer=
„den, ist er aber unglücklich, wie ich voraus sehe, denn
„verlang' ich, daß du und deine Kinder den Lohn der
„Unbesonnenheit empfangen.„

Dieser Rath, der zwar redlich gemeynt, aber gar

nicht nach des Xerxes Geschmack war, wurde von ihm
sehr übel aufgenommen. „Danks den Göttern, fuhr
„er ihn zornig an, daß du meines Vaters Bruder bist;
„wärs nicht das, so solltest du in diesem Augenblick für
„dein vermeßnes Betragen den gebührenden Lohn be-
„kommen. Doch zur Strafe magst du hier zwischen
„den Weibern sitzen; denn diesen bist du an Feigheit
„und Furcht nur zu ähnlich; magst des Hauses hüten,
„unterdeß ich an der Spitze meiner Truppen dahin eile,
„wo Pflicht und Ehre mir winken.„

Indeß schien Xerxes bey kälterem Nachdenken
doch günstiger von seines Oheims Meynung zu urthei-
len. Als die ersten Regungen seines Zorns vorüber
waren, und er Zeit hatte, auf seinem Schlafküssen über
den verschiednen Rath, der ihm gegeben war nachzudenken, gestand er die Uebereilung seines vorigen Ver-
weises ein, und schrieb sie freymüthig seiner Jugendhi-
tze und dem Ungestüm seiner Leidenschaft zu. Er erklärte, daß er nicht ungeneigt wäre seinem Rath zu folgen, versicherte aber zugleich dem Conseil, daß seine
Träume ihn auf alle Weise aufmunterten den Feldzug
nicht aufzuheben. So viel Herablassung von der einen,
und so günstige Vorbedeutungen von der andern Seite,
bestimmten die ganze Versammlung, ihn in seiner Neigung zu bestärken. Sie warfen sich vor ihm zur Erde
nieder, voller Begierde ihm ihre Unterwürfigkeit und
Freude zu bezeugen. Ein Monarch, welchen also
Schmeichler umringten, die alle wetteiferten, wer am
meisten seinen Stolz und seine Leidenschaften befriedigen würde, konnte nicht lange gut bleiben, wiewohl er
von Natur zur Tugend geneigt war. Xerxes scheint
daher einer von den Charakteren gewesen zu seyn, die
durch den Besitz der höchsten Macht verdorben worden,
äußerte zwar dann und wann auf kurze Zeit seine natürliche Gerechtigkeit und Weisheit, aber ließ sich dann

auch

auch gleich wieder zu den strafbarsten und thörichsten
Ausschweifungen hinreißen. Nachdem also der Rath
des Artabanus verworfen, und des Mardonius
seiner aufs günstigste angenommen war, machte man
die größten Zurüstungen zu dem neuen Kriege.

Die Größe dieser Zurüstungen zeugte von dem hohen Begriff, welchen die Perser sich von ihrem Feinde
machten. Xerxes, um nichts zu unterlassen, was
irgend zu einem glücklichen Erfolge beytragen könnte,
schloß ein Bündniß mit den Karthaginensern, welche
damals das mächtigste Volk in den Abendländern waren. Mit diesen ward er eins, daß, unterdeß die Persische Macht Griechenland angriffe, die Karthaginenser
die Griechischen Colonien, die auf den Inseln des mit-
telländischen Meers zerstreut waren, in Furcht halten
sollten, damit sie dem Mutterlande nicht zu Hülfe kämen. Nachdem er also die ganze Stärke des Orients
für seine eigne Armee, und der Abendländer für die
Armee der Karthaginenser unter dem Amilkar zusam-
mengerafft hatte, marschirt' er, zehn Jahre nach der
Schlacht bey Marathon von Susa gegen Griechenland ab.

Sardis war der Ort, wo die verschiednen Nationen, welche dieser Fahne folgen sollten, sich versammlen mußten. Seine Flotte sollte sich längs der Küsten
von Kleinasien bis an den Hellespont hinaufziehen. Da
sie aber, indem sie um das Vorgebirge des Berges
Athos herumfahren wollte, viel Schiffbrüche erlitt, entschloß er sich, die Erdenge, welche den Berg mit dem
festen Lande verband, durchgraben zu lassen, und also
seiner Flotte einen kürzeren und sicheren Durchgang zu
verschaffen. Dieser Kanal war über eine Stunde lang,
und durch einen hohlen Berg ausgehöhlt; unermeßliche Arbeit ward erfodert, ein so großes Werk zu
Stande zu bringen; aber die Menge seiner Leute und

ſein Ehrgeiz waren hinreichend, alle Schwierigkeiten zu
überwinden.　Um das Unternehmen deſto ſchneller zu
betreiben, begegnet' er ſeinen Arbeitern mit der größten
Strenge, indem er zugleich mit aller Großprahlerey
eines Aſiatiſchen Monarchen, dem Berge Befehl gab,
ſich vor ihm zu demüthigen: Athos, du ſtolzer,
hochſtrebender Berg, der du dein Haupt
bis zum Himmel erhebſt, ſey nicht ſo ver-
wegen mir Hinderniſſe entgegen zu ſtellen.
Wofern du das thuſt, werd' ich dich dem Boden gleich machen, und dich über Kopf in
die See werfen.

　　Nachdem er ſeinen Marſch durch Kappadocien und
über den Fluß Hylas fortgeſetzt hatte, kam er nach
Kalene, einer Stadt in Phrygien, an der Quelle des
Fluſſes Meander. Hier traf er den Pythias, einen lydiſchen Fürſten, der ſich durch ſeinen Geiz und
ſeine Bedrückungen, nächſt dem Xerxes, zu den reichſten Manne im ganzen Perſiſchen Reiche gemacht hatte.
Seine Schätze waren indeß nicht hinreichend, ſeinen
älteſten Sohn von Kriegsdienſten loszukaufen. Er bat
den Xerxes aufs flehendſte, ihm dieſe einzige Stütze
ſeines hülfloſen Alters nicht zu rauben, und hatte ihm
ſchon vorher alles ſein Geld dafür angeboten, welches
ſich etwa auf vier und zwanzig Millionen Thaler belief.
Dies hatte Xerxes ausgeſchlagen, und da er jetzt fand,
daß der junge Prinz ſehr dringend wünſchte, bey ſeinem
Vater zu bleiben, ward er ſo ſehr aufgebracht, daß er
ihn gleich vor ſeines Vaters Augen ums Leben bringen ließ.　Hierauf ließ er den todten Körper mitten
von einander hauen, den einen Theil deſſelben zur Rechten, den andern zur Linken legen, und ſo die ganze Armee zwiſchendurch marſchieren, um ſie durch dieſes
Beyſpiel, von allem Widerſtreben ihm zu folgen, abzu-
ſchrecken.

Aus Phrygien marschierte Xerxes nach Sardis, und von da mit Anfange des Frühjahrs bis an den Hellespont, wo seine Flotte in aller ihrer Pracht ausgebreitet lag, und seine Ankunft erwartete. Sobald er hier angekommen war, wünscht' er einmal seine ganze Macht zu übersehen, eine Armee, dergleichen es weder vorher noch nachher gegeben hat. Sie bestand aus den mächtigsten Nationen des Orients, und aus Völkern, die der Nachwelt fast bloß den Namen nach bekannt sind. Das fernste Indien, so wie die kältesten Steppen Scythiens hätten ihren Theil dazu hergeben müsse. Meder, Perser, Baktrianer, Indier, Assyrier, Hyrkanier, und hundert andre Länder von verschiednen Gestalten, Farben, Sprachen, Kleidungen und Waffen. Die Landarmee, die er aus Asien mitgebracht hatte, bestand aus siebzehnmal hundert tausend Mann zu Fuß, und achtzig tausend Mann zu Pferde. Dreymal hundert tausend Mann, die noch dazu kamen, als er über den Hellespont gieng, machten dann mit den übrigen eine Landmacht aus, die über zwey Millionen stark war. Seine Flotte, als sie aus Asien unter Segel gieng, bestand aus zwölfhundert und sieben Schiffen, deren jedes zwey hundert Mann führte. Außer diesen waren noch zwey tausend kleinere Schiffe bey der Flotte, welche zum Transport der Lebensmittel und andrer Kriegsbedürfnisse gebraucht werden sollten; die Leute, die sich auf diesen befanden, beliefen sich mit den vorigen auf sechsmal hundert tausend Mann; so daß die ganze Armee leicht auf drittehalb Millionen gerechnet werden konnte, die mit den Weibern, Sklaven und Marketendern, welche immer eine Persische Armee begleiteten, alles zusammen genommen, über fünf Millionen Seelen betragen mogte: eine Anzahl, die wenn sie recht angeführt wurde, im Stande war, die größte Monarchie übern Haufen zu werfen, aber,

von Vermessenheit und Unwissenheit angeführt, zu weiter nichts diente, als sich einander zu verwirren und im
Wege zu stehen.

Herr über so viele und so mancherley Unterthanen,
fand Xerres ein Vergnügen daran, seine Truppen zu
überschauen, und wünschte ein Seetreffen zu sehen, welches er bisher noch nie gesehen hatte. Zu diesem Ende
errichtete man auf einer Anhöhe einen Thron für ihn,
und indem er also die ganze See mit seinen Schiffen
bedeckt sah, breite eine innerliche Freude über das Bewußtseyn seiner unvergleichbaren Macht sich durch sein
ganzes Wesen aus. Aber immer fiel dieser Monarch
in seinen Gemüthsbewegungen von dem einen Aeußer-
sten aufs andre; ein plötzlicher Anfall von Traurigkeit
verdrängte bald dies Vergnügen; er vergoß einen Strom
von Thränen, und überließ sich der Betrachtung, daß
kein Einziger von so vielen Tausenden nach hundert
Jahren noch leben würde.

Artabanus, der keine Gelegenheit versäumte,
über jeden Vorfall zu moralisiren, nahm von diesem
Gedanken des Königs Anlaß, ihn von der Kürze und
dem Elend des menschlichen Lebens zu unterhalten. Als
er sahe, daß diese entferntere Materie Aufmerksamkeit
fand, kam er der eigentlichen Veranlassung näher, äußerte seine Zweifel über den guten Erfolg des Feldzuges,
stellte die vielen Uebel und Unbequemlichkeiten vor, welche die Armee, wo nicht von dem Feinde, doch wenigstens
von ihrer eignen Menge würde zu gewarten haben.
Seuchen, Hungersnoth und Verwirrung, sagt' er,
seyen die nothwendigen Begleiter solcher ungeheuren
unlenkbaren Mengen zu Lande, und ein leerer Ruhm
sey die einzige Belohnung des Sieges. — Aber jetzt
wars zu spät den jungen Monarchen von seinem Vor-
satz abzubringen. Xerres antwortete seinem Hofmei-
ster, große Unternehmungen wären immer mit ver-

hältnißmäßigen Gefahren verknüpft, und wenn seine
Vorgänger nach solchen bedenklichen und furchtsamen
Ueberlegungen hätten handeln wollen, so würde das Persische Reich nie den Gipfel seiner gegenwärtigen Größe
und Herrlichkeit erreicht haben.

Xerxes hatte unterdeß Befehl gegeben, eine Schiff-
brücke über den Hellespont anzulegen, um über dieselbe
seine Armee in Europa zu führen. Diese enge Straße,
welche wir jetzt die Dardanellen nennen, ist etwas über
eine halbe Stunde breit. Das Werk war aber kaum
vollendet, als sich ein heftiger Sturm erhub, der alles
zerbrach und zu Grunde richtete, so daß die ganze Arbeit wieder von neuem angefangen werden mußte. Die
Wuth des Xerxes bey diesem Unfall war nicht größer,
als die kindische Thorheit und Grausamkeit, die er zu
gleicher Zeit bewies. Seine Rache kannte keine Gränzen; den Arbeitern, die das Werk unternommen hatten, wurden auf seinen Befehl die Köpfe herunterge-
schlagen; und damit das Meer selbst künftig seine Pflicht
beobachten mögte, ließ er es, als einen Verbrecher, mit
Ruthen geißeln, und ein Paar Fesseln hineinwerfen,
um aufs künftige seinen unruhigen Bewegungen Einhalt zu thun. Nachdem er also seinen ungereimten
Zorn gekühlt, ließ er statt der vorigen Brücke zwo neue
bauen, die eine zum Uebergange für die Armee, und
die andre für die Bagage und Lastthiere. Die Arbeitsleute, durch das Schicksal ihrer Vorgänger gewarnt,
bemühten sich jetzt, ihrer Arbeit mehr Stärke und Festigkeit zu geben: sie legten dreyhundert und sechszig
Schiffe über die Meerenge, deren einige drey Ruder-
bänke, und andre funfzig Ruder jedes hatten. Dann
warfen sie zu beiden Seiten große Anker ins Meer aus,
um diese Schiffe gegen die Gewalt der Winde und des
Stroms festzuhalten. Ferner schlugen sie dicke Pfeiler
in die Erde, mit großen starken Ringen versehen, an

welche sechs ungeheure Tauen befestigt waren, die über
jede der beiden Brücken hinausgiengen. Ueber alles
dieses legten sie Baumstämme, welche eigentlich dazu
gehauen waren, und über dieselben wieder flache fest
zusammengebundene Böte, die dann einen festen,
gleichsam mit Dielen ausgelegten Fußboden ausmachten. Als das ganze Werk also vollendet war, wurde
ein gewisser Tag zum Uebergange bestimmt, und so
bald die ersten Strahlen der Sonne hervorzubrechen anfiengen, wurden Wohlgerüche von aller Art über das
neue Werk verbreitet, und der Weg mit Myrthen be-
streuet. Zu gleicher Zeit goß Xerxes Trankopfer
in die See, und betete, das Antliß gegen Morgen
gekehrt, das hellstrahlende Gestirn an, welches die
Perser als den höchsten Gott verehrten. Hierauf warf
er das Gefäß, worinn seine Trankopfer gewesen, nebst
einem goldenen Becher und Persischen Säbel in die
See, setzte denn seinen Weg fort, und gab seiner Armee Befehl, ihm zu folgen. Dieser unabsehliche Zug
brachte nicht weniger als sieben Tage und sieben Nächte
hinter einander mit dem Uebergange zu, unterdeß immer die Anführer des Marsches die Truppen mit Prü-
geln antrieben; denn man behandelte die morgenländi-
schen Soldaten damals, so wie noch heut zu Tage, nicht
anders, wie Sklaven.

Nachdem also dieses unermeßliche Heer in Europa gelandet war, und die verschiednen Europäischen
Nationen, welche die Persische Macht anerkannten, sich
mit ihr vereinigt hatten, machte Xerxes Anstalt, gerades Wegs in Griechenland einzurücken. Außer den
Generalen jeder Nation, deren jeder die besondern Truppen seines Landes anführte, wurde die Landarmee von sechs
Persischen Generalen kommandirt, denen alle übrigen un-
tergeordnet waren. Diese waren Mardonius, Tirin-
tätechmus, Smerdonus, Massistus, Gergis,

und Megabyzus. Zehn tausend Perser, die unsterbliche Schaar genannt, wurden von dem Hydarnes kommandirt. Die Reuterey und die Flotte hatten wieder ihre besondern Anführer. Außer denen, welche dem Xerxes aus Grundsätzen anhiengen, gab es noch verschiedne Griechische Fürsten, die theils aus Interesse, theils aus Furcht ihn auf diesem Feldzuge begleiteten. Unter diesen befand sich Artemisia, Königinn von Halikarnaß, die nach dem Tode ihres Gemahls das Reich für ihren Sohn verwaltete. Sie brachte freylich nur die unbedeutende Beyhülfe von fünf Schiffen, entsetzte diesen Mangel aber reichlich durch ihre höhere Klugheit, Tapferkeit und Kriegskunst. Demaratus, der verbannte König der Spartaner, war auch einer von dieser Anzahl. Er hatte aus Unwillen über den Schimpf, den seine Unterthanen ihm angethan, seine Zuflucht an den Persischen Hof genommen, und da der ausschweifenden Ueppigkeit und sklavischen Unterwerfung bisher mit Unwillen zugesehen. Xerxes fragt ihn, eines Tages, ob er glaube, daß die Griechen Muth genug haben würden, seine Annäherung zu erwarten, und sich mit Heeren einzulassen, welche ganze Flüsse auf ihrem Marsch austränken. „Ach, „großer König, erwiederte Demaratus, „Griechen„land ist vom Anbeginn zur Armuth gewöhnt; aber alle „Mängel dieser Armuth werden ihnen reichlich vergü„tet durch eine Tugend, welche durch Weisheit ausge„bildet, und durch Gesetze immer lebendig erhalten „wird. Was besonders die Lacedämonier betrifft, „so sind sie in Freyheit auferzogen, und können sich un„möglich je erniedrigen, Sklaven zu seyn. Sollten „gleich alle übrigen Griechen sie verlassen, sollt' auch „nicht mehr ihrer übrig bleiben, als ein Häuflein von „tausend Mann, doch würden sie unerschrocken jeder „Gefahr entgegengehen, um das zu erhalten, was ihr

„nen theurer iſt, als das Leben ſelbſt. Sie haben Ge-
„ſetze, denen ſie mit unbedingterer Ehrfurcht gehorchen,
„als deine Unterthanen. Dieſe Geſetze verbieten
„ihnen, im Treffen zu fliehen, und es bleibt ihnen
„keine Wahl, als Sieg oder Tod.„

Xerxes nahm dieſe Freymüthigkeit des Demara-
tus nicht übel auf, ſondern lächelte über ſeine offne Ehrlichkeit, und gab ſeiner Armee Befehl, weiter vorzurücken. Zu gleicher Zeit mußte ſeine Flotte ihm längs
der Küſte nachfolgen, und ihren Lauf nach ſeinen Bewegungen einrichten.

Auf dieſe Art ſetzt' er ſeinen Marſch ohne Unter-
brechung fort, indem jede Nation, welcher er ſich näherte, ihn mit allen Zeichen der Huldigung und Unterwerfung bewillkommte. Wo er nur kam, fand er, ſeinem Befehlen gemäß, Lebensmittel und Erfriſchungen
bereit. Jede Stadt, wo er durchzog, erſchöpfte ſich,
ihn aufs prächtigſte zu bewirthen. Der ungeheure Aufwand dieſer Feſte gab einem armen Thracier Gelegenheit die Anmerkung zu machen, daß es eine beſondere
Gnade der Götter ſey, daß Xerxes nicht mehr als eine Mahlzeit täglich thun könnte. Alſo ſetzt' er ſeinen
Marſch durch Thracien, Macedonien und Theſſalien
fort, und jedes Knie beugte ſich vor ihm, bis er an
den engen Paß von Thermopylä kam, wo er zuerſt
eine Armee fand, die ſich gefaßt hielt, ihm den Durchgang ſtreitig zu machen.

Dieſe Armee war ein Korps Spartaner, unter der
Anführung ihres Königs Leonidas, welches dahin
geſchickt war, ſich ihnen zuwiderſetzen. So bald man
in Griechenland erfuhr, daß Xerxes ſich rüſte, ihr
Land anzugreifen, und daß eine Armee von Millionen
anrücke, mit dem feſten Entſchluß, ſie zu Grunde zu
richten, ließ jeder Staat, nach Verhältniß ſeiner Stärke, Tapferkeit oder Lage, verſchiedne Geſinnungen bli-

cken. Die Sicilianer weigerten sich Hülfe zu schicken, weil der Karthaginenser, Amilkar, sie in Furcht
hielt. Die Korcyräer gaben vor, der Wind sey ihnen zuwider, und kein Schiff durfte aus ihren Hafen
auslaufen. Die Kretenser fragten das Delphische
Orakel um Rath, und beschlossen darauf, durchaus
neutral zu bleiben. Die Thessalier und Macedo-
nier waren ihrer Lage wegen gezwungen, sich dem Eroberer zu unterwerfen, so daß kein Staat sich fand,
welcher Muth genug gehabt hätte, dieser furchtbaren
Armee die Spitze zu bieten, außer Athen und Sparta. Diese hatten von den Absichten der Perser, lange vorher eh' sie zur Ausführung kamen durch den Demaratus Nachricht erhalten. Sie hatten auch Kundschafter nach Sardis geschickt, um von der Anzahl
und Beschaffenheit der feindlichen Macht genauere Wissenschaft einzuziehen. Diese Spionen fielen den Persern in die Hände, aber Xerxes ließ sie durch sein Lager
herumführen, und befahl ihnen, von allem, was sie
gesehen, bey ihrer Rückkehr genauen Bericht abzustat-
ten. Sie hatten Deputirten an alle benachbarten Staaten abgeschickt, ihren Muth aufzuwecken, sie von ihrer
Gefahr zu belehren, und ihnen die dringende Nothwendigkeit vorzustellen, für die gemeinschaftliche Sicherheit
und Freyheit zu kämpfen: Aber alle ihre Vorstellungen
waren vergebens. Ihre Furcht, welche den Namen
der Klugheit annahm, brachte nichtsbedeutende Ent-
schuldigungen vor, oder foderte Bedingungen, die sich
gar nicht eingehen ließen. Sie entschlossen sich also,
diese edelmüthige Staaten, bloß auf ihre eigne Stärke
sich verlassend, mit vereinigten Kräften der Gefahr entgegen zu gehen, und zu siegen, oder für die Sache der
Freyheit zu fallen. Nachdem sie eine allgemeine Versammlung auf der Landenge von Korinth ausgeschrie-
ben hatten, faßten sie daselbst feyerlich den Entschluß,

alle Privatstreitigkeiten oder Ansprüche bey Seite zu setzen, und sich einmüthig gegen die gemeinschaftliche Gefahr zu verbinden.

Man kann nicht ohne Erstaunen an die Unerschrockenheit der Griechen denken, die den Entschluß fassen
konnten, sich den unzählbaren Heeren des Xerxes mit
so ungleichen Kräften entgegen zu stellen. Ihre ganze
vereinigte Macht belief sich nur auf eilf tausend zwey
hundert Mann. Aber sie waren alle Krieger, alle unter Beschwerden und Gefahren auferzogen, alle bis auf
den letzten Mann entschlossen, zu siegen oder zu sterben.

Ihre erste Sorge indeß war, einen General zu ernennen. Allein die fähigsten und und erfahrensten Anführer, durch die Größe der Gefahr abgeschreckt, hatten
den Entschluß gefaßt, sich nicht um diese Stelle zu bewerben. Epicydes, ein unwissender, habsüchtiger
und vermessener Mann, erbot sich freylich, sie anzuführen; aber unter seinem Kommando konnte man nichts
anders erwarten, als Verwirrung und gänzliches Miß-
lingen. Bey diesen dringenden Umständen also entschloß sich Themistokles, seiner Fähigkeit sich be-
wußt, und angefeuert von einer Ruhmbegierde, die
nach Verhältniß der Gefahr groß war, alle mögliche
Künste anzuwenden, um sich die Oberbefehlshaberstelle
zu verschaffen. Zu diesem Ende gebraucht' er sein ganzes Ansehen, und so gar Bestechungen, um seinen Nebenbuhler zu unterdrücken, und nachdem er endlich die
Habsucht des Epicydes, seine herrschende Leidenschaft,
befriedigt hatte, erlangt' er auch bald das höchste Kommando, den Lieblingsgegenstand seines Ehrgeizes.

Allein die Noth war so drückend, daß die Athenienser nicht umhin konnten, außerdem von Jedem, der
ihnen nur irgend nützlich seyn konnte, Gebrauch zu machen, so sehr er übrigens ihren Unwillen verdient zu haben scheinen mogte. Es gab manche nützliche Bürger,

die sie in partheysüchtiger Unzufriedenheit verbannt hatten, und diese wünschten sie jetzt, voll Reue über ihr Verfahren, wieder zurück. Unter diesen befand sich auch Aristides, jener tapfre, gerechte Mann, welcher in der Schlacht bey Marathon, und bey ander Gelegenheit, so viel zu dem erfochtenen Siegen beygetragen, und ihnen bey allen Gelegenheiten das lehrreichste, besserndste Beyspiel der Uneigennützigkeit und Redlichkeit gegeben hatte. Er hatte, als Magistratsperson, mit dem Themistokles, der an Ansehen und Ruhm sein Nebenbuhler war, und ihn immer zu stürzen suchte, einerley Streitigkeiten gehabt, und ward endlich durch die Gewalt seiner herrschenden Gegenparthey öffentlich zur Verbannung verurtheilt. Bey dieser Gelegenheit geschahs, daß ein Bauer, der nicht schreiben konnte, und den Aristides nicht persönlich kannte, sich an ihn selbst wandte, und ihn bat, den Namen des Aristides auf die Muschelschale zu schreiben, mit welcher er seine Stimme gegen ihn geben wollte. „Hat er euch denn etwas „zu leide gethan, sagte Aristides, daß ihr ihn auf „diese Art verurtheilt zu sehen wünschet?— Nein, „erwiederte der Bauer, aber ich kanns nicht leiden, „daß man von seiner Gerechtigkeit so viel Rühmens „macht.„ Aristides sagte kein Wort weiter, sondern nahm ganz gelassen die Schaale hin, schrieb seinen Namen darauf, und wanderte geduldig und zufrieden ins Elend. Allein die gegenwärtige Noth seines Vaterlandes foderte jetzt seine Rückkehr aufs bringenste. Selbst Themistokles, sein Nebenbuhler war so weit entfernt, seiner alten Zwistigkeiten zu gedenken, daß er vielmehr eifrigst den Beystand seines weisen Raths wünschte, und seine ganze Privatfeindschaft dem Wohl des Staats aufopferte. Der Haß dieser großen Männer hatte nichts von dem bittern, unversöhnlichen Geiste, welcher unter den Römern in den letzten Zeiten der

Republik herrschend war ; oder vielleicht war auch die
verzweifelte Lage ihres Vaterlandes damals das einzige was ihre Gedanken beschäfftigte.

Indeß waren die Zurüstungen zu Lande allein nicht
hinreichend, die immer wachsende Gefahr abzutreiben.
Hätten die Griechen sich bloß auf ihre Landarmeen, ohne weitere Unterstützung verlassen, so wären sie ohne
Rettung verloren gewesen. Themistokles, welcher
wohl einsahe, daß auf den Sieg bey Marathon noch erst
viele andre folgen müßten, ehe man sich völlig für sicher
halten könnte, hatte weislich hundert Galeeren bauen
lassen, und richtete alle seine Gedanken darauf, Athen
die Uebergewalt zur See zu geben. Das Orakel hatte
einige Zeit vorher erklärt, daß Athen sich nur durch
hölzerne Mauern vertheidigen sollte, und er bediente sich
dieser Zweydeutigkeit, seine Landsleute zu überreden,
daß durch solche Mauren nichts anders als ihre Schiffe
gemeynt seyn. Er bediente sehr geschickt sich vielerley
Kunstgriffe, da es im öffentlichen Schatze an Gelde
zu Ausrüstung und Bemannung fehlte, solches von den
begüterten Privatpersonen herbeyzuschaffen, und jetzt,
da Xerxes mit seiner Macht nahe war, befanden sich
die Verbündeten an der Spitze eines sehr mächtigen Ge-
schwaders von hundert und achtzig Segeln, dessen Kommando dem Eurybrades, einem Lacedämonier, anvertrauet wurde.

Nachdem also alle Maaßregeln, welche diese edle
Bundsgenossen nur ersinnen konnten, genommen waren, mußte nun ausgemacht werden, wo sie zuerst den
Persern im Felde die Spitze bieten sollten, um ihnen
den Eingang in Griechenland streitig zu machen. Die
Thessalier stellten vor, da sie am mehrsten entblößt, und
den ersten Angriffen des Feindes ausgesetzt wären, so
sey es nicht mehr als billig, daß man ihre Sicherheit
zum ersten Gegenstande der Aufmerksamkeit mache.

Die Griechen, willig Alles zu schützen, was gemeine
Sache mit ihnen machte, entschlossen sich, dieser Bitte
zufolge, ihre Hauptmacht abzuschicken, um den Durchgang, welcher Thessalien von Macedonien absondert,
nahe an dem Flüße Peneus, zu vertheidigen. Allein
Alexander, des Amyntas Sohn, zeigte, daß dieser Posten gar nicht zu behaupten sey; sie sahen sich also
genöthigt, ihre Maaßnehmungen zu ändern, und faßten endlich den Entschluß, ein Korps zu Besetzung des
engen Passes Thermopylä abzuschicken, wo eine kleine
Anzahl von Menschen gegen eine große Armee zu fechten im Stande war.

Dieser enge Paß, zwischen Thessalien und Phocis
gelegen, war nur fünf und zwanzig Fuß breit, und
durch die Ueberbleibsel einer Mauer, mit Thoren versehen, geschützt, welche ehemals die Phocäer erbauet
hatten, um sich gegen die Einfälle ihres benachbarten
Feindes zu schützen. Von diesen Thoren und einigen
warmen Bädern, die sich am Eingange des Passes befanden, hatt' er seinen Namen Thermopylä. Diesen Ort wählte man, theils wegen der Enge des Durch-
ganges, theils wegen seiner Nähe an der See, durch
welche die Landtruppen gelegentlich Hülfe von der Flotte
erhalten konnten. Das Kommando über diesen wichtigen Paß ward dem Leonidas, einem der Könige
von Sparta, übergeben, welcher ein Korps von sechstausend Mann dahin führte. Unter diesen waren nur
dreyhundert Spartaner, die übrigen bestanden aus Böotier, Korinthiern, Phocäern und Arkadiern, alles
Leuten, die in der gegenwärtigen Noth zum Kampf bereit waren, und sich vor der unermeßlichen Zahl der
Feinde nicht fürchteten. Jedes dieser Völker hatte seine besondern Anführer, aber Leonidas hatte das
Kommando über das Ganze. Ungeachtet aber die feste
Entschlossenheit dieser Truppen unerschütterlich war, so

ließ sich doch wenig von der Art: ihrer Bestimmung erwarten. Sie wußten alle, daß sie sich nicht anders
als eine verlorne Schildwache ansehen könnten, die
bloß dahin gestellt sey, um dem Fortgange des Feindes Einhalt zu thun, und ihm von der verzweifelten
Tapferkeit der Griechen einigen Vorschmack zu geben;
selbst an Orakeln fehlt' es nicht, die ihnen den Muth
hätten benehmen können. Zu Delphi hatte man erklärt, daß, um Griechenland vor dem Untergange zu
bewahren, nothwendig ein König, der ein Nachkomme des Herkules sey, sein Leben lassen müsse. Leonidas übernahm diesen Auftrag mit Freuden; und als
er aus Lacedämon ausmarschirte, betrachtete er sich als
ein freywilliges Opfer für das Wohl seines Vaterlandes: Frohlockend stellt' er sich an die Spitze seiner kleinen Schaar, nahm seinen Posten in Besitz, und erwartete zu Termopylä mit überlegter Verzweiflung
die Ankunft der Persischen Armee.

Xerxes rückte unterdeß mit seiner ungeheuren Armee immer näher, aufgeblasen über sein bisheriges
Glück, und seines künftigen Siegs gewiß. Sein Lager prangte mit allen Merkmalen morgenländischer
Pracht, und Asiatischer Ueppigkeit. Er konnte sich nichts
weniger vermuthen, als ein Hinderniß auf seinem Wege nach Griechenland zu finden; er führte seine Truppen, mehr um den Feind durch Schrecken zu verjagen,
als durch Gewalt der Waffen zu überwinden; groß also
war sein Erstaunen, als er fand, daß eine Handvoll
verzweifelter Leute entschlossen sey, ihm den Durchgang
streitig zu machen. Er hatte sich bisher immer noch
geschmeichelt, daß die Griechen, so bald sie nur seinen
Namen hörten, die Flucht ergreifen würden, und konnte sich nie bereden lassen, zu glauben was Demaratus ihm versichert hatte, daß bey dem ersten Paß, wohin er käme, seine ganze Armee würde aufgehalten wer-

den. Er nahm selbst ihr Lager und ihre Verschanzungen in Augenschein. Einige der Lacedämonier vertrieben sich ganz vergnügt die Zeit mit kriegerischen Uebungen, oder kämmten ihr langes Haar. Er fragte nach
der Ursache dieses Betragens, und man sagte ihm, daß
dies die Spartanische Art sey, sich zum Treffen anzuschicken. Indeß ließ er doch die Hoffnung, daß sie
von selbst die Flucht ergreifen würden, noch nicht fahren, und wartete daher vier Tage, um ihnen Zeit zu
lassen, über die Größe ihrer Gefahr nachzudenken; allein sie blieben immer fröhlich und unbekümmert; als
Leute, die den Tod wie das Ende eines beschwerlichen
Lebens ansehen. Er ließ sie auffodern, ihre Waffen
auszuliefern. Aber Leonidas ließ ihm mit wahrer
Spartanischer Verachtung zurücksagen, er solle kommen, und sie holen. Er erbot sich, wenn sie ihre
Waffen niederlegen wollten, sie als Freunde aufzunehmen, und ihnen ein Land zu geben, welches viel grös-
ser und besser seyn sollte, als das wofür sie kämpften.
Kein Land, erwiederten sie, sey Annehmens werth,
wofern es nicht durch Tapferkeit erworben worden;
und was ihre Waffen anbeträfe, so könnten sie derselben nie, sie mögten seine Freunde oder Feinde seyn,
entbehren. Hierauf wandte sich der Monarch an den
Demaratus, und fragte ihn, ob diese verzweifelten
Leute sich etwa einbildeten schneller laufen zu können,
als seine Pferde? — Nein, erwiederte Demaratus, aber sie werden bis auf den letzten Blutstropfen
fechten, und keiner von ihnen wird seines Vaterlandes
Freyheit überleben wollen. Einige sagten; der Perser
sey eine solche Menge, daß ihre Pfeile die Sonne ver-
finstern würden. „Gut erwiederte Dieneces, ein
„Spartaner, so werden wir im Schatten fechten.„

Xerxes, der sich also mit Verachtung abgewiesen
sah, gab endlich einem Korps Meder Befehl, anzu-

rücken, und ermahnte alle biejenigen, welche Verwandten in der Schlacht bey Marathon verloren,
ſich bey dieſer Gelegenheit zu rächen. Sie thaten alſo
den Angriff, wurden aber mit großem Verluſt zurückgeſchlagen. Ihre Menge vermehrte nur ihre Verwirrung, und es zeigte ſich jetzt, daß Xerxes viel Begleiter, aber wenig Krieger habe. Nachdem alſo dieſe
Truppen von den Griechen in die Flucht geſchlagen waren,
mußte die unſterbliche Schaar der Perſer, die aus zehn-
tauſend Mann beſtand, den Angriff thun. Aber dieſe
waren nicht glücklicher, als die vorigen. Den folgenden Tag warb der Angriff erneuert, und Xerxes gab
ſich alle Mühe, durch die herrlichſten Verſprechungen
ſeinen Truppen Muth zu machen, weil er fand, daß
ſie gegen alles Geſühl von Schande unempfindlich waren. Aber ſo heftig auch ihr Angriff war, ſo hatt' er
doch keine Dauer; die Griechen, welche in einem Haufen enge zuſammengedrängt ſtanden, hielten den Stoß
aus, und füllten den Weg mit Perſiſchen Leichnamen.
Xerxes war ſelbſt ein Zuſchauer dieſer unglücklichen Bemühungen; er ſaß auf ſeinem Throne, der auf einer
Anhöhe ſtand, dirigirte von da aus die Ordnung des
Treffens, ungeſtüm in ſeinem Stolz und ſeinem Unwillen, und ſprang oft auf, wenn er ſeine Truppen in
Verwirrung oder im Begriff ſah, die Flucht zu ergreifen.

So hielten die Griechen ſich zween Tage lang, und
keine Gewalt auf Erden ſchien im Stande zu ſeyn, ſie
aus ihrem vortheilhaften Poſten zu vertreiben. Xerxes, der jetzt alle Hoffnung aufgab, ſich mit Gewalt
den Durchgang zu öffnen, war in der äußerſten Beſtürzung; aber die Ankunft des Epialtes, eines von
den Griechen zu ihm übergelaufenen Trachiniers, half
ihm bald aus ſeiner Verlegenheit. Dieſer verſprach
ihm, ſeinen Truppen einen geheimen Weg durch die
Berge

Berge zu zeigen, durch welchen ein ansehnliches Korps herumziehen und den Griechen in den Rücken fallen könnte. Er schickte also eilends zwölf tausend Mann dahin ab, welche die ganze Nacht durch marschierten, mit Anbruch des Tages auf der Spitze des Berges anlangten, und diesen vortheilhaften Posten in Besitz nahmen.

Die Griechen wurden bald dieses unglücklichen Vorfalls inne; und als Leonidas sah, daß er nicht im Stande sey, seinen Posten länger zu behaupten, gab er den Truppen seiner Bundsgenossen den Rath, sich zu entfernen, und sich für bessere Zeiten und die künftige Sicherheit Griechenlandes aufzubewahren; was ihn selbst und seine Spartanischen Mitbürger anbeträfe, so wär es ihnen nach ihren Gesetzen nicht erlaubt, zu fliehen; er sey seinem Vaterlande sein Leben schuldig, und es sey jetzt seine Pflicht, für dessen Vertheidigung sich aufzuopfern. Nachdem er also alle übrigen, seine dreyhundert Spartaner nebst einigen Thespiern und Thebänern, welche zusammen nicht volle tausend Mann ausmachten, ausgenommen, entlassen hatte, ermahnt' er seine Gefährten auf die fröhlichste Art, sich zum Tode zu bereiten: **Kommt, meine Kameraden, sprach er, laßt uns hier noch ein fröhliches Mittagsmahl einnehmen, denn diesen Abend speisen wir beym Pluto.** Seine Leute, als sie seinen festen Entschluß hörten, erhuben ein lautes Freudengeschrey, als ob sie zu einem Schmause eingeladen worden, und entschlossen sich, Jeder sein Leben so theuer zu verkaufen, als er nur könnte. Die Nacht nahte nun heran, und dies hielten sie für die rühmlichste Gelegenheit, den Tod in des Feindes Lager aufzusuchen, wo die Stille ihre verzweifelte Wuth begünstigen, und ihre geringe Anzahl verbergen würde. Also entschlossen, eilten sie gerades Wegs ins Persische Lager, und hätten, in der Finster-

H

niß der Nacht, beynahe ſchon das königliche Gezelt erreicht, in Hoffnung den König ſelbſt zu überfallen. Die
Dunkelheit trug nicht wenig bey, das Schrecken dieſer
Scene zu vermehren, und die Perſer die ohne Unterſchied über einander herfielen, leiſteten mehr den Griechen, als ſich ſelbſt, Beyſtand. So ſchien der glücklichſte Erfolg ihr verwegnes Unternehmen zu krönen, bis
endlich der Morgen anbrach, und das Tageslicht ihre geringe Anzahl offenbarte. Sie wurden alſo bald von der
Menge der Perſer umringt, die es aber doch nicht wagten, ſie anzugreifen, ſondern nur von allen Seiten ihre
Wurfſpieße auf ſie abſchoſſen, bis endlich die Griechen,
nicht ſo ſehr beſiegt, als vom Siegen entkräftet, zwiſchen Haufen erſchlagener Feinde erlagen, und der Welt
ein Muſter von Unerſchrockenheit hinterließen, dergleichen man noch nie geſehen hatte. Leonides war einer
von den erſten, welche fielen, und die Bemühungen der
Lacedämonier ſeinen todten Leichnam zu ſchützen, waren unglaublich. Man fand ihn nach dem Treffen unter einem Haufen von Todten begraben, und der un-
menſchliche Sieger ließ ihn, mehr ſich ſelbſt als dem Helden zum Schimpf, ans Kreuz ſchlagen. Von der ganzen Schaar entwiſchten nur zween, Ariſtodemus und
Panites. Der letzere wurde, bey ſeiner Rückkehr,
nach Sparta mit Schande gebrandmarkt, und man begegnete ihm mit ſolcher Verachtung, daß er ſich ſelbſt
ums Leben brachte. Ariſtodemus aber bewahrte ſich
für eine andre Gelegenheit auf, und erlangte durch ſeine Tapferkeit in der Schlacht bey Platäa die verlorne
Ehre wieder. Einige Zeit nach dieſem glorreichen Frey-
heitskampf ließen die Amphyktionen an dem Orte, wo
dieſe edlen Vertheidiger ihres Vaterlandes gefallen waren, ein prächtiges Denkmal errichten, und der Dichter
Simonides machte ihnen die Grabſchrift.

Xerxes ſoll in dieſem Treffen zwanzig tauſend

Mann, unter denen sich zween seiner Brüder befunden, verlohren haben. Um aber die Größe seines Verlusts vor der Armee zu verhehlen, ließ er Alle, tausend der Erschlagenen ausgenommen, ohne Unterschied in großen Gruben verscharren. Indeß hatte diese List einen schlechten Erfolg; denn als die Soldaten auf seiner Flotte einige Zeit nachher neugierig waren, das Schlachtfeld zu besehen, entdeckten sie den Kunstgriff, und machten ihm daraus den Vorwurf einer himmelschreyenden Gottlosigkeit.

Abgeschreckt durch eine Hartnäckigkeit des Feindes, die ihm so theuer zu stehen kam, war Xerxes eine Zeitlang geneigter, sein Glück zur See zu versuchen, als unmittelbar weiter ins Land fortzurücken, wo acht tausend Spartaner, wie er vom Demaratus erfahren hatte, eben solche Leute als die, mit denen er eben gefochten hatte, bereit waren ihn zu empfangen. Dem zufolge wurde gleich den Tag nach der Schlacht bey Thermopylä zwischen beiden Flotten ein Seetreffen geliefert. Die Griechische Flotte bestand aus zwey hundert und ein und siebzig Schiffen. Die feindliche hatte vor kurzem vier hundert Schiffe durch Schiffbruch verloren, war aber dem ungeachtet der Griechischen Flotte noch weit an Anzahl überlegen. Um diesen Verlust durch einen Sieg zu ersetzen, hatten zwey hundert Persische Schiffe Befehl, einen Umweg zu nehmen, und die Griechen, welche in der Enge von Euböa lagen, zu überfallen; allein die Griechen, welche von dem Vorhaben Nachricht erhielten, segelten bey Nacht ab, stießen also durch einen Gegenüberfall auf sie, indem sie von ihrem Hauptgeschwader getrennt waren; eroberten und versenkten ihrer dreyßig, und zwangen die übrigen, die hohe See zu suchen, wo sie bald nachher alle durch Sturm theils untergiengen, theils strandeten. Voller Wuth über diese vereitelten Entwürfe, kamen die Perser den folgen-

den Tag mit ihrer ganzen Flotte zum Vorschein; sie
hatten sich in Gestalt eines halben Mondes gestellt, und
foderten die Griechen zum Treffen heraus, welches diese bereitwillig annahmen.   Die Athenienser ließen sich
durch drey und funfzig Segel verstärken, worauf das
Treffen sehr hartnäckig und blutig, und das Glück auf
beiden Seiten fast gleich war, so daß beide Partheyen
zufrieden schienen, sich in guter Ordnung zurück zu
ziehen.

Alle diese Begebenheiten, die bey dem Vorgebirge
Artemisium vorfielen, wiewohl sie damals nichts entschieden, trugen doch nicht wenig dazu bey, den Muth
der Athenienser anzufeuern, denn sie hatten jetzt einsehen
gelernt, daß weder die große Anzahl der Persischen
Schiffe furchtbar, noch ihre Größe von Nutzen sey.
Gestärkt also durch die Hoffnung auf glänzendere Thaten, verließen sie Artemisium und nahmen ihren
Stand bey Salamis, wo sie der Stadt Athen am
bequemsten Beystand leisten konnten.

Unterdessen drang Xerxes mit seiner ungeheuren
Armee in das Land Phocis, verbrannte und plünderte jede Stadt, wohin er kam. Die Bewohner des Pe-
loponnesus, welche von Natur durch ihre unzugängli-
che Lage vertheidigt wurden, indem ihr Land nur durch
eine schmahle Erdzunge mit dem festen Lande verbunden
war, hielten es fürs Klügste, den Isthmus durch eine
Mauer zu vertheidigen, hinter dieser Verschanzung
Schutz zu suchen, und die übrigen Griechen dem Wohl-
gefallen des Siegers zu überlassen.   Die Athenienser
indeß, deren Land außerhalb des Isthmus lag, thaten
die stärksten Vorstellungen gegen diesen Abfall von der
gemeinen Sache, und bemühten sich, die Griechen zu
überreden, daß sie dem Feinde im freyen Felde die Spitze bieten mögten. Allein die Klugheit behielt die Oberhand, und Themistokles stellte ihnen vor, daß sie,

wenn gleich ihr Land auf eine Zeitlang von den Barbaren überschwemmt würde, doch noch ihre hölzernen Mauren hätten, auf die sie sich verlassen könnten, denn ihre
Flotte sey bereit, sie nach irgend einem von ihren Eta-
blissements zu bringen, wohin sie Lust hätten. Anfänglich war ihnen dieser Rath so verhaßt, als sich nur denken läßt. Das Volk hielt sich für unvermeidlich verloren, wenn es erst einmal die Tempel seiner Götter
und die Gräber seiner Vorfahren verlassen hätte. Aber
Themistokles gebrauchte seine ganze Beredsamkeit
und Kunst, ihre Leidenschaften ins Spiel zu ziehen; er
stellte ihnen vor, daß weder die Mauren, noch die Häuser, sondern die Bürger **Athen** ausmachten, und daß
die Rettung dieser die wahre Rettung des Staats sey.
Es ergieng also die Verordnung, daß **Athen** auf eine
Zeitlang dem Schutz der Götter anvertraut, und alle
seine Einwohner, Freye und Sklaven, auf die Flotte
eingeschifft werden sollten. Bey dieser traurigen Auswanderung sah man den **Cimon**, der damals noch ein
Jüngling war, die Bürger durch seine Reden und sein
Beyspiel aufmuntern. Er trug selbst einen Theil der
Geräthschaften seines Hauses in den Tempel der **Minerva**, und brachte sie, als eine jetzt unnütze Sache,
der Göttinn zum Opfer dar, dann eilt' er an die Küste,
und war der erste, der fröhlich an Bord stieg. Als der
übrige Theil der Stadt ihm nachfolgte, preßte ein so
rührender und melancholischer Anblick selbst den aller
härtesten Thränen aus. Ein tapfres, edles, aufge-
klärtes und altes Volk, jetzt gezwungen, seine väterlichen Wohnungen zu fliehen, sich allen Schicksalen und
Gefahren der See zu überlassen, fremde Staaten um
Zuflucht anzuflehen, und sein mütterliches Land dem
Verwüster hinzugeben, war ein höchst bewegliches
Schauspiel. Indeß verdiente die Standhaftigkeit und
der Muth Einiger, und die fromme Gelassenheit An-

der die größte Bewunderung. Was jung und muthig
war, segelte nach Salamis, die Alten, die Weiber
und Kinder aber nahmen ihre Zuflucht nach der Stadt
Trözene, deren Einwohner ihnen edelmüthig eine
Freystäte angeboten hatten. Sie wiesen ihnen sogar ihren Unterhalt auf Kosten des gemeinen Wesens an, erlaubten ihren Kindern Früchte zu sammlen, wo es ihnen beliebte, und bestellten Lehrer, sie zu unterrichten.
Was aber bey dieser allgemeinen Auswanderung das
Mitleiden Aller im höchsten Grade rege machte, waren
die vielen Greise, die sie wegen ihres Alters und ihrer
Schwachheiten in der Stadt zurückzulassen sich genöthigt sahen. Viele blieben auch freywillig zurück, indem sie glaubten, daß die Citadelle, die sie mit hölzernen Schanzen befestigt hatten, der Ort sey, welchen
das Orakel der Stadt zur allgemeinen Sicherheit angewiesen. Um diese Scene von allgemeinem Jammer
noch rührender zu machen, sah man die Matrosen mit
zärtlicher Liebe an den Oertern festhangen, wo sie so lange gewohnt hatten, die Weiber erfüllten die Gassen mit
lautem Wehklagen, und selbst die armen Hausthiere
schienen an der allgemeinen Betrübniß Theil zu nehmen. Es war unmöglich, diese armen Geschöpfe, wie
sie ihren alten Herrn, in dem sie zu Schiffe stiegen,
nachliefen und nachheulten, ohne Rührung anzusehen.
Unter diesen hat man die vorzügliche Treue eines Hun-
des aufbewahrt, welcher seinem Herrn nach in die See
sprang, und so nahe er konnte dem Schiffe nachschwamm,
bis er zu Salamis ans Ufer kam, wo er den Augenblick darauf verschied. — Die wenigen zurückbleiben-
den Einwohner zogen sich in die Citadelle, welche sie,
nach dem wörtlichen Sinne des Orakels, so gut befestigten, als sie nur konnten, und geduldig die Annäherung des Feindes erwarteten.

Unterdeß Xerxes seinen Marsch fortsetzte, sagte man

ihm, daß die Griechen beschäfftigt wären, den Spielen und Kämpfen, welche damals zu Olympia gefeyert wurden, zuzusehen. Nicht ohne Unwillen hört' er, daß seine Macht so wenig im Stande sey, seine Feinde zu schrecken, oder ihre Zeitvertreibe zu unterbrechen. Nachdem er ein ansehnliches Detachement seiner Armee abgeschickt, den Tempel zu Delphi zu plündern, rückt' er mit den übrigen in Attika ein, wo er Athen gänzlich verlassen fand, die Wenigen in der Citadelle ausgenommen. Diese Leute, welche keine Hülfe hoffen konnten, und den Untergang ihres Vaterlandes nicht überleben wollten, verwarfen alle Vorschläge zum Vergleich; sie thaten dem ersten Angriffe kühnen Widerstand, und hofften schon, durch Religionsenthusiasmus belebt, einen glücklichen Ausgang. Allein ein zweyter Angriff zerstörte ihre schwachen Verschanzungen, sie wurden insgesammt niedergehauen, und die Citadelle in die Asche gelegt. Aufgeblasen über dieses Glück, sandte Xerxes alsobald einen Boten mit der Nachricht seiner Siege nach Susa, und gab ihm zugleich eine Menge von Gemälden und Statuen mit, unter denen sich auch die des Harmodius und Aristogiton befanden.

Während dessen beriefen die verbundnen Griechen einen Kriegsrath zusammen um sich über die sichersten Mittel und den beßten Ort zu berathschlagen, wo man dieser barbarischen Ueberschwemmung Einhalt thun könnte. Die Operationen zu Lande betreffend, war der allgemeine Entschluß, den Isthmus durch eine Mauer zu vertheidigen, und dem Kleombrotus, des Leonidas Bruder, ward das Kommando über diesen Posten aufgetragen; was aber die Seeoperationen anbetraf, so war man darüber nicht so allgemein einer Meynung. Eurybiades, der Spartaner, welcher die Flotte kommandirte, wollte daß sie sich nahe am Isthm us hielte, damit sie mit der Landarmee gemeinschaftlich a gi=

ren könne;   aber Themiſtokles war ganz andrer
Meynung,   und behauptete,   es würde der offenbarſte
Fehler ſeyn, einen ſo vortheilhaften Poſten, als der bey
Salamis war, wo ſie jetzt ſtand, zu verlaſſen.   Sie
wären jetzt, ſagt' er, im Beſitz der Engen des Meers,
wo die groſſe Menge der Feinde ihnen nie etwas helfen
könne;   die einzige Hoffnung, die jetzt den Athenienſern übrig bleibe, ſey ihre Flotte; und dieſe dürfe alſo
nicht durch unwiſſenden Eigenſinn dem Feinde Preis gegeben werden.   Eurybiades, welcher glaubte, daß
das letztere auf ihn ziele, und ſich dadurch beleidigt fand,
konnte ſeinen Unwillen nicht zurückhalten,   und wollte
den Themiſtokles wegen ſeiner Unverſchämtheit ſchlagen.   Schlag mich, rief der Athenienſer, ſchlag
mich, aber hör mich nur   Seine Mäßigung
und ſeine Gründe behielten endlich die Oberhand, die
beiden Generale verſöhnten ſich,   und das Reſultat der
Berathſchlagung war, daß man ſich anſchicken wollte,
die Perſer zu Lande auf dem Iſthmus, und zur See in
den Engen von Salamis zu empfangen.

Unterdeſſen rückte Xerxes,   nachdem er Athen
zerſtört und verbrannt hatte,   gegen die Seeküſte an,
um in Verbindung mit ſeiner Flotte zu agiren, welche
noch einmal den Feind angreifen ſollte.   Dies war es,
was Themiſtokles in ſeiner jetzigen Lage am eifrig-
ſten wünſchte, aber er beſorgte, daß ſeine Bundsgenoſſen nicht Muth haben würden, ſich in ein Treffen einzulaſſen.   Ihre Gedanken giengen noch immer dahin,
nach dem Iſthmus zu ſegeln, und dort ihrer Armee im
Fall der Noth beyzuſtehen.   Themiſtokles ſah ſich
alſo bey dieſen dringenden Umſtänden genöthigt, zu einer von denen Kriegsliſten ſeine Zuflucht zu nehmen,
die nur ein höheres Genie erfinden kann.   Er ließ ins
geheim dem Xerxes die Nachricht bringen, daß die
verbundnen Griechen zu Salamis jetzt Anſtalten zur

Flucht machten, und daß es ein leichtes seyn würde, sie
anzugreifen und zu Grunde zu richten.   Diese Nachricht hatte den gewünschten Erfolg.   Xerxes gab seiner Flotte Befehl, Salamis bey Nacht zu umringen,
um die Flucht, welche er so sehr befürchtete, zu verhindern.

Auf solche Art also war die Griechische Flotte eingesperrt, und und es blieb ihr kein ander Mittel sich zu
retten, als Unerschrockenheit und Sieg.   Selbst Themistokles kannte die Lage seiner eignen und der feindlichen Macht nicht, alle engen Straßen waren gesperrt,
und das übrige der Persischen Flotte ward herbey geholt,
um jeden Ausweg unmöglich zu machen.   In dieser
Noth entschloß sich Aristides, in dessen Herzen die Liebe für sein Vaterland immer mächtiger war, als jede
Privatrache, Alles zu wagen, um den Themistokles
von seiner Lage und seiner Gefahr zu benachrichtigen.
Er war damals zu Aegina, wo er einige Truppen unter seinem Kommando hatte, und wagte sich mit größter Gefahr, auf einem kleinen Kahn, bey Nacht durch
die ganze feindliche Flotte. So bald er angelandet war,
eilt' er zum Zelt des Themistokles, und redte ihn fol-
gendergestalt an: „Wenn wir weise sind, Themisto-
„kles, so werden wir hinführo jene unnützen und kin-
„dischen Zwistigkeiten, die uns bisher getrennt haben,
„bey Seite setzen.   Nur Ein Streit, Eine edle Nach-
„eiferung bleibt uns jetzt übrig, wer von uns nehm-
„lich dem Vaterlande die besten Dienste leisten werde.
„Dein ists jetzt, als General zu befehlen, mein, als
„Unterthan zu gehorchen, und glücklich werd' ich mich
„schätzen, wenn mein Rath irgend etwas zu deinem und
„meines Vaterlandes Ruhme beytragen kann.„ Hierauf berichtigt' er ihn von der wahren Lage seiner Flotte,
und ermahnte ihn aufs dringenste, ohne Verzug ein
Treffen zu liefern. Themistokles fühlte sich ganz von

der edeln Dankbarkeit durchdrungen, die ein so uneigen-
nütziges Betragen foderte, und begierig seine Freundschaft mit gleichem Edelmuth zu erwiedern, offenbart
er ihm alle seine Entwürfe und Absichten, vornehmlich
diese letztere, daß er sich also hatte umringen lassen.
Hierauf bedienten sie sich ihres verbundnen Ansehns bey
den übrigen Generalen, sie zum Treffen zu bereden, und
beide Flotten schickten sich also zum Gefecht an.

Die Griechische Flotte bestand aus dreyhundert und
achzig Schiffen; die Persische aber war viel zahlreicher.
Aber so sehr diese auch jenen an Menge und Größe der
Schiffe überlegen waren, so blieben sie doch an Geschicklichkeit mit den Schiffen umzugehen und an Bekanntschaft mit der See, wo sie fochten, unendlich hinter ihnen zurück. Den größten Vorzug aber hatten die Griechen durch ihren Anführer. Eurybiades hatte dem
Namen nach das Kommando über die Flotte, Themistokles aber lenkte in der That alle ihre Operationen. Nichts entwischte seiner Wachsamkeit, und er
wußte jeden Umstand zum größten Vortheil zu benutzen.
Er verschob also den Angriff, bis ein gewisser Wind,
welcher um diese Jahrszeit periodisch war, und von welchem er wußte, daß er den Seinigen vortheilhaft seyn
würde, zu wehen anhub. So bald dies geschah, gab
er das Zeichen zum Treffen, und die Griechische Flotte
segelte in genauester Ordnung auf den Feind los.

Xerxes, der sein voriges Unglück zur See seiner
eignen Abwesenheit beymaß, entschloß sich, jetzt selbst
von dem Gipfel eines Vorgebürges, wo er zu dem Ende einen Thron errichten ließ, Zuschauer dieses Treffens
abzugeben. Dies trug einigermaßen dazu bey, seinen
Truppen mehr Muth einzuflößen, denn da sie wußten,
daß ihr König sie beobachte, entschlossen sie sich, seinen
Beyfall zu verdienen. Die Perser also fiengen das Treffen mit einem Muth und Ungestüm an, der die Griechen

in Schrecken setzte, aber ihre Hitze ließ nach, so bald sie
näher an einander kamen. Die vielen Nachtheile ihrer
Umstände und ihrer Situation fiengen jetzt erst an sicht-
bar zu werden. Der Wind blies ihnen gerade ins Gesicht; die Höhe und Schwere ihrer Schiffe machte sie
unlenksam und unbrauchbar, selbst die Menge derselben
in der engen See, wo sie fochten, diente nur, sich unter einander selbst zu hindern, und ihre Verwirrung zu
vermehren. Die Jonier, welche Themistokles
durch Charaktere, die er auf die Felsen längs ihrer Küste eingraben lassen, ermuntert hatte, sich ihrer Abstam-
mung zu erinnern, waren die ersten, welche die Flucht
ergriffen. An dem andern Flügel war der Sieg eine
Zeitlang zweifelhaft, bis endlich die Phönicier und Cyprier an den Strand getrieben wurden, worauf die Uebrigen sich in großer Unordnung zurückzogen und sich
selbst zu Grunde richteten. Bey dieser allgemeinen
Flucht schien Artemisia allein den Fortgang des Sieges aufzuhalten, und bewies an der Spitze ihrer fünf
Schiffe einen unglaublichen Heldenmuth. Xerxes,
der ein Zuschauer ihres Betragens war, konnte sich
nicht enthalten auszurufen, seine Soldaten betrügen sich
wie Weiber, und die Weiber wie Soldaten. Da diese
Königinn, wegen ihrer außerordentlichen Tapferkeit,
den Atheniensern vielen Schaden gethan, so hatte man
einen Preis auf ihren Kopf gesetzt. Sie wußte dieß,
und als sie daher schon beynahe in ihren Händen war,
stellte sie sich durch einen glücklichen Einfall, als ob sie
ihrer eignen Parthey abfiele; und eins der Persischen
Schiffe anfallen wolle; die Griechen, welche hieraus
schlossen, daß sie entweder zu ihnen gehöre, oder von
den Ihrigen abgefallen sey, ließen sie glücklich entwischen. Unterdessen verfolgten die Verbündeten die Persische Flotte von allen Seiten. Einige Schiffe wurden in den Engen von Attika aufgefangen; andre ver-

senkt, und noch mehrere gefangen genommen. Ueber
zweyhundert wurden verbrannt, alle übrigen zerstreut,
und die Bundsgenossen, welche sich vor den Zorn der
Griechen sowohl, als des Persischen Königs fürchte=
ten, eilten, so schnell sie nur konnten, nach Hause.

Dies war der Erfolg des Seetreffens bey Sala=
mis, in welchem die Perser einen härtern Stoß beka=
men, als ihnen bisher noch je von den Griechen versetzt
war. Themistokles that, in einer geheimen Unter=
redung mit dem Aristides, so groß, daß er vorschlug,
die Brücke, über welche Xerxes in Europa eingezo=
gen war, abzubrechen. Ob es dem Themistokles
mit diesem Vorschlage wirklich Ernst gewesen, läßt sich
nicht entscheiden, aber Aristides that Alles, was in
seinem Vermögen stand, seinen Gehülfen von einem
solchen Unternehmen abzurathen. Er stellte ihm vor,
wie gefährlich es seyn würde, einen so mächtigen Feind
zur Verzweiflung zu bringen, und versicherte daß er
nichts mehr wünsche, als eines solchen Räubers, so
bald als möglich los zu werden. Themistokles gab
alsobald seinen Gründen nach, und ließ, um den Ab=
zug des Königs zu beschleunigen, ihm insgeheim hin=
terbringen, daß die Griechen damit umgiengen, die
Brücke abzubrechen.

Xerxes befand sich in einem solchen Zustande, daß
die geringste Widerwärtigkeit jetzt hinreichend war, ihm
diesen sonst sehr nahe am Herzen liegenden Feldzug zu ver=
leiden. Bestürzt über die letztere Niederlage, und erschro=
cken über diese neue Nachricht, sucht' er nur noch eine
anständige Gelegenheit zum Rückzuge, als Mardo=
nius ihn gerade zu erwünschter Zeit aus dieser Verle=
genheit riß. Er fieng damit an, daß er den letzt er=
littenen Verlust verringerte, und die vielen Mittel vor=
stellte, die ihnen noch übrig wären, ihren Umständen
eine ganz andre Gestalt zu geben: er schob alle Schuld

der Niederlage auf die Feigheit und Treulosigkeit seiner
Bundsgenossen; er rieth ihm, eilends in sein Königreich zurückzukehren, damit nicht etwa der Ruf seines
Unglücks, welcher immer die Dinge schlimmer vorstel-
le, als sie wirklich sind, zu inneren Unruhen in seiner Abwesenheit Gelegenheit gebe. Er machte sich anheischig, wenn er ihm dreymal hundert tausend seiner
auserlesnen Truppen überließe, ganz Griechenland aufs
rühmlichste unters Joch zu bringen. Auf der andern
Seite, wenns widrig ausfiele, woll' er den ganzen
Schimpf des unglücklichen Erfolgs auf sich nehmen,
und an eigner Person Strafe leiden, wenns darum zu
thun wäre, seines Herrn Ehre zu retten. Xerxes,
welcher glaubte, daß er genug für die Ehre gethan, da
er sich zum Herrn von Athen gemacht, nahm diesen
Rath sehr wohl auf; er machte gleich Anstalt an der
Spitze eines Theils seiner Armee nach Persien zurückzukehren, indem er den übrigen Theil mit dem Mardonius zurückließ; nicht so sehr in der Hoffnung Griechenland zu bezwingen, als aus Furcht verfolgt zu
werden.

Dieser Entschluß ward in einer Rathsversammlung,
welche bald nach dem Treffen gehalten wurde, bekannt
gemacht, und gleich in der folgenden Nacht segelte die
Flotte in großer Verwirrung nach dem Hellespont ab,
und nahm ihre Winterquartiere bey Kumá. Der
König selbst überließ seinen Generalen die Sorge für
die Armee, und eilte mit einem kleinen Gefolge an die
Seeküste, die er fünf und vierzig Tage nach dem Treffen bey Salamis erreichte. Als er ankam, fand er die
Brücke durch die Gewalt der Wellen in einem Sturm,
welcher vor kurzem sich ereignet hatte, zertrümmert.
Er sah sich daher genöthigt, in einem kleinen Kahn über
die Meerenge zu setzen, welche Art von Rückkehr, verglichen mit der großprahlerischen Art seiner Ankunft,

seinen Schimpf noch herber und demüthigender machte.
Die Armee, welche ihm zu folgen Befehl erhalten hatte, gerieth aus Mangel an Lebensmitteln unterwegs in
große Noth. Nachdem sie alles Getreide, was sie nur
finden konnte, verzährt hatte, sah sie sich gezwungen,
von Kräutern, und selbst Baumrinden und Blättern
zu leben. Also entkräftet und ausgemergelt machte eine
Pest ihr Elend voll; und nach einem ermüdenden Marsch
von fünf und vierzig Tagen, auf welchem sie mehr
von Geyern und Raubthieren, als von Menschen verfolgt wurde, kam sie endlich an den Hellespont, wo sie
übersetzte, und von da nach Sardis marschirte. Solch
ein Ende nahm Xerxes Feldzug in Griechenland; in
Uebermuth angefangen, und in Schande beschlossen.
Indeßen muß man bemerken, daß wir diese ganze Erzählung nur aus griechischen Schriftstellern haben, die
ohne Zweifel partheyisch gegen ihre Landesleute gewesen
sind. Man sagt, daß Persische Geschichtschreiber diesen Feldzug in einem ganz verschiednen Lichte vorstellen,
und sagen, der König sey mitten in dem Glück seiner
Waffen zurückberufen worden, um einen Aufruhr zu
Hause zu dämpfen. Dem sey wie ihm wolle, mit der
Macht und Größe der Perser giengs von dieser Zeit an
immer mehr auf die Neige, bis endlich Alexander
der Große, mit einer siegreichen Armee von Griechen,
sie in ihrem eignen Lande angriff.

Siebender Abschnitt.

Von dem Rückzuge des Xerxes bis auf den Frieden
zwischen den Griechen und Persern.

Das Erste, wofür die Griechen nach dem Treffen
bey Salamis Sorge trugen, war, daß sie die
Erstlinge der reichen Beute, die sie den Persern abgenommen hatten, nach Delphi schickten. Als Bunds-

genoſſen betrachtet, waren ſie immer aufmerkſam auf
die Pflichten der Religion; und wiewohl ihre philoſo-
phiſchen Sekten und Meynungen die Menſchen von den
Gegenſtänden des öffentlichen Gottesdienſtes ſehr ge-
ringſchätzig denken lehrten, ſo war es doch Religion,
was das Band ihrer Einigkeit feſtknüpfte, und ſie auf
eine Zeitlang ſchwach vereinigt hielt. So bald dieſes
Band einmal zerriſſen, und der Rath der Amphyktionen mehr eine politiſche als eine religiöſe Verſammlung
geworden war, ſo war es um die allgemeine Einigkeit
geſchehen, und die verſchiednen Staaten wurden ein
Opfer ihrer eignen Streitigkeiten.

. Die Freude der Griechen über dieſen Sieg war allgemein und frohlockend; jeder General hatte ſeinen Theil
an der Ehre, aber des Themiſtokles Ruhm verdun-
kelte den Glanz aller übrigen. Es war Gewohnheit in
Griechenland, daß nach einem Treffen die kommandi-
renden Officiere diejenigen anzeigten, welche ſich am
meiſten hervorgethan, indem ſie die Namen derer, welche ihrer Meynung nach den erſten und zweyten Preis
verdient hatten, aufſchrieben. Bey dieſer Gelegenheit
gab jeder dieſer Officiere ſich ſelbſt den erſten Rang, den
zweyten aber bewilligten ſie insgeſammt dem Themiſtokles, wodurch ſie in der That ſtillſchweigend ihn
über ſich alle hinausſetzten. Die Lacedämonier beſtä-
tigten dieſes noch mehr: ſie führten ihn im Triumph
nach Sparta, und hier erkannten ſie den Preis der
Tapferkeit ihrem Landsmann, dem Eurybiades,
den Preis der Weisheit aber dem Themiſtokles zu.
Sie kränzten ihn mit Oelzweigen, ſchenkten ihm einen
prächtigen Wagen, und begleiteten ihn mit drey hundert
Reutern bis an die Gränzen ihres Staats. Aber noch
eine andere Huldigung ward ihm bewieſen, die ſeinem
Stolz noch weit mehr ſchmeichelte: als er bey den Olympiſchen Spielen erſchien, empfiengen die Zuſchauer ihn

mit ungewöhnlichen Zurufungen. So bald man ihn an-
ſichtig wurde, ſtand die ganze Verſammlung auf, ihm
Ehre zu bezeugen; Keiner achtete weder auf die Spiele, noch auf die Fechter, Themiſtokles war das einzige Schauſpiel, das ſie ihrer Aufmerkſamkeit würdig
fanden.   Trunken von ſo ſchmeichelhaften Ehrenbezeugungen, konnt' er ſich nicht enthalten auszurufen, daß
er an dieſem Tage die Früchte aller ſeiner Arbeiten ein-
erndte.

    Nachdem die Griechen aufgehört hatten die Perſi-
ſche Flotte zu verfolgen, ſegelte Themiſtokles nach
allen Inſeln umher, welche den Feinden beygeſtanden
hatten, um ſich Contribution auszahlen zu laſſen.   Die
erſte, an die er ſich wandte, war Andros, von deren
Einwohnern er eine anſehnliche Summe foderte. „Ich
„komme zu euch, ſagt' er, von zwo mächtigen Gotthei-
„ten, Ueberredung und Nothwendigkeit, begleitet.„ —
„Ach! erwiederten ſie, wir haben ebenfalls Gotthei-
„ten auf unſrer Seite, Armuth und Unmöglichkeit.„ —
Auf dieſe Antwort ſperrte er ſie eine Zeitlang ein, fand
ſie aber ſo wohl befeſtigt, daß er ſich genöthigt ſah, unverrichteter Sache abzuziehen.   Andre Inſeln indeß
hatten ihm weder ſo gute Gründe, noch ſo viel Macht
entgegen zu ſtellen.   Von allen, die nicht im Stande
waren, ihm Widerſtand zu thun, trieb er große Summen ein, die er vornehmlich zu ſeinem Privatvortheil
verwandte, und zeigte alſo in ſeinem beſondern Charakter zwo ſonderbar gepaarte Eigenſchaften, Habſucht
und Ehrgeiz.

    Mardonius unterdeſſen, welcher mit einer Ar-
mee von dreymal hundert tauſend Mann in Griechenland zurückblieb, brachte den Winter über in Theſſalien zu, und rückte, mit Anfang des Frühlings in Böotien ein.   Von hier aus ſandt' er den Alexander,
König von Macedonien, mit einem glänzenden Gefolge
nach

nach Athen, um Vorschläge zu einem Vergleich zu
thun, und die Athenienser zu bereden, der gemeinen
Sache Griechenlandes abzufallen. Er erbot sich, ihre
Stadt wieder aufzubauen, ihnen eine ansehnliche Summe Geldes zu geben, sie im Besitz ihrer Gesetze und
Regierungsform zu lassen, und sie zu Herrn von ganz
Griechenland zu machen. Aristides war damals Archon, die höchste Obrigkeit zu Athen. In seiner Gegenwart wars, daß der König von Macedonien diese
Vorschläge that, und die Deputirten der andern Griechischen Staaten ihre Gründe dagegen vorbrachten.
Aber Aristides bedurfte keines andern Antriebes zu
einer würdigen Antwort, als der natürlichen Stimme
seines eignen Herzens. „Leuten, sagt' er, die in Wol-
„lust und Unwissenheit auferzogen sind, ist es natür-
„lich, große Belohnungen anzubieten, und sich einzu-
„bilden, daß sie durch Bestechungen die Tugend zu ih-
„ren Absichten erkaufen können. Barbaren, welche
„Gold und Silber zu den ersten Gegenständen ihrer
„Hochschätzung machen, lassen sich entschuldigen, wenn
„sie jedes Volk zur Treulosigkeit bestechen zu können
„glauben; aber daß die Lacedämonier, welche gegen
„diese Anerbietungen Vorstellungen gethan haben, vor-
„aussetzen können, daß sie etwas über uns vermögen
„würden, das ist in der That ganz erstaunlich. Der
„Sorge der Athenienser ist die gemeinschaftliche Frey-
„heit Griechenlandes anvertraut, und Berge von Gold
„sind nicht im Stande, ihre Treue wankend zu machen.
„Nein, so lange jene Sonne, welche die Perser vereh-
„ren, ihren Glanz nicht verliert, so lange werden die
„Athenienser nicht aufhören, tödtliche Feinde der Per-
„ser zu seyn, nicht aufhören, sie unversöhnlich zu ver-
„folgen, weil sie ihr Land verwüstet, ihre Häuser ver-
„brannt, ihre Tempel beflecket haben. Dies ist unsre
„Antwort auf die Persischen Anträge. Und du, fuhr

J

„er fort, indem er sich an den **Alexander** wandte;
„wenn du wirklich ihr Freund bist, so hüte dich künftig,
„dergleichen Vorschläge zu überbringen; deine Ehre,
„und vielleicht deine Sicherheit selbst erfordert es.„

Da also alle Unterhandlungen abgewiesen waren,
machte **Mardonius** Anstalt, mit größtem Nachdruck die Sache anzugreifen. Er fiel in Attika ein, und
die Athenienser sahen sich noch einmal genöthigt, ihre
Stadt zu räumen, und sich seiner Wuth Preis zu geben. Er rückte in Athen, zehn Monate nachdem Xerxes es eingenommen hatte, indem die Einwohner wieder nach **Salamis** und andern benachbarten Oertern
entflohen waren. In diesem Zustande der Verbannung
und der Dürftigkeit waren sie zufrieden unter allen ihren Leiden, weil Freyheit sie ihnen versüßte. Selbst
Lycidas, ein Senator, welcher den Vorschlag that,
daß man sich unterwerfen sollte, wurde zu Tode gestei-
nigt, und seiner Frau und Kindern widerfuhr eben das
von den Weibern, so heftig war der Abscheu der Athenienser gegen alle Gemeinschaft mit Persien.

Unterdessen waren die Spartaner, deren Pflicht es
war, den Atheniensern mit gleichem Eifer behülflich zu
seyn, uneingedenk der gemeinen Sache, nur darauf bedacht, zu ihrer eignen Sicherheit Anstalten zu machen,
und entschlossen sich, den Isthmus zu befestigen, und
den Feind abzuhalten, daß er nicht in den Peloponne-
sus eindringen könnte. Dies sahen die Athenienser für
einen niederträchtigen und undankbaren Abfall an, und
schickten Deputirten nach Sparta, um gegen ihr Betragen Vorstellungen zu thun. Diese hatten Befehl zu
erklären, daß wenn die Spartaner fortführen, auf diese
eigennützige Art nur ihre eigne Sicherheit zu suchen,
die Athenienser ihrem Beyspiel folgen, und, anstatt
Alles für Griechenland zu dulden, mit ihrer Flotte sich
zu den Persern schlagen würden, welche dann, als Mei-

ster zur See, das Spartanische Gebiet anfallen könnte,
so bald es ihnen beliebte. Diese Drohungen thaten so
gute Wirkung, daß fünf tausend Mann, jeder von sieben Heloten begleitet, ins geheim abgeschickt wurden,
und schon wirklich auf ihrem Marsch begriffen waren,
ehe die Spartaner den Athenienfischen Abgeordneten
Antwort gaben.

Mardonius hatte um diese Zeit Attika wieder
verlassen, und war auf seiner Rückkehr nach Böotien
begriffen, wo er die Annäherung der Feinde zu erwarten willens war; indem er dort seine Truppen bequemer
ausbreiten konnte, als in Attika, welches voller Hügel
war, und wo also wenig Leute einer großen Armee mit
Vortheil entgegengestellt werden konnten. Er schlug
sein Lager an dem Flusse Asopus auf, längs dessen
Ufern er seine Armee ausbreitete; die aus dreymal hundert tausend bewaffneten Leuten bestand.

So groß diese Armee war, entschlossen sich dennoch
die Griechen, mit ihrer weit geringeren Macht gegen
sie ins Feld zu rücken. Ihre Truppen waren jetzt zusammen, und beliefen sich auf siebzig tausend Mann.
Unter diesen waren fünf tausend Spartaner, von fünf
und dreyßig tausend Heloten begleitet. Die Athenienser beliefen sich auf acht tausend, und die Truppen der
Bundsgenossen machten das Uebrige aus. Den rechten Flügel dieser Armee hatten die Spartaner inne, unter dem Kommando des Pausanias; den linken die
Athenienser, vom Aristides angeführt. In dieser
Ordnung folgten sie dem Mardonius nach Böotien,
entschlossen, das Glück eines Treffens zu versuchen, und
lagerten sich nicht weit von ihm, an dem Fuße des Berges Cytháron. Hier verweilten sie eine Zeitlang, und
erwarteten in ängstlicher Besorgniß, zwischen Furcht
und Hoffnung das Treffen, welches Griechenlandes
Schicksal entscheiden sollte. Einige Scharmützel zwi-

ſchen der Perſiſchen Reuterey und dem Flügel der Griechiſchen Armee, in welchen die letztern glücklich waren,
ſchien eine Vorbedeutung des künftigen Sieges zu geben; indeſſen war man doch zehn Tage lang von keiner
Seite geneigt, den Anfang zu machen.

Unterdeß die beiden Armeen alſo gegen einander
ſtanden, und die vortheilhafteſte Gelegenheit zum Treffen abwarteten, hätten die Griechen durch ihre innern
Zwiſtigkeiten, indem ſie ihre gegenſeitige Eiferſucht zu
befriedigen ſuchten, ſich beynahe ſelbſt um ihre Freyheit
gebracht. Der erſte Streit, welcher in ihrer Armee
entſtand, wurde von den Tegäern angefangen, welche den Vorrang vor den Atheniensern verlangten. Sie
räumten willig den Spartanern das Kommando des rechten Flügels ein, weil ſie dieſes immer gehabt hatten,
verlangten aber für ſich den linken, und behaupteten,
daß ſie dieſen Vorzug durch ihre vorige Tapferkeit und
allgemein bekannte ſiegreiche Thaten verdient hätten.
Der Streit ward hitzig, ein aufrühriſcher Geiſt fieng
an ſich durch die ganze Armee auszubreiten, und es
ſchien, als ob der Feind ohne Schwertesſchlag den Sieg
erhalten ſollte. Mitten in dieſer allgemeinen Zwietracht
blieb Ariſtides allein unverändert. Lange bekannt
wegen ſeiner Unpartheilichkeit und Gerechtigkeit, heftete jede Parthey ihr Aug auf ihn, als den einzigen
Schiedsrichter, von dem ſie Befriedigung erwarten
könnte. Er wandte ſich daher an die Spartaner und
einige der übrigen Bundsgenoſſen, und redte ſie folgen-
dergeſtalt an; „Jetzt iſts nicht Zeit, meine Freunde,
„über das Verdienſt vergangener Thaten zu ſtreiten,
„denn alles Prahlen iſt eitel am Tage der Gefahr. Des
„Tapfern Stolz ſey, zu wiſſen, daß kein Poſten, kein
„Platz Muth geben, oder nehmen kann. Ich ſtehe
„an der Spitze der Athenienſer; welchen Poſten ihr
„uns auch anweiſen möget, ſo werden wir ihn behaupten

„umb ihn zum Posten der wahren Ehre und des Krieges-
„ruhms machen. Wir sind hier gekommen, nicht mit
„unsern Freunden zu zanken, sondern mit unsern Fein-
„den zu fechten; nicht mit unsern Vorfahren zu prah-
„len, sondern sie nachzuahmen. Dieses Treffen wird
„das Verdienst jeder Stadt, jedes Anführers auszeich-
„nen, und selbst der geringste Soldat wird die Ehre
„des Tages theilen.„ Diese Rede entschied bey dem
Kriegsrath zum Vortheil der Athenienser, denen man
darauf ihren vorigen Posten nicht länger streitig machte.

Eine schändliche Verschwörung mitten unter den
Atheniensern drohte noch gefährlichere Folgen, weil sie
unsichtbar waren. Einige der vornehmsten und reichsten Familien, die ihr Vermögen im Kriege herdurch
gebracht, und ihren Kredit in der Stadt verlohren hatten, ließen sich in eine Verschwörung ein, Griechenland in die Hände der Perser zu überantworten. Aristides indessen, welcher immer im Dienst des Staats
wachsam war, entdeckte noch früh genug ihre Anschläge, und legte alsobald ihren Plan der allgemeinen Rathsversammlung vor. Dem ungeachtet begnügt er sich,
acht der Verschwornen in Verhaft nehmen zu lassen;
und von diesen wurden nur zween zu fernerer Untersuchung zurückbehalten. Indeß erlaubte seine Gelindigkeit, oder richtiger zu reden, seine Klugheit, ihm
nicht, selbst gegen diese mit verdienter Strenge zu verfahren; da er mußte, daß harte Strafen in Zeiten einer allgemeinen Gefahr den Muth der Armee nur niederschlagen würden, so ließ er sie entwischen, und opferte also öffentliche Gerechtigkeit der öffentlichen Sicherheit auf.

Beide Armeen hatten jetzt zehn Tage lang gegen
einander gestanden, in ängstlicher Erwartung eines
Treffens, beide willig zu schlagen, jede aber fürchtete sich, den ersten Anfang zu thun, indem der an-

greifende Theil ſich immer in Nachtheil ſetzte. Aber
Mardonius, der von Natur ungeduldigen, feurigen
Temperaments war, wurde des langen Verzugs ſehr
überdrüſſig. Ueberdem fieng ſeine Armee an, Mangel an Lebensmitteln zu leiden; und die Griechen wurden
täglich durch neuen Zuwachs ſtärker. Er berief daher
einen Kriegsrath zuſammen, um zu überlegen, ob er
ein Treffen liefern ſollte. Artabazus, ein Mann
von vorzüglichen Verdienſten und großer Erfahrung,
war der Meynung, man ſolle kein Treffen wagen, ſondern ſich unter die Mauren von Theben zurückziehen,
unterdeß der Feind, der aus verſchiednen Truppen be-
ſtünde, und verſchiedne Anführer hätte, ſich durch innerliche Zwiſtigkeiten zu Grunde richten würde, oder
zum Theil beſtochen werden könnte, der gemeinen Sache abzufallen. Dieſe Meynung war die vernünftigſte;
aber Mardonius, von ſeinem natürlichen Ungeſtüm
angeſpornt, und eines längeren Zögerns müde, entſchloß ſich, zu ſchlagen, und Keiner der Uebrigen hatte Muth, ſeinem Entſchluß ſich zu widerſprechen. Das
Reſultat alſo war, den folgenden Tag zum Treffen hin-
auszurücken.

Als die Perſer dieſen Entſchluß gefaßt hatten, waren die Griechen nicht weniger zum Treffen bereit; denn
ſie waren die Nacht vorher durch Alexandern, den
König von Macedonien insgeheim von dem Reſultat
der Perſiſchen Berathſchlagungen benachrichtigt. Pauſanias alſo gab ſeiner Armee Befehl, ſich zum Treffen anzuſchicken, und als er ſeine Truppen in Schlachtordnung ſtellte, gab er den Athenienſern den rechten
Flügel ein, weil ſie theils mit der Perſiſchen Art zu fechten beſſer bekannt wären, theils wegen ihrer vorigen Siege mit größerer Hitze den Feind angreifen würden. Es
mogte nun Furcht oder Klugheit ſeyn, was den General zu dieſer Veränderung bewog, die Athenienſer nah-

men den Poſten der Ehre mit Frohlocken ein; nichts
hörte man unter ihnen, als gegenſeitige Aufmunterungen zur Tapferkeit, und den feſten Entſchluß, zu ſiegen, oder zu ſterben. Aber Mardonius, welcher
dieſe Abänderung in der Schlachtordnung der Griechiſchen Armee erfuhr, machte in der ſeinigen gleichfalls
eine Aenderung. Dies gab denn wieder zu einer Abänderung unter den Griechen Gelegenheit; und mit dieſem Aendern und Wiederändern wurde der ganze erſte
Tag hingebracht.

In der folgenden Nacht hielten die Griechen einen
Kriegsrath, in welchem ſie den Entſchluß faßten, ihre
gegenwärtige Situation zu verlaſſen, und nach einem
andern Orte zu marſchieren, der wegen des Waſſers
eine vortheilhaftere Lage hatte. Da ſie mitten in der
Nacht aufbrachen, geriethen ſie ſehr in Unordnung,
und als Mardonius ſie am Morgen hin und her über
der Ebne zerſtreut ſah, ſchloß er daß ſie mehr auf der
Flucht, als auf einem ordentlichen Rückzuge begriffen
wären; er beſchloß daher, ſie mit ſeiner ganzen Armee
zu verfolgen. Als die Griechen ſeine Abſicht merkten,
brachten ſie bald ihre Truppen, welche die Finſterniß
zerſtreut aber nicht in Furcht geſetzt hatte, wieder in Ordnung, und ſtellten ſich bey der kleinen Stadt Platäa,
um da den Angriff ihrer Verfolger zu erwarten. Die
Barbaren fielen ſie bald mit ihrem gewöhnlichen Ge-
heule an, indem ſie mehr zu plündern als zu fechten gedachten. Die Lacedämonier, die den Nachzug ausmachten, waren die erſten, welche den feindlichen Angriff auszuhalten hatten. Sie waren gewiſſermaßen
von der übrigen Armee abgeſondert; durch die Hartnäckigkeit eines ihrer eignen Regimenter, welches ihren
Rückzug als etwas, das der Spartaniſchen Diſciplin
zuwider ſey, anſahe; da ſie aber noch immer ein furchtbares Korps ausmachten, ſo waren ſie im Stande, den

Feinden die Spitze zu bieten. Sie ſtellten ſich in einen
Phalanx, welcher undurchdringlich und unerſchüttert
alle Angriffe der Perſer aushielt.

Unterdeſſen kehrten die Athenienſer, welche von dieſem Angriff benachrichtigt wurden, ſchnell zurück, ihren
Bundsgenoſſen zu Hülfe zu kommen; aber fünf tauſend
Griechen, die im Perſiſchen Solde ſtanden, ſchnitten
ihnen den Rückweg ab. So war alſo ihre Schlachtordnung in zween Theile zertheilt, und focht mit gröſ-
ter Tapferkeit an verſchiednen Seiten des Feldes.
Nichts aber vermogte dem Gewicht des Spartaniſchen
Phalanx zu widerſtehen, welcher bald nachher in die
Perſer einbrach, und ſie in Unordnung brachte. In
dieſem Getümmel wurde Mardonius, welcher ſich
alle Mühe gab die Ordnung wieder herzuſtellen, und
ſich mitten in das Blutbad wagte, durch den Spartaner Climneſtus ums Leben gebracht; und bald darauf ergriff ſeine ganze Armee die Flucht. Die andern
Griechiſchen Truppen folgten bald dem rühmlichen Beyſpiel der Spartaner, und die Niederlage ward allgemein.
Artabazus, welcher ein Korps von vierzig tauſend
Perſern kommandirte, entfloh mit demſelben nach dem
Helleſpont zu, unterdeß die Uebrigen ſich in ihrem Lager mit hölzernen Verſchanzungen befeſtigten. Hier
wurden ſie von den Spartanern angegriffen; da dieſe aber
in ſolcher Art zu kriegen nicht ſehr erfahren waren; ſo
kamen die Athenienſer ihnen zu Hülfe, und machten ſich
bald einen Weg durch dieſe aufs gerathewohl gemachten
Verſchanzungen. Jetzt hub erſt ein allgemeines und
ſchreckliches Blutbad an. Von der ganzen Perſiſchen
Armee, die dahin ihre Zuflucht genommen hatte, kamen keine vier tauſend Mann davon. Ueber hundert
tauſend Mann wurden niedergehauen, denn die Sieger, welche auf einmal ihr Land von dieſen fürchterli-
chen Verwüſtern zu entledigen wünſchten, ſchenkten

keinem das Leben. — Ein solches Ende nahmen die J.d.W.
Persischen Einfälle in Griechenland, und nie sah man 3505
nachher wieder eine Persische Armee sich über den Hellespont wagen.

Als des Blutvergießens ein Ende war, begruben
die Griechen ihre Todten, welche sich aufs höchste nicht
auf zehn tausend Mann beliefen; und bald nachher
ließen sie, zum Zeugniß ihrer Dankbarkeit gegen den
Himmel, auf gemeinschaftliche Kosten eine Statue des
Jupiters verfertigen, welche sie in seinem Tempel zu
Olympia aufstellten. Die Namen der verschiednen
Griechischen Nationen, welche an dem Siege Theil
hatten, wurden auf die rechte Seite des Fußgestells der
Statue eingegraben, erst die Spartaner, dann die Athenienser, und so die übrigen nach ihrer Ordnung.

Unterdeß die Griechischen Waffen zu Lande einen
so großen Sieg erfochten, waren sie nicht weniger glücklich zur See. Der größte Theil der Persischen Flotte
hatte nach der Niederlage bey Salamis, zu Kumá überwintert, und sich mit Anfange des Frühlings
nach Samos begeben, um die Küste von Asien theils
zu schützen, theils in Furcht zu halten. Die Griechen
hatten unterdeß zu Aegina ihre Schiffe ausgebessert,
und begaben sich endlich, auf dringendes Ansuchen der
Samier, unter Anführung des Spartaners Leotychides, und des Atheniensers Xantippus, in See. So
bald die Perser, welche schon lange ihre Ohnmacht zur
See erfahren hatten, von ihrer Annäherung Nachricht
erhielten, wollten sies nicht wagen, ihnen mit ihrer
Flotte Widerstand zu thun, sondern zogen ihre Schiffe zu Mykale, einem Vorgebürge von Jonien, aufs
Land, wo sie dieselben mit einer Mauer und einem tiefen Graben verschanzten, und sie also mit einer Armee
von sechszig tausend Mann zu Fuß, unter dem Kommando des Tigranes, beschützen. Dies schreckte

indeß die Griechen nicht ab, einen Angriff auf ſie zu
wagen. Nachdem Leotychides ſich bemüht hatte,
die Jonier zum Aufruhr zu reizen, ſetzt' er ſeine Truppen ans Land, und machte den folgenden Tag Anſtalt
zum Angriff. Er zog in zween Haufen mit ſeiner Armee auf; der eine, welcher vornehmlich aus Athenienſern und Korinthern beſtand, hatte die Ebne inne,
unterdeß andre, welchen die Lacedämonier ausmachten, über die Hügel und felſigten Oerter marſchirte,
um die Anhöhen zu gewinnen. So bald das Treffen
angieng, bewies man von beiden Seiten die größte Tapferkeit und Entſchloſſenheit, und der Sieg blieb lange
zweifelhaft. Der Abfall der Griechiſchen Hülfstruppen
in der Perſiſchen Armee entſchied endlich für die Griechen; die Perſer wurden bald in die Flucht geſchlagen,
und mit großem Blutvergießen bis an ihre Gezelte verfolgt. Die Athenienſer hatten ſich ſchon Meiſter des
Feldes gemacht, ehe die Lacedämonier ihnen zu Hülfe
kamen, ſo daß dieſen nichts zu thun übrig blieb, als
einige Perſiſche Haufen zu zerſtreuen, welche einen re-
gelmäßigen Rückzug zu machen ſuchten. Bald darauf wurden ihre Verſchanzungen geſtürmt, und alle ihre
Schiffe verbrannt, ſo daß nichts vollkommner ſeyn
konnte, als der Sieg zu Mykale. Tigranes, der
General der Perſer, und vierzig tauſend Mann von
ſeiner Armee lagen todt auf dem Schlachtfelde; die
Flotte war gänzlich zerſtört, und von der großen Armee,
die Xerxes in Europa gebracht hatte, blieb kaum ein
Mann übrig, die Nachricht ihres Untergangs zu überbringen.

Die Schlacht bey Platäa geſchah am Morgen,
und die bey Mykale am Abend des nehmlichen Tages. Was aber das Außerordentlichſte iſt, alle Ge-
ſchichtſchreiber verſichern, der Sieg bey Platäa ſey zu
Mykale ſchon bekannt geweſen, ehe hier das Treffen

seinen Anfang genommen, wiewohl beide Oerter verschiedne Tagereisen von einander entfernt sind. Es ist
höchst wahrscheinlich, daß Leotychides sich dieses Ge-
rüchts bedient, seine Armee aufzumuntern, und sie anzufeuren, ihren Gehülfen in der Sache der Freyheit
nachzueifern.

Während dieser Unglücksfälle lag Xerxes, der an
Allem Schuld war, zu Sardis, und erwartete den
Ausgang seines Feldzuges; da aber jede Stunde mit
der Nachricht irgend eines unersetzlichen Verlusts beladen ankam, und er endlich kein Mittel mehr sah, sich
zu helfen, so zog er sich weiter in sein Reich zurück, und
suchte in Schwelgerey und Ueppigkeit die unangenehmen Gedanken, die sein unglücklicher Ehrgeiz in ihm
erwecken mußte, zu ersäufen. Zu der Vereitelung seiner Entwürfe außerhalb Landes, kam noch die Verachtung seiner Unterthanen zu Hause; und diese erzeugte
ein Gefolge von Verrätherehen, Empörungen, Kir-
chenraub, Mord, Blutschande, und unmenschlichen
Grausamkeiten; so daß der letztere Theil seiner
Regierung so abscheulich, als der erstere unglücklich
war.

Die Griechische Flotte segelte, nach dem Treffen
zu Mykale, nach dem Hellespont, um sich der Brücken, welche Xerxes über diese Meerenge angelegt hatte, zu bemächtigen; da sie dieselben aber bereits durch
Sturm zerstört fand, kehrte sie nach Hause zurück.
Von dieser Zeit an fielen alle Jonischen Städte von den
Persern ab; sie traten in den allgemeinen Bund der
Griechen, und behaupteten fast insgesammt ihre Freyheit so lange dieses Reich bestand.

Die Schätze, welche die Perser nach Griechenland
gebracht hatten, waren sehr groß, und wurden eine
Beute der Sieger. Von dieser Periode fiengen die
Griechen an, ihren Geschmack an harter und arbeitsa-

liger Tugend zu verlieren, und dagegen die verfeinerte
Trägheit, den zügellofen Muthwillen, und die unbe-
ſchränkte Liebe zum Vergnügen anzunehmen, welche
immer Früchte eines großen Reichthums ſind. Die
vormalige Gleichheit des Volks fieng jetzt an zu ver-
ſchwinden, und unterdeß ein Theil der Bürger in Ueberfluß und Ueppigkeit ſchwelgte, ſah man den andern
in Dürftigkeit und Verzweiflung ſchmachten. Vergebens bemühte ſich die Philoſophie dieſen Uebeln Einhalt zu thun; nur Wenige ſind fähig ihre Stimme zu
hören; der große und kleine Pöbel ſind gleich taub gegen ihre Lehren. Von dieſer Zeit an alſo werden wir
ein ganz andres Gemälde vor uns ſehen; ſtatt eines tapfern und aufgeklärten Volks, welches ſich gegen die
Tyranney verband, werden wir einen entnervten und
partheyſüchtigen Pöbel, eine verderbte, feile Verwaltung bey den Obern, und Anſehn und Macht nur in
den Händen des Reichthums erblicken.

Achter Abſchnitt.

Von dem Siege zu Mykäle, bis auf den Anfang des Peloponneſiſchen Krieges.

J.d.W.
3507
Nicht ſo bald waren die Griechen aller Beſorgniſſe
wegen auswärtiger Feinde entlediget, als ſie ſchon
anfiengen ſich unter einander ſelbſt mit eiferſüchtigen Augen anzuſehen. Zwar hatten dieſe kleinen Feindſeligkeiten
ſich bisher ſchon immer unter ihnen geregt, aber die gemeinſchaftliche Gefahr hatte ſie noch am Ausbruch gehindert.
Da Griechenland aus verſchiednen Staaten zuſammengeſetzt war, die an Sitten, Intereſſe und Neigungen
gänzlich verſchieden waren; ſo durfte man ſich über die
beſtändige Uneinigkeit ſeiner Theile unter einander im
geringſten nicht wundern. Die erſten Merkmale der
Eiferſucht, nach Vertilgung der Perſiſchen Armee,

äußerten sich zwischen den Athieniensern und Spartanern. Jene, ein verfeinerter, ehrgeiziger Staat, welcher in dem allgemeinen Bunde keinen über sich leiden
wollte, diese, ein rauhes unpolirtes Volk, welches nie
gestatten konnte, daß ein schwächerer Staat gleiches
Ansehens mit ihm genösse. Als die Athenienser mit
ihren Familien in ihr Vaterland zurückgekehrt waren,
giengen ihre ersten Gedanken dahin, ihre Stadt wieder
aufzubauen, welche während des Persischen Krieges
fast gänzlich zerstört war. Wie man bey jeder Erneue-
rung eines Werks das alte zu verbessern sucht, so mäch-
ten sie einen Plan, ihre Mauren fester und geräumiger
zu machen, und also ihrer Stadt zugleich mehr Pracht
und Sicherheit zu geben. So natürlich dieses war, so
wurden doch die Lacedämonier eifersüchtig darüber, und
schlossen daraus, daß Athen bald, mit seiner Herrschaft zur See nicht zufrieden, auch alle Gewalt zu Lande an sich zu reißen suchen würde. Sie schickten daher eine Gesandschaft an die Athenienser, um sie von
diesem Unternehmen abzurathen, indem sie den schein-
baren Grund anführten, daß solche Befestigungen dem
allgemeinen Bunde sehr gefährlich werden könnten, wenn
sie je den Persern in die Hände fielen. Diese Vorstellungen schienen den Atheniensern anfangs ganz vernünftig, und sie stellten daher alsobald ihre Arbeiten ein;
aber **Themistokles**, welcher seit dem Treffen bey
Salamis in den Versammlungen der Athenienser immer am meisten zu sagen hatte, sahe diesem Vorwande bald auf den Grund, und rieth dem Senat, ihrer
Vorstellung mit gleichen Kunstgriffen zu begegnen. Er
gab also den Spartanischen Gesandten zur Antwort,
die Athenienser würden nächstens eine Gesandtschaft
nach Lacedämon schicken, welche alle ihre Bedenklichkeit völlig heben sollte. Nachdem er also Zeit gewonnen hatte, bracht' ers dahin, daß er selbst zu dieser

wichtigen Unterhandlung erwählt wurde; worauf er
denn durch allerley vorgebliche Hinderniſſe die Sache in
die länge zu ziehen ſuchte. Er hatte vorläufig verlangt
daß ſeine Gehülfen einer nach dem andern ihm nach Lacedämon folgen ſollten, und dann gab er hier immer
vor, daß er nur ihre Ankunft erwarte, um die Sache
auf einmal zu Ende zu bringen. Während dieſer ganzen Zeit ſetzte man zu Athen mit größtem Eifer und
Fleiß die Arbeit fort, Frauen und Kinder, Fremde
und Sklaven, Alles war dabey beſchäfftigt, und keinen
Tag wurde ſie ausgeſetzt. Vergebens beklagten die
Spartaner ſich über dieſes Verfahren; vergebens drangen ſie in den Themiſtokles, ſein Geſchäfft zu be-
ſchleunigen, er leugnete beſtändig die Sache, und bat
ſie, doch keinen eitlen nichtswürdigen Gerüchten zu trau-
en. Er verlangte, daß man noch einmal Geſandten
hinſchicken mögte, um ſich von der Wahrheit der Sache zu überzeugen; und zu gleicher Zeit gab er den Athenienſern den Rath, die Spartaniſchen Abgeſandten ſo
lange bey ſich zu behalten, bis er und ſeine Gehülfen zurückgekehrt wären. Endlich, da er alle ſeine Kunſtgriffe der Verzögerung erſchöpft hatte, und er wußte, daß
die Arbeit vollendet ſey, bat er ſich ohne Scheu eine Audienz aus, und legte die Maſke ab. Er kündigte den
Spartanern in voller Rathsverſammlung an, daß
Athen jetzt im Stande ſey, jeden Feind, er mögte
Ausländer oder Grieche ſeyn, abzuwehren; und was
ſeine Mitbürger gethan, ſey beides dem Völkerrecht
und dem gemeinſchaftlichen Intereſſe Griechenlandes gemäß. Jede Stadt habe das Recht, für ihre eigne
Sicherheit zu ſorgen, ohne ſich dem Rath oder der Ein-
ſchränkung ihrer Nachbarn zu unterwerfen; alles ſey
bloß auf ſeinen Rath geſchehen; und kurz, ſie mögten
nun mit ihm umgehen, wie ſie wollten, ſo müßten ſie
gewärtig ſeyn, daß es ihren eignen Abgeſandten, die

man nach in Athen feßhielte, würde vergöttert werden. Diese Erklärungen waren den Lacedämoniern äußerst mißfällig; aber, es sey nun, daß sie ihre Wahrheit fühlten, oder, daß sies nicht gern zu einem öffentlichen Bruch kommen lassen wollten, sie verhehlten ihren Unwillen; und die beiderseitigen Gesandten kehrten, nachdem ihnen alle gebührende Ehre erwiesen war, nach Hause zurück. Themistokles wurde mit so großer Freude von seinen Mitbürgern empfangen, als ob er von dem herrlichsten Siege zurückkehre, und er ward dazu gemacht, diese Ehrenbezeugungen mit dem höchsten Entzücken zu empfinden.

Nachdem er also zur Sicherheit der Stadt die nöthigen Einrichtungen gemacht hatte, gieng seine nächste Sorge dahin, den Hafen zu befestigen, und der Flotte zugleich einen geräumigen und sichern Aufenthalt zu verschaffen. Er wirkte auch eine Verordnung aus, daß jährlich zwanzig Schiffe gebauet werden sollten, um die Seemacht zu unterhalten und zu vermehren; und um desto mehr Arbeitsleute und Matrosen nach Athen zu locken, ließ er ihnen besondere Freyheiten und Vorzüge einräumen. Seine Absicht war, Athen gänzlich zu einer Seestadt zu machen, worinn er ein ganz andres politisches System befolgte, als seine vorigen Staatsleute, die sich alle mögliche Mühe gaben, die Neigungen des Volks von der Handlung und Schiffahrt abzuziehen.

Wie aber ein glücklicher Erfolg in einem Stücke leicht zu weit ausgebreiteteren Absichten verleitet, so ließ sich auch Themistokles in der Verfolgung seiner Lieblingsentwürfe bald über die Gränzen der Gerechtigkeit hinreißen. Er machte so gar einen Plan, Sparta zu untergraben, und Athen zur unbestrittenen Beherrscherinn von ganz Griechenland zu machen. Eines Tages also erklärt er in voller Versammlung des Volks, daß er ein sehr wichtiges Vorhaben vorzuschlagen habe, welches aber nicht öffentlich entdeckt werden könne, da die Ausführung äußerste Verschwiegenheit und Eile erfodre. Er verlangte also, das Volk mögte eine Person bestimmen, gegen welche er sich erklären könnte, eine Person, deren Beurtheilungskraft sein Vorhaben leiten, und deren Ansehn es bestätigen könnte. Zur Entscheidung über eine Sache von so großer Wichtigkeit, wars nicht leicht, den weisesten und besten Mann im Staat zu verfehlen, und Aristides wurde einmüthig von der ganzen Versammlung erwählt, als der, welcher am geschicktesten sey, die Gerechtigkeit sowohl, als den Nutzen des Vorschlags zu beurtheilen. Themistokles nahm ihn also bey Seite, und sagte ihm, der Entwurf, den er gefaßt habe, sey, die Flotte, welche den übrigen Griechischen Staaten angehörte, und damals in einem benachbarten Hafen lag, zu verbrennen, und also Athen die unstreitige Oberherrschaft zur See zu verschaffen. Aristides, dem dieser Vorschlag innerlich äußerst mißfiel, gab ihm keine Antwort, sondern kehrte in die Versammlung zurück, und sagte, nichts könne vortheilhafter für Athen seyn, als das, was Themistokles vorschlüge, aber nichts sey zugleich ungerechter. Das Volk, welches noch immer etwas von seiner alten Tugend übrig hatte, verwarf einmüthig den Vorschlag, ohn' ihn zu wissen, und gab dem Aristides den Beynamen der Gerechte, ein Titel der um desto schmeichelhafter war, da er ihn so sehr verdient hatte.

Nachdem also Athen Frieden und Sicherheit wiedererlangt hatte, legt' es sich noch einmal auf diejenigen Künste, welche das Leben verschönern, und die Freyheit sichern. Das Volk fieng an, sich größern Antheil an der Regierung des Staats anzumaßen, als ihm bisher nicht eingefallen war, und täglich that man

neue

neue Schritte, das Regiment gänzlich in die Hände
des Volks zu bringen. Aristides ward dieses gewahr und fürchtete mit Recht die Folgen einer Demokratischen Verfassung; er wirkte daher eine Verordnung
aus, daß die Archonten, die höchste Obrigkeit des
Staats, ohne Unterschied aus allen Klassen der Atheniensischen Bürger gewählt werden sollten. Er befrie-
digte also das Volk in einem Theil seiner Wünsche,
und erhielt dadurch eine gesetzmäßige Subordination im
Ganzen aufrecht.

Unterdeß beschlossen die Griechen, durch ihre vorigen Siege aufgemuntert, eine Flotte abzuschicken, um
ihre Bundsgenossen, die noch unter dem Persischen
Joche seufzten, in Freyheit zu setzen. Pausanias
kommandirte die Spartanische Flotte, und Aristides
und Cimon, des Miltiades Sohn, die Flotten
der Athenienser. Dies war das erstemal, daß der letzte, welcher noch sehr jung war, in eine Sphäre versetzt wurde, wo er seine Tugenden zeigen konnte. Er
hatte sich ehemals ins Gefängniß setzen lassen, um seinem Vater, welcher die auferlegte Geldstrafe nicht hatte bezahlen können, ein ehrliches Begräbniß zu verschaffen, und seine kindliche Frömmigkeit bey dieser Gelegenheit gab die günstige Vermuthung für seine künftige
Größe. So bald er in Freyheit gesetzt war, that er
sich bald durch seine vorzüglichen Dienste im Kriege
hervor, und man bemerkte, daß er mit der Tapferkeit
seines Vaters, und der Klugheit des Themistokles,
größere Redlichkeit verband, als beide. Da die ehr-
liche Offenheit seines Charakters leicht ins Auge fiel,
so setzte man ihn im Staat der feinen Arglist des Themistokles als ein Gegengewicht an die Seite, und
beförderte ihn also, sowohl zu Hause als auswärts, zu
den höchsten Stellen. — Unter diesen Anführern richtete die verbundne Flotte ihren Lauf zuerst nach der In-

K

ſel Cyprus, wo ſie allen Städten ihre Freyheit wiedergab; dann ſegelte ſie gegen den Helleſpont, und griff
die Stadt **Byzantium** an, welche ſie eroberte und eine
Menge von Gefangenen bekam, unter denen viele der
reichſten und angeſehenſten Familien in Perſien waren.

Das Glück dieſes Feldzuges war nicht ſchmeichel-
hafter für die Griechen, als es ihnen am Ende zum
Nachtheil gereichte. Eine Sündfluth von Reichthum,
welche ſich dadurch über Griechenland ergoß, verdarb
die alte Einfalt, und befleckte die Sitten aller Klaſſen
des Volks. Die Athenienſer, die es ſchon weit in den
Künſten der Verfeinerung und Weichlichkeit gebracht
hatten, verhehlten ihre Verſchlimmerung eine Zeitlang,
aber bey den Spartanern brach ſie ſehr bald aus, und
Pauſanias ſelbſt, ihr Anführer wurde am erſten von
der Seuche angeſteckt. Da er von Natur eines ſtol-
zen, herrſchſüchtigen Temperaments, und dies durch
die finſtere Spartaniſche Härte noch verſtärkt war, ſo
ſetzt' er ſeinem Ehrgeiz keine Gränzen; er begegnete ſeinen Officieren, und ſelbſt den Generalen der Bundsgenoſſen mit Strenge, Uebermuth und Verachtung;
und machte ſich bey den Soldaten ſo ſehr verhaßt, daß
alle Bundsgenoſſen ihm abfielen, und ſich unter das
Kommando und den Schutz des **Ariſtides** und **Cimon** begaben. Dieſe Generale hatten immer ein ganz
entgegengeſetztes Verhalten beobachtet; geſprächig, leut-
ſelig und dienſtfertig, mäßigten ſie ihre Gewalt durch
Güte, und gewonnen durch ihr Betragen diejenigen,
die ſie durch ihre Wohlthaten nicht gewinnen konnten.
Eine ſo demüthigende Widerſetzlichkeit mußte nothwendig den **Pauſanias** äußerſt kränken; vergebens ſuchte
er durch Stolz und Gepränge ſein Anſehen aufrecht zu
erhalten, je weniger er ſich herabließ, deſto mehr fiel
es, und er wurde ſelbſt denen, die ſein Kommando
noch anerkannten, verächtlich.

Vielleicht war dies der Bewegungsgrund, der ihn zu dem Entschluß verleitete, sein Vaterland seinem Ehrgeiz aufzuopfern, und den Persern einen Staat zu überantworten, wo er nicht länger zu herrschen hoffen konnte. Sey dem, wie ihm wolle, er bemühte sich die Gunst des Xerxes zu gewinnen; und um sich an dem Hofe dieses Monarchen beliebt zu machen, ließ er einige von den vornehmsten Gefangenen bey Nacht entwischen, und gab ihnen Briefe an den Xerxes mit, worinn er sich erbot, Sparta und ganz Griechenland ihm in die Hände zu liefern, unter der Bedingung, daß er ihm seine Tochter zur Gemahlinn gäbe. Xerxes gab diesem Vorschlage völlig Gehör, und verwies ihn an den Artabazus, seinen Gouverneur, um mit ihm die Maßregeln zur Ausführung seines Vorhabens abzureden. Er sandte ihm auch eine große Summe Geldes, um sie unter diejenigen von den Griechischen Staaten auszutheilen, welche geneigt wären, der Verschwörung beyzutreten.

Wie lange diese Unterhandlungen geheim geblieben, wissen wir nicht, aber man entdeckte sie zu Sparta noch ehe sie zur Vollziehung gebracht werden konnten, und Pausanias erhielt Befehl, nach Hause zu kommen, und sich wegen seines Verbrechens vor Gericht zu stellen. Indessen waren die Beweise gegen ihn nicht hinreichend, ihn zu überführen, denn die Ephoren hatten es zum Gesetz gemacht, nie Jemanden anders, als auf die überzeugendsten Beweise, zu verdammen. Aber sein Kommando ward ihm abgenommen, und er entfernte sich; noch immer darauf bedacht, sich zu rächen, und sein Vaterland zu Grunde zu richten. Es dauerte gleichwohl nicht lange, als er schon einen zweyten Befehl erhielt, sich wegen neuer Verbrechen vor den Ephoren zu stellen, und es fanden sich verschiedne seiner eignen Sklaven, die gegen ihn aussagten. Ju-

deß kam er noch einmal glücklich davon, indem ſowohl
die Gelindigkeit der Spartaniſchen Geſetze, als das
Anſehen ſeiner königlichen Würde, ihn ſchützte.

Ungeachtet alſo Pauſanias zweymal den Geſetzen
ſeines Vaterlandes entgangen war, konnt' er ſich doch
nicht überwinden, ſeine niederträchtigen Entwürfe fahren zu laſſen, oder ſeine Rachſucht ſeiner Sicherheit
aufzuopfern. So bald er freygeſprochen war, begab
er ſich, ohne irgend von dem Staat bevollmächtigt zu
ſeyn, an die Seeküſte, und ſetzte noch immer ſeine Cor-
reſpondenz mit dem Artabazus fort. Er gieng jetzt
mit ſo weniger Zurückhaltung zu Werke, daß die Ephoren um alle ſeine Maaßnehmungen wußten, und es
ihnen nur bloß an hinlänglichen Beweiſen fehlte, ihn
zu überführen. Aus dieſer Verlegenheit half ihnen endlich ein gewiſſer Sklave des Pauſanias, welcher
ihnen Beweiſe vorlegte, denen nichts entgegengeſetzt
werden konnte. Er hatte nämlich von ſeinem Herrn
den Auftrag erhalten, einen Brief an den Artabazus zu bringen, und war auch wirklich ſchon im Begriff abzureiſen. Da es ihm aber bedenklich vorkam,
daß ſchon mehrere ſeiner Kameraden zu gleichen Bot-
ſchaften gebraucht worden, keiner aber zurückgekehrt
war, ſo öffnete er das Packet, welches er überbringen
ſollte, und entdeckte darinn das ganze Geheimniß, und
die Größe ſeiner Gefahr. Pauſanias nämlich und
der Perſiſche Gouverneur waren eins geworden, alle
Boten, die ſie wechſelsweiſe an einander ſchickten, ſo
bald ſie ihre Briefe abgegeben, ums Leben zu bringen,
damit keine Möglichkeit bliebe, ihre Korreſpondenz
auszuſpüren oder zu entdecken. Dieſen Brief übergab
er den Ephoren, die nun überzeugt waren, daß Pauſanias ſchuldig ſey. Um aber den Beweis noch voll-
ſtändiger zu machen, wollten ſie das Geſtändniß aus

seinem eignen Munde haben.   Zu diesem Ende machten sie die Veranstaltung, daß der Sklav in den Tempel des Neptun seine Zuflucht nehmen mußte, als ob
er Schutz und Sicherheit suchen, und zugleich den Gott
wegen der Treulosigkeit, die er begangen, um Vergebung anflehen wolte.   Den Augenblick als Pausanias hörte, was der Sklave gethan, eilt' er in den Tempel, um die Ursach zu erfahren.   Hier sagt' ihm der
Sklave, daß er seinen Brief geöffnet, darinn seine
Gefahr entdeckt, und daher dieses Mittel ergriffen,
sein Leben zu retten.   Pausanias, anstatt die Sache
zu leugnen, bemühte sich vielmehr, ihn zufrieden zu
stellen, und versprach ihm eine große Belohnung, wenn
er schweigen wollte.   Aber verschiedne Leute, welche
die Ephoren vorher in dem Tempel verstecket hatten,
hörten diese Unterredung mit an, und machten bald
bekannt, was sie gehört hatten. Die Ephoren beschlossen also, ihn, sobald er in die Stadt zurückkäme in
Verhaft zu nehmen.   Einer dieser Magistratspersonen
begegnete ihm, und aus seiner Miene schloß er, was
ihm drohe. Er nahm daher seine Zuflucht in den Tempel der Minerva, und war eher da, als seine Verfolger ihn einhohlen konnten.   Da die Religion des
Staats nicht erlaubte, daß er mit Gewalt herausgeris-
sen würde, so versperrte das Volk alle Ausgänge mit
großen Steinen, nahm das Dach ab, und ließ ihn also
dem rauhen Wetter ausgesetzt, bis er zu Tode gehun-
gert war.   Ein so elendes Ende nahm der General,
welcher die siegreichen Griechen in den Feldern bey
Plataͤa angeführt hatte.

   Das Schicksal des Pausanias zog bald ein fast
eben so unglückliches Ende des Themistokles nach
sich, der einige Zeit vorher verbannt war, und jetzt
in großer Achtung zu Argos lebte.   Ein unbegränzter
Durst nach Ruhm, und eine große Begierde willkühr-

lich über ſeine Mitbürger zu herrſchen, hatte ihn zu
Athen ſehr verhaßt gemacht.   Er hatte neben ſeinem
Hauſe zu Ehren der *Diana* einen Tempel erbaut, mit
der Auffſchrift: Der Diana, der Göttinn des
guten Raths, als ob er dadurch ſeine eignen guten
Rathſchläge, die er bey verſchiednen wichtigen Gelegenheiten gegeben, andeuten, und ſeinen Mitbürgern den
Vorwurf machen wollte, daß ſie derſelben vergeſſen hätten.   So geringe dieſes Vergehen war, ſo war es doch
hinreichend, ihn aus einem ſo ſchwankenden und eiferſüchtigen Staat, als Athen war, zu verbannen.   Aber
jetzt klagte man ihn an, daß er um die Abſichten des *Pauſanias* gewußt, und Antheil an denſelben genommen
habe.   In der That hatte *Pauſanias* ihm alle ſeine
Entwürfe mitgetheilt, aber *Themiſtokles* hatte ſeine
Vorſchläge mit äußerſten Unwillen verworfen.   Aber
denn hielt er die Sache doch geheim, entweder weil
ers für niederträchtig hielt, anvertraute Geheimniſſe
zu verrathen, oder weil ers fürs unmöglich hielt, daß ſo
gefährliche und übel angelegte Entwürfe gelingen könnten.   Sey dem, wie ihm wolle, nach dem Tode des
Pauſanias zeigte ſichs, daß ſie eine Korreſpondenz
unterhalten, und die Lacedämonier verklagten ihn öffentlich vor der Verſammlung des Volks zu Athen.   Diejenigen Bürger, welche den *Themiſtokles* ſchon lange entweder beneidet oder gefürchtet hatten, nahmen jetzt
an der allgemeinen Anklage Theil, und drangen mit
großer Erbitterung auf ſeine Hinrichtung.   *Ariſtides*
allein, welcher ſchon lange ſein öffentlicher Gegner geweſen war, weigerte ſich, an dieſer niederträchtigen
Verſchwörung gegen ihn Theil zu nehmen, und verwarf eine ſo unedle Gelegenheit, ſich zu rächen, indem
er eben ſo wenig geneigt war, ſich über das Unglück
ſeines Gegners zu freuen, als er vorher geweſen, ſein
Glück zu beneiden.   Vergebens antwortete *Themiſto-*

kles durch Briefe auf die Verläumbungen, womit man ihn anschwärzte; vergebens stellt' er vor, daß unmöglich ein Geist, wie der seinige, welcher in seinem Vaterlande die Sklaverey verabscheuet habe, in der Verbannung daran denken sollte, sie zu wünschen; das Volk, welches zu sehr durch seine Ankläger aufgebracht war, schickte Leute ab, die ihn in Verhaft nehmen, und vor Gericht bringen sollten. Zum Glück erfuhr er noch früh genug was man gegen ihn im Sinne hatte, und nahm seine Zuflucht auf die Insel Korcyra, deren Einwohnern er vormahls wichtige Dienste geleistet hatte. Von da floh er nach Epirus, und da er sich auch hier noch von den Atheniensern verfolgt fand, trieb ihn die Verzweiflung endlich zu dem Admetus, dem König der Molosser. Hier gebraucht' er zuerst alle niedrigen Künste eines Menschen, der gezwungen ist, einen Tyrannen um Hülfe anzusprechen. Er hatte bey einer vormaligen Gelegenheit die Athenienser beredt, diesem Monarchen ihren Beystand abzuschlagen, und dies ward ihm jetzt sehr bitter vorgeworfen. Admetus war eben abwesend, als Themistokles ankam ihn um Schutz anzuflehen; und bey seiner Rückkehr erstaunt' er, seinen alten Feind als einen Schutzsuchenden Flüchtling bey sich zu finden. So bald der König erschien, nahm Themistokles seinen jungen Sohn in die Arme, setzte sich zwischen die Hausgötter, entdeckte ihm die Ursache seiner Ankunft, und flehte ihn um Gnade und Schutz an. Admetus, welcher erstaunte, und von Mitleiden durchdrungen wurde, den größten Mann in Griechenland als einen demüthigen Flüchtling zu seinen Füßen zu sehen, hob ihn alsobald von der Erde auf, und versprach ihm seinen Schutz. Als demnach die Athenienser und Lacedämonier seine Auslieferung verlangten, so weigerte er sich schlechterdings, ihnen einen Mann zu überantwor-

ten, der ſeinen Pallaſt als eine heilige Freyſtätte angeſehen, in der feſten Ueberzeugung, daß er Sicherheit
und Schutz daſelbſt finden würde.   So brachte alſo
Themiſtokles ſeine letzten Tage in Unthätigkeit und
Einſamkeit hin, verzieh und verachtete die Undankbarkeit ſeines Vaterlandes, und erwartete noch am Ende
Verzeihung.   Allein die Athenienſer und Lacedämonier wollten ihn durchaus nicht in Ruhe leben laſſen,
und verlangten ſeine Auslieferung aufs dringendſte.
In dieſer Bedrängniß, entſchloß ſich der König, da
er nicht im Stande war ſeinen großen Gaſt zu ſchützen,
ihm zu einer glücklichen Flucht behülflich zu ſeyn.   Er
that ihn daher auf ein Kauffartheyſchiff, welches nach
Jonien ſegelte. Themiſtokles verhelte ſeinen Stand
mit äußerſter Behutſamkeit; da er aber durch Sturm
an die Inſel Naxos, welche die Athenienſer eben damals belagerten, getrieben wurde, nöthigte ihn die große
Gefahr, ihnen in die Hände zu fallen, ſich dem Steuermann zu entdecken, der ſich denn bewegen ließ, ihn
gleich nach Aſien zu bringen.   Hier landete er zu Ku-
mä einer Aeoliſchen Stadt in Kleinaſien, und wurde von da in einem bedeckten Wagen, dergleichen die
Perſer zu gebrauchen pflegten ihre Weiber zu fahren,
und in Begleitung einer ſtarken Wache, an den Hof
zu Sardis abgeſchickt.

Als der unglückliche Verbannte an dem Hofe des
wollüſtigen Perſiſchen Monarchen angekommen war,
wandt' er ſich an den Hauptmann der Wache, und
bat ſich, als ein Griechiſcher Fremdling, die Erlaubniß aus, mit dem König zu reden.   Der Officier
belehrte ihn darauf von einer Ceremonie, die, wie er
wußte, einigen Griechen unausſtehlich war, ohne die
aber Keiner die verlangte Ehre haben konnte. Dieſe beſtand darinn, ſich vor dem Perſiſchen Monarchen nieder zu werfen, und ihn als das lebendige Bild der Gott-

heit auf Erden anzubeten.   Themistokles, der sich
nie über Mittel seine Absichten zu erreichen ein Gewissen machte, versprach, sich Alles gefallen zu lassen; er
warf sich, nach Persischer Art, auf sein Angesicht vor
dem Könige nieder, und entdeckte ihm seinen Namen,
sein Vaterland, und sein unglückliches Schicksal. „Ich
„habe, sprach er, meinem undankbaren Vaterlande
„mehr als einmal Dienste gethan, und komme jetzt,
„diese Dienste Dir anzubieten.   Mein Leben steht in
„deinen Händen: du kannst jetzt deine Gnade beweisen,
„oder deine Rache auslassen. Durch die erstere wirst du
„einen treuergebnen Flüchtling erhalten, durch die letz-
„tere den größten Feind Griechenlandes vertilgen.„
Der König gab ihm bey dieser Audienz keine Antwort,
wie wohl er von Bewunderung über seine Beredsamkeit und Unerschrockenheit erfüllt war, legte aber bald
seine Freude über diesen Vorfall an den Tag.   Er sagte zu seinen Hofleuten, daß er die Ankunft des Themistokles als eine sehr glückliche Begebenheit ansehe,
und nichts mehr wünsche, als daß seine Feinde immer
fortfahren mögten, sich selbst zum Verderb alle guten
und weisen Männer von sich zu verbannen.   Selbst
im Traume äußerte sich noch sein Vergnügen.   Man
sah ihn in der Nacht im Schlafe auffahren, und hörte
ihn dreymal ausrufen: Themistokles, der Athenienser, ist jetzt mein! Er schenkte ihm drey Städte zum Unterhalt, und unterhielt ihn im äußersten Ueberfluß und Pracht.   Man sagt, seine Gunst am Persischen Hofe, und die Achtung welche alle Klassen von
Menschen ihm bezeugt, sey so groß gewesen, daß er
einst an Tafel gegen seine Frau und Kinder, welche
bey ihm gesessen, voller Freuden ausgerufen: „Kin-
„der, wir wären sehr unglücklich gewesen, wenn man
„uns nicht zu Grunde gerichtet hätte.„
      Solchergestalt lebt' er in Ueberfluß und vergnügt

Sklaverey, bis der König auf die Gedanken kam, von
ſeinen Talenten Gebrauch zu machen, und ihn an der
Spiße einer Armee gegen Athen abzuſchicken. Wenn
gleich Themiſtokles ſich öffentlich für einen Feind
dieſes Staats erklärte, ſo hegt er doch noch immer eine geheime Liebe gegen denſelben, die keine Entrüſtung
ganz unterdrücken konnte. Der Gedanke, daß er das
Werkzeug werden ſollte, eine Stadt zu Grunde zu richten, die durch ſeine Rathſchläge ſo blühend geworden,
war ihm unausſprechlich kränkend. Er fand ſich endlich zu ſchwach, den Kampf zwiſchen ſeiner Dankbarkeit
gegen den König und ſeiner Liebe fürs Vaterland auszuhalten, und entſchloß ſich, zu ſterben, als das einzige Mittel, dieſer ſchrecklichen Verlegenheit ein Ende zu
machen. Er ſtellte daher ein feyerliches Opfer an, zu
welchem er alle ſeine Freunde einlud, und nachdem er
ſie alle umarmt, und ihnen das leßte Lebewohl geſagt
hatte, nahm er Gift zu ſich, welches ſeinem Leben bald
ein Ende machte. Er ſtarb zu Magneſia, im fünf
und ſechszigſten Jahre ſeines Lebens, deſſen größten
Theil er in den Intriguen und dem Getümmel unruhiger Staatsgeſchäffte zugebracht hatte. Themiſtokles ſcheint alle die auffallendſten Züge des Griechiſchen Charakters in ſeiner Perſon vereinigt zu haben;
ſcharffinnig, beredt und tapfer, aber dabey ohne Grund-
ſäße, argliſtig, feil und gewinnſüchtig, zu voll von
Tugenden, daß man ſeiner je als eines verächtlichen
Charakters erwähnen, und zu voll von Fehlern, daß
man ihn je als einen großen Mann betrachten könnte.

Unterdeß daß Themiſtokles alſo das Spiel des
Glücks geworden war, ſuchte der gerechte Ariſtides
ſich einen edleren Weg zum Ruhme zu bahnen. Wir
haben ſchon bemerkt, daß das Oberkommando über
die Griechiſchen Angelegenheiten von Sparta zu den
Athenienſern übergegangen war; und die verbundenen

Griechischen Staaten wurden eins, daß ihr gemeinschaftlicher Schatz zu Bestreitung der Kriegskosten in der Insel Delos, unter der Aufsicht eines Mannes von hellem Kopf und unverdorbnem Herzen niedergelegt werden sollte. Die große Frage also war, wo man einen Mann finden sollte, dem man ein so wichtiges Geschäfft anvertrauen könnte, und der allgemein dafür anerkannt würde, daß er standhaft mehr für das Beßte des Staats als für sein eignes besorgt wäre. Bey dieser allgemeinen Untersuchung warfen alle Partheyen ihre Augen endlich auf den Aristides, von welchem Themistokles im Scherz zu sagen pflegte, er habe kein andres Verdienst, als daß man ihn wie einen wohlverwahrten Kasten gebrauchen könne, der alles das sicher aufhübe, was man ihm anvertraue.

Das Verhalten des Aristides in Vollziehung dieser Pflicht, diente bloß, die hohe Meynung, die Jedermann von seiner Rechtschaffenheit hegte, zu bestätigen. Er verwaltete den Schatz mit der Sorgfalt eines Vaters für seine Familie, und der vorsichtigen Wachsamkeit eines Geizhalses über das, was ihm theurer ist, als sein Leben. Kein Mensch klagte über seine Verwaltung, und kein Theil des öffentlichen Geldes wurde vergeblich angegriffen. Und er, der also sein möglichstes that, den Staat reich zu machen, war selbst sehr arm; so weit aber entfernt, sich der Armuth zu schämen, daß er sie so rühmlich für sich ansahe, als alle Trophäen und Siege, die er gewonnen hatte. Es ereignete sich bey einer gewissen Gelegenheit, daß Kallias, ein vertrauter Freund und Verwandter des Aristides, wegen irgend eines Vergehens vor Gericht gefordert wurde, und eine der vornehmsten Beschuldigungen gegen ihn war, daß er sich in Ueberfluß und Ueppigkeit wälze, und unterdeß seinen Freund und Verwandten Aristides in Armuth und Dürftigkeit leben

ließe. Ariſtides ward bey dieſer Gelegenheit auch vor-
gerufen, da es ſich denn zeigte, daß Kallias ihm
oft angeboten, ſein Vermögen mit ihm zu theilen, er
aber dieſe Wohlthat immer ausgeſchlagen, indem er
zum Grunde angeführt, man könne nur von dem ſagen,
daß er Mangel leide, welcher ſeine Begierden über die
Gränzen ſeiner Einnahme ausſchweifen laſſe, derjenige
hingegen, der mit wenig Dingen auskommen könne,
nähere ſich dadurch den Göttern, welche gar keine Be-
dürfniſſe hätten.

Solchergeſtalt lebte er, gerecht in ſeinen öffentlichen Geſchäfften, und unabhängig in ſeinem Privatle-
ben. Sein Haus war eine öffentliche Schule der Iu-
gend, und ſtand allen jungen Atheniensern offen, die
entweder Weisheit ſuchten, oder nach hohen Ehren
trachteten. Er nahm ſie aufs freundſchaftlichſte auf,
hörte ſie mit Geduld an, unterrichtete ſie mit Vertraulichkeit, und bemühte ſich vor allen Dingen, ſie von
ſich ſelbſt würdig denken zu lehren. Cimon, welcher
nachher eine ſo glänzende Rolle im Staat ſpielte, war
einer ſeiner vornehmſten Schüler.

Die Geſchichte beſtimmt die Zeit oder den Ort ſeines Todes nicht genau, aber ſeinem uneigennützigen
Charakter giebt ſie das herrlichſte Zeugniß, indem ſie
uns ſagt, daß er, der die uneingeſchränkte Verwaltung
aller öffentlichen Schätze in Händen hatte, in Armuth
verſtorben. Man verſichert ſo gar, daß er nicht ſo
viel Geld hinterlaſſen, wovon die Koſten ſeines Be-
gräbniſſes bezahlt werden können, und daß alſo der
Staat ſich genöthigt geſehen, ſein Begräbniß und die
Unterhaltung ſeiner Familie zu übernehmen. Seine
Töchter wurden verheirathet, ſein Sohn lebte auf Koſten des gemeinen Weſens, und einige ſeiner Enkel genoſſen einer Penſion, die derjenigen gleich war, welche
die Sieger in den Olympiſchen Spielen empfingen.

Die gröſte Ehre aber, die ſeine Mitbürger ſeinem Andenken erwieſen, war, daß ſie ihm den Beynamen des
Gerechten gaben, ein Name, der alle leeren Titel
der Weisheit und großer Kriegsthaten weit übertrifft;
denn Glück oder Zufall giebt oft Weisheit oder Tapferkeit, aber alle moraliſchen Tugenden ſind einzig unſer
Werk.

Nachdem Athen ſolchergeſtalt der Klugheit und
Rechtſchaffenheit ſeiner beiden größten Männer beraube
war, ſo fand der jüngere Ehrgeiz Raum, ſich empor zu
helfen, und Cimon des Miltiades Sohn, verſprach
den Plaß jener Männer würdig und ruhmvoll auszu-
füllen. Cimon hatte ſeine Jugend in Ausſchweifun-
gen zugebracht, aus welchen, dem Anſchein nach, keine Anſtrengung ihn herausreißen konnte. Als er zum
erſtenmal ſich um die öffentliche Gunſt zu bewerben
ſuchte, ward er von dem Volk, das wegen ſeiner vormaligen Thorheiten gegen ihn eingenommen war, ſo
übel empfangen, daß er ſich der grauſamſten Gering-
ſchäßung ausgeſetzt ſah. So viel Tapferkeit und Fähigkeiten er alſo auch beſaß, ſo ließ er alle Gedanken auf
öffentliche Geſchäffte fahren, und ſuchte in einer demü-
thigeren Sphäre ſeine Befriedigung. Aber Ariſtides,
welcher mitten unter ſeinen jugendlichen Ausſchweifun-
gen viele große Eigenſchaften entdeckte, feuerte ihn durch
neue Hoffnungen an, und überredte ihn, noch einmal
einen Verſuch zu wagen. Er änderte daher jeßt ſeine Aufführung gänzlich, legte ſeine jugendlichen Thorheiten ab, und ſtrebte nach nichts, als was groß und
edel war. Alſo bracht' ers dahin, daß er dem Miltiades an Tapferkeit, dem Themiſtokles an Klugheit nichts nach gab, und an Rechtſchaffenheit nicht
ſehr weit von dem Ariſtides übertroffen wurde.

Die erſte einigermaßen merkwürdige Expedition,
bey welcher Cimon das Kommando führte, war das

Unternehmen der Griechischen Flotte gegen die Küsten von Asien. So bald er nach Karien kam, traten alle Griechischen Städte an der Seeküste ihm alsobald bey, und die übrigen, welche von Persern besetzt waren, wurden durch Sturm erobert. Also bracht' ers durch seine kluge Anführung dahin, daß das ganze Land von Jonien bis Pamphylien, sich gegen die Persische Oberherrschaft erklärte, und dem Griechischen Bunde beytrat.

Die Eroberung der Statt Eion ist zu merkwürdig, als daß ich sie mit Stillschweigen übergehen könnte. Boges, der als Persischer Gouverneur in der Stadt lag, behauptete sie mit dem festen Entschluß, sie entweder zu retten, oder in ihrem Untergange selbst das Leben zu lassen. Es stand ihm frey mit den Belagerern zu kapituliren, und Cimon hatte ihm oft sehr vortheilhafte Bedingungen angeboten, aber seine Ehre war ihm theurer als sein Leben, er schlug alle Unterhandlungen aus, und vertheidigte seinen Posten mit unbeschreiblicher Wuth, bis er es endlich unmöglich fand, sich länger zu halten, weil alle Lebensmittel aufgezehrt waren. Er warf daher alle seine Schätze von der Mauer in den Fluß Strymon, tödtete darauf seine Frau und Kinder, legte sie auf einen Scheiterhaufen, steckte alles in Brand, und stürzte sich denn selbst in die Flammen, wo er seinen Geist aufgab.

Indem Cimon also von einer Eroberung zur andern fortgieng, erfuhr er endlich, daß die ganze Persische Flotte an der Mündung des Flusses Eurymedon vor Anker läge, wo sie eine Verstärkung von Schiffen aus Phönicien erwartete, und daher nicht eher ein Treffen liefern wollte. Der Atheniensische General entschloß sich also, wo möglich diese Vereinigung zu hindern, und stellte seine Galeeren also, daß zugleich jener Zweck erreicht, und die Feinde zum Treffen genöthigt wur-

den. Vergebens zog sich die Persische Flotte weiter in
die Mündung des Flusses zurück, die Athenienser verfolgten sie immer den Strom hinauf, so lange bis sie
sich genöthigt sahen, zu schlagen. Die Perser hatten
hundert Schiffe mehr, und fochten daher eine Zeitlang
mit großer Unerschrockenheit; da sie aber endlich mit
Gewalt ans Ufer getrieben wurden, sprangen diejenigen, welche zuerst kamen, gleich ans Land, und überließen ihre leeren Schiffe dem Feinde. Also eroberten
die Athenienser, außer dem was versenkt wurde, über
zwey hundert Schiffe. Nicht zufrieden damit, verfolgten sie ihren Sieg auch zu Lande: die Griechischen Soldaten sprangen über Bord, erhuben ein großes Geschrey,
und fielen wüthend den Feind an, welcher den ersten Angriff mit vieler Entschlossenheit aushielt. Endlich aber
überwand die Griechische Tapferkeit des Feindes Verzweiflung; eine gänzliche Niederlage der Perser erfolgte, eine große Menge von Gefangnen, und eine reiche
Beute, die sich in ihren Zelten fand, fiel den Siegern
in die Hände. So erfochten also die Griechen zu gleicher Zeit einen doppelten Sieg, zu Wasser und zu Lande.

    Cimon kehrte nun siegreich nach Athen zurück, und
entschloß sich, die Schäze, die er in diesem Kriege er-
beutet hatte zur Verschönerung und Ausschmückung seiner Vaterstadt anzuwenden. Der Geschmack für die
Baukunst hatte sich seit einiger Zeit in Griechenland
ausgebreitet, und die Athenienser gaben der Welt Muster in dieser Kunst, die bis auf den heutigen Tag alles
andre übertreffen. Siege, welche den Stolz der Perser so sehr demüthigten, bewogen dieses Reich endlich,
auf einen Frieden bedacht zu seyn, und es wurde nach
einiger Zeit ein Traktat geschlossen, dessen Bedingungen sehr rühmlich für Griechenland waren. Man sezte
nämlich fest, daß den Griechischen Städten in Kleinasien der ungestörte Genuß ihrer Freyheit gelassen, und

sowohl die Land - als Seemacht der Perser so weit von
den Griechischen Meeren entfernt gehalten werden sollte, daß nicht der geringste Verdacht entstehen könnte.

J. d. W.
3535.
Also endigte sich der Persische Krieg, welcher die Griechischen Staaten in Einigkeit erhalten, und alle ihre
Fähigkeiten zu glänzenden Thaten geweckt hatte. Von
dieser Zeit fiengen sie an, jene Feindseligkeiten, die bisher auf den gemeinschaftlichen Feind gelenkt waren,
gegen sich selbst zu kehren; ihr großer kriegeri-
scher Geist gieng in den kleinen eifersüchtigen Zwistigkeiten verloren, und ganz entnervt durch die Verfeinerungen und Wollüste des Friedens, machten sie
sich nach und nach fähig, das Joch des ersten Räubers
ihrer Freyheit geduldig zu tragen.

Um diese Zeit wurde das Studium der Philosophie, durch den Klazomenier Athexagoras, aus
Jonien nach Athen gebracht. In der Dichtkunst that
sich zu gleicher Zeit Simonides aus der Insel Ceos
hervor, welcher die Thaten seiner Landsleute, ihrer
Tapferkeit würdig, besang. Indessen haben seine
Schriften nicht Verdienste genug gehabt, sie vor der
Vergessenheit zu bewahren; denn man kann vielleicht
behaupten, daß die Menschen, nie ein Werk untergehen lassen, welches wirklich etwas beytragen könne, sie weiser oder glücklicher zu machen.

Neunter Abschnitt.

Von dem Frieden mit Persien bis auf den Frieden des Nicias.

Nachdem also die Republik Athen ihrer Besorgnisse
vor auswärtigen Feinden größtentheils entlediget
war, fieng sie an innerliche Feindseligkeiten auszubrü-
ten, und ihre Bürger gebrauchten alle möglichen Kunstgriffe, einander in ihren Bewerbungen um die wichtigsten

ſten öffentlichen Aemter und Ehrenſtellen zu untergraben. Außer dem Cimon, welchem man einmüthig
das Kommando der Flotte und Armee aufgetragen hatte, bemühten ſich Andre, zu Hauſe das Ruder in die
Hände zu bekommen, und mit geringerer Gefahr die
Staatsgeſchäffte nach ihrem Willen zu verwalten. Der
vornehmſte, welcher mit dieſen Abſichten ſchwanger
gieng, war Perikles, ein Mann, der viel jünger
war, als Cimon, und einen ganz entgegengeſetzten
Charakter hatte. Perikles ſtammte von den größten und
berühmteſten Athenienſiſchen Familien ab: ſein Vater,
Xanthippus, ſchlug die Perſer zu Mykale, und
ſeine Mutter Agariſta, war eine Nichte des Kli-
ſthenes, welcher die Tyrannen verjagte, und eine de-
mokratiſche Verfaſſung in Athen einführte. Er gieng
früh mit den Gedanken um, ſich im Staat emporzu-
ſchwingen, und ließ ſich von dem Anaxagoras in
der Naturphiloſophie unterrichten. Er ſtudierte die Politik mit großem Eifer, vornehmlich aber wiedmete er
ſich der Beredtſamkeit, die er, in einem demokratiſchen
Staat, als die Quelle aller Erhebung anſah. Der
glücklichſte Erfolg krönte ſeinen Fleiß: ſeine Zeitgenoſſen unter den Dichtern, verſichern, ſeine Beredtſamkeit
ſey ſo mächtig geweſen, daß ſie, gleich dem Donner,
ganz Griechenland erſchüttert, und in Erſtaunen geſetzt.
Er beſaß die große Kunſt, Stärke und Schönheit zu
vereinigen; es war nicht möglich, der Gewalt ſeiner
Gründe, oder der Annehmlichkeit ſeines Vortrages zu
widerſtehen. Thucydides, ſein großer Gegner, ſagte oft, er habe ihn zwar oft überwunden, aber die Zau-
berkraft ſeiner Ueberredung ſey ſo groß, daß die Zuhörer nie ihn unterliegen geſehen.

Mit dieſer Beredtſamkeit verband er ſowohl eine tiefe
Kenntniß des menſchlichen Herzens, als eine genaue
Bekanntſchaft mit den Geſinnungen ſeiner Zuhörer,

ℓ

Immer ſagt' er zu ſich ſelbſt: Erinnre dich, **Perikles**, daß du zu Leuten reden willſt, die in den Armen der Freyheit gebohren ſind; und dann unterließ er nichts, ihnen in ihrer herrſchenden Leidenſchaft zu ſchmeicheln. Er glich dem Tyrannen **Piſiſtratus**, nicht nur in der Lieblichkeit ſeiner Stimme, ſondern auch in der Geſichts-bildung, in ſeinem ganzen Weſen und Betragen. Mit dieſen natürlichen und erworbenen Vollkommenheiten, verband er auch die Vorzüge des Glücks: er war ſehr reich, und ſtand mit den mächtigſten Familien des Staats in Verwandtſchaft.

Der Tod des Ariſtides, die Verbannung des **Themiſtokles**, und die Abweſenheit des Cimon, gaben ſeinem wachſenden Ehrgeiz die ſchönſte Gelegenheit. Doch verhehlt er anfänglich ſeine Abſichten mit der äuſ-ſerſten Behutſamkeit, bis er endlich ſein Anſehen und ſeine Gunſt bey dem Volk nach und nach ſo feſt gegrün-det ſah, daß ers wagte, ſich an ſeine Spitze zu ſtellen, und ſich alſo den vornehmſten Männern des Staats mit großem Anſchein uneigennütziger Tugend entgegenge-ſetzte. Das vornehmſte Hinderniß ſeiner Erhebung war Cimon, deſſen offne Ehrlichkeit ihm einen zahl-reichen Anhang unter allen Ständen und Klaſſen ver-ſchafft hatte. Um ihm die Wage zu halten ſuchte **Pi-ſiſtratus** das Volk auf ſeine Seite zu ziehen, und bracht' es durch Verſchwendung des öffentlichen Geldes zu Beſtechungen, Geſchenken und andern Austheilun-gen leicht dahin, daß der große Haufen ihn zu ſeinem Abgott machte.

Nachdem er alſo erſt in der Gunſt des Volks einen ſichern Grund gelegt hatte, griff er den Areopagus an, dieſen ehrwürdigen Rath, der aus den angeſehen-ſten Perſonen in Athen beſtand, und bracht' es, mit Hülfe des Ephialtes, eines andern Helden des Volks dahin, daß die mehrſten Rechtſachen ſeiner Unterſu-

chung entzogen, und die ganze Gesellschaft verächtlich
wurde. Solchergestalt, unterdeß er den Cimon un-
gestört den auswärtigen Krieg fortsetzen ließ, verwaltete er die wichtigsten innern Angelegenheiten; und da es
sein Interesse war, den Cimon in der Entfernung zu
halten, trug er Sorge daß es ihm nie weder an auswärtigen Geschäfften, noch an Unterstützung aus dem
öffentlichen Schatze fehlte.

Während dieser Trennungen zu Athen, gab ein
Aufstand der Heloten, oder Lacedämonischen Sklaven,
beiden Partheyen Gelegenheit, ihre Kräfte gegen einander zu versuchen. Diese unglücklichen Leute welche
verschiedne Jahrhunderte hindurch unter dem Joch ihrer Landesleute geseufzt, und alle Hoffnung verloren
hatten, ihr Schicksal jemals erleichtert zu sehen, bloß
weil einmal ein ungerechtes Urtheil über sie ergangen
war, diese Unglücklichen griffen endlich gegen ihre Tyrannen zu den Waffen, und drohten dem Spartanischen Staat nichts weniger, als den Untergang. In
dieser Noth schickten die Lacedämonier nach Athen, und
baten um Hülfe; dagegen aber setzte sich Ephialtes,
und behauptete, daß es auf keine Weise rathsam seyn
würde, ihnen beyzustehen, oder einen eifersüchtigen
Staat durch ihren Beystand mächtig zu machen. Auf
der andern Seite nahm Cimon sich der Sache der
Spartaner an, und erklärte, daß es unvernünftig und
feige seyn würde, wenn man gleichgültig gestattete, daß
eins der Hauptglieder des Griechischen Bundes abgehauen, und dadurch der ganze Körper zum Krüppel
gemacht würde. Seine Meynung behielt für diesmal
die Oberhand; man erlaubte ihm, an der Spitze eines
zahlreichen Korps ihnen zu Hülfe zu kommen, und so
bald er sich näherte, war der Aufruhr gedämpft. Bald
nachher aber brach das Uebel aufs neue aus. Die Heloten bemächtigten sich der starken Festung Ithome,

und die Spartaner baten wieder bey den Athenienſern um Beyſtand. Diesmal war die Parthey des **Peri-kles** die mächtigere, und den Lacedämoniern ward ihr Geſuch abgeſchlagen. Da ſie alſo allein dafür ſorgen mußten, den Krieg mit ihren rebelliſchen Sklaven ſo gut ſie konnten zu endigen, ſo belagerten ſie **Jthome,** welches ſich zehn Jahre lang hielt, endlich aber erobert wurde, worauf die Lacedämonier der Beſatzung, auf die Bedingung, daß ſie den Peloponnes auf ewig räumen ſollte, das Leben ſchenkten.

Unterdeſſen machte die abſchlägige Antwort von Seiten der Athenienſer, und einige Beſchimpfungen, welche von Seiten der Lacedämonier vorgefallen ſeyn ſollten, eine Eiferſucht aufs neue rege, welche ſchon lange zwiſchen dieſen beiden Nebenbuhlerinnen geherrſcht hatte, und von der Zeit an, bald mit größerer, bald mit geringerer Kraft, immer fort wirkte, bis zuletzt beide nicht länger im Stande waren, den geringſten Bemühungen auswärtiger Feinde Widerſtand zu thun.

Der erſte Beweis, welchen die Athenienſer von ih-rem Unwillen gaben, war, daß ſie den **Cimon,** der ſich der Spartaner angenommen hatte, auf zehn Jahr aus der Stadt verbannten. Hiernächſt trennten ſie ihr Bündniß mit Sparta, und ſchloſſen mit den Argivern, den erklärten Feinden der erſteren, ein Bündniß. Die Sklaven, welche aus **Jthome** abgezogen waren, nah-men die Athenienſer in Schutz, und gaben ihnen nebſt ihren Familien einen freyen Aufenthalt zu **Naupak-tus.** Was aber den Bruch am meiſten vergrößerte, war, daß die Athenienſer die Stadt **Megara,** wel-che von den Spartanern, mit denen ſie im Bunde ſtand, abfiel, in Schutz nahmen, und eine Beſatzung hineinleg-ten. So ward der Grund zu einem unauslöſchlichen Haſſe gelegt, der ſich im Untergange beider Staaten endigte.

Wie beym Anfange aller Feindseligkeiten, so giengs auch hier: man ließ sich in verschiedne Traktaten ein, schloß verschiedne Bündnisse von beiden Seiten, bis es endlich zum förmlichen Bruche kam. Durch zwey leichte Treffen zwischen den Atheniensern und Korinthern, in welchen beyde Partheyen wechselsweise siegten, wurde zuerst gleichsam Lärm geblasen. Hierauf erfolgte ein Treffen zwischen den Atheniensern und Spartanern bey Tanagra, in welchem Cimon, die Ungerechtigkeit seines Vaterlandes vergessend, ihm zu Hülfe kam; die Athenienser aber wurden dem ungeachtet geschlagen. Ein oder zwey Monate nachher ersetzten sie diesen Verlust, indem sie wieder einen Sieg erfochten. Das Betragen des Cimon gewann ihm die Gunst seiner Mitbürger wieder; er ward aus der Verbannung, worinn er fünf Jahr gelebt hatte, zurückberufen; und Perikles, sein Nebenbuhler, war der erste, welcher das Volk zu diesem Entschluß beredte.

Der erste Gebrauch, welchen Cimon von seiner Rückkehr machte, war, daß er die beiden eifersüchtigen Staaten mit einander auszusöhnen suchte. Er brachte dies auch in so weit äußerlich zu Stande, daß ein Stillstand auf fünf Jahre zwischen ihnen geschlossen wurde. Dies gab ihm Raum, die Macht des Staats gegen einen entlegenern Feind zu gebrauchen. Auf seinen Rath ward eine Flotte von zwey hundert Schiffen bemannt, und unter seinem Kommando abgeschickt, die Insel Cyprus zu erobern. Er segelte eilends ab, überfiel die Insel, und belagerte Citium. Hier entweder von den Belagerten verwundet, oder von einer heftigen Krankheit befallen, fühlt' er die Annäherung seines Endes; aber immer eingedenk seiner Pflicht, befahl er seinen Officieren, seinen Tod so lange zu verhehlen, bis sie seine Entwürfe glücklich ausgeführt hätten. Sie gehorchten ihm mit Verschwiegenheit und

dem erwünſchten Erfolge. Dreyßig Tage nach ſeinem
Tode erfocht die Armee, welche noch immer glaubte,
daß ſie von ihm kommandirt werde, einen herrlichen
Sieg; ſo ſtarb er, nicht allein in den Armen des Sieges, ſondern gewann noch Schlachten bloß durch die
Kraft ſeines Namens. Mit dem Cimon ſtarb, groſ-
ſentheils, der Geiſt der edlen Ruhmbegierde in Athen.
Er war der letzte und auch der glücklichſte der Griechiſchen Helden. So groß war das Schrecken der Perſer vor ſeinem Namen, daß ſie allenthalben die Seekü-
ſten im Stiche ließen, und ſich auf vier hundert Stadien dem Orte nicht zu nähern wagten, wo ſie nur irgend vermuthen konnten, daß er da ſey.

Da Perikles nun, durch den Tod des Cimon,
eines mächtigen Nebenbuhlers entledigt war, gieng er
eifrig dran, das angefangene Werk ſeines Ehrgeizes
zu vollenden: er theilte das eroberte Land aus, beluſtig-
te das Volk mit Schauſpielen, ſchmückte die Stadt mit
öffentlichen Gebäuden, und gewann dadurch eine ſolche
Macht über die Gemüther des Volks, daß er eine faſt
monarchiſche Herrſchaft in Athen ausübte. Er fand
Mittel, acht Monate des Jahrs hindurch eine
große Anzahl armer Bürger zu unterhalten, indem er ſie auf die Flotte that, welche aus ſechzig Schiffen beſtand, die er jährlich ausrüſtete. Er legte verſchiedne Pflanzſtädte an den verſchiednen Orten an, die
ſich ſeit kurzem Athen unterworfen hatten. Hierdurch
reinigte er die Stadt von einer großen Menge müſſiger
Leute, die immer bereit waren Unruhen zu erregen; und
zugleicher Zeit nichts zu leben hatten. Aber die öffentlichen Gebäude, die er aufführte, von deren einigen man
noch bis auf den heutigen Tag die Ruinen ſieht, ſind
allein hinreichend, ſeinen Namen der Nachwelt werth
zu machen. Man muß erſtaunen, daß in einer Stadt,
die ſich durch die Anzahl ihrer Einwohner nicht beſon-

ders auszeichnete, und in einem so kurzen Zeitraum, als
seine Verwaltung dauerte, solche mühsame, kostbare
und prächtige Werke haben zu Stande gebracht werden
können. Alle Künste der Baukunst, Skulptur und
Malerey wurden in seinen Entwürfen erschöpft; und
was davon noch übrig ist, bleibt bis auf diese Stunde
Muster der Vollkommenheit. Um diese großen Werke zu Stande zu bringen, bedient' er sich größtentheils
ungerechter Mittel, und gebrauchte dazu die Schätze,
welche Griechenland zu der Fortsetzung des Persischen
Krieges zusammengethan hatte. Diese waren bis dahin zu Delos aufbewahrt, aber er bracht' es durch seine List dahin, daß sie nach Athen transportirt wurden,
wo er sie dann verschwendete, seine eigne Gewalt durch
alle Künste der Popularität zu befestigen. Durch diese Mittel ward Athen von seinen Nachbarn so sehr bewundert und beneidet, daß man es nicht anders als das
Kleinod Griechenlandes nannte; und wenn man
sich beklagte, daß der gemeinschaftliche Schatz zu diesen Werken der Pracht unnütz verschwendet würde, gab
Perikles zur Antwort: die Athenienser hätten Keinem wegen ihres Verhaltens Rechenschaft zu geben;
denn diejenigen hätten doch wohl das beste Recht zu den
Schätzen der verbundenen Staaten, die sich am meisten Mühe geben, ihre Freyheit zu erhalten. Es sey
auch nicht mehr als billig, fügt er hinzu, daß geschick-
te Künstler von dem öffentlichen Gelde ihren Theil be-
kämen, da zur Fortsetzung des Krieges noch immer
genug übrig bliebe.

Dies waren mehr Gründe der Gewalt, als der
Ueberredung, Gründe eines Mannes, der bereits mehr
im Besitz des Gegenstandes seiner Begierden, als geneigt war, ihm auf gerechte Vorstellungen zu entsagen.
Nicht allein die weisern Bürger, sondern alle Griechischen Staaten, sahen es deutlich genug, daß er täglich

mit großen Schritten sich der höchsten Gewalt näherte,
und, gleich seinem Vorgänger Pisistratus, das Volk
dahin bringen wollte, sich selbst seine Ketten zu schmie-
den.   Diesem bevorstehenden Uebel zusteuren, setzten die
Häupter der Stadt den Thucydides seiner immer
wachsenden Gewalt entgegen, und suchten also durch Beredtsamkeit dem Fortgange seines Ansehens bey dem Volk
Einhalt zu thun.

Thucydides war mit dem Cimon verschwägert,
und hatte bey unzähligen Gelegenheiten seine Weisheit
an den Tag gelegt.   Er besaß nicht die militärischen
Talente seines Nebenbuhlers, aber seine Beredtsamkeit
gab ihm einen sehr mächtigen Einfluß über das Volk.
Da er nie die Stadt verließ, so bekämpft' er immer den
Perikles in allen seinen Maßnehmungen, und brachte auf eine Zeitlang den Ehrgeiz seines Nebenbuhlers
in die Schranken der Billigkeit zurück.

Aber alle seine Bemühungen halfen nicht lange gegen die unwiderstehliche Ueberredungskraft und das tief
eingewurzelte Ansehen, seines Gegners.   Perikles
faßte täglich festeren Fuß, bis er endlich die höchste Gewalt des Staats ganz in Händen hatte.   Nun fieng er
an, sein Betragen zu ändern; statt daß er vorher den
Schmeichler, den demüthig Bittenden gespielt hatte,
nahm er jetzt die stolze Miene eines Königs an.   Er
unterwarf sich nicht länger den eigensinnigen Launen des
Volks, sondern verwandelte die demokratische Verfassung Athens in eine Art von Monarchie, ohne jedoch
das Wohl des gemeinen Wesens aus den Augen zu setzen.   Zuweilen freylich sucht' er durch Ueberredung seine Mitbürger nach seinem Willen zu lenken, oft aber,
wenn er sie halsstarrig fand, zwang er sie gewissermaß-
sen, für ihr eignes Bestes zu sorgen.   So vereinigte
Perikles Gewalt und Ueberredung, öffentliche Verschwendung und Privat-Sparsamkeit, politische Falsch-

heit und Privat-Redlichkeit, wurde dadurch Oberherr
von Athen, und alle seine Feinde wurden Feinde des
Staats.

Es ist nicht zu verwundern, daß dieser glückliche
und prachtvolle Staat den übrigen wetteifernden Griechischen Staaten nicht wenig mißfällig wurde, vornehmlich, da sein Glanz gewissermaßen aus ihren Beyträ-
gen erwachsen war. Die Spartaner besonders fuhren
fort diese immer höher emporstrebende Stadt mit neidi-
schen Augen anzusehen, und äusserten bald ihre Unzufriedenheit, indem sie sich weigerten, Deputirten nach
Athen zu schicken, um wegen der Wiederaufbauung
des Tempels, der während des Persischen Krieges ab-
gebrannt war, zu berathschlagen. Das Glück des
Perikles gegen den Feind in Thracien, machte ihr
Mißvergnügen immer größer; und vornehmlich als er
mit hundert Schiffen um den Peloponnes herum segelte, alle griechischen Bundsgenossen schützte, und ihren Städten alles bewilligte, was sie sich nur von ihm
ausbaten. Diese glänzenden Thaten erregten den Unwillen der Spartaner, unterdeß sie die Athenienser mit
den ehrsüchtigsten Vorstellungen berauschten, und ihnen neue Anlässe gaben, auf Eroberungen bedacht zu
seyn. Das Volk fieng nun an von einem Feldzuge gegen Aegypten, einem Angriff auf die am Meer gelege-
nen Persischen Provinzen, einem Einfall in Sicilien,
und einer Eroberung aller länder von Italien bis Kar-
thago zu schwatzen. Dies waren Absichten, die über
die Kräfte der Athenienser hinausgiengen und mehr von
ihrem Stolz, als von ihrer Fähigkeit zeugten.

Eine Expedition gegen Samos zum Besten der
Mileter, welche sie um Beystand gebeten hatten, machte den Anfang dieses Bruchs, der nachher nie wieder
geheilt wurde. Man versichert, Perikles habe diesen Krieg genährt, einer berühmten Buhlerinn, Na-

mens Aſpaſia, die er vorzüglich liebte, gefällig zu
ſeyn. Nach verſchiednen Vorfällen und Treffen, die
nicht werth ſind, daß die Geſchichte ſich bey ihnen auf-
halte, belagerte Perikles die Hauptſtadt von Samos
mit Sturmbächern, und Mauerbrechern oder Widdern,
welches das erſtemal war, daß dieſe Maſchienen bey
Belagerungen gebraucht wurden. Nach einer neun-
monatlichen Belagerung mußten die Samier ſich ergeben. Perikles ſchleifte ihre Mauren, nahm ihnen
alle ihre Schiffe weg, und foderte unermeßliche Summen zu Entſchädigung der Kriegskoſten. Voll Stolz
über dieſen Sieg kehrt er nach Athen zurück, ließ alle
diejenigen, die ihr Leben bey der Belagerung verloren
hatten, aufs prächtigſte begraben, und hielt ihnen die
Leichenrede.

J. d. W.
3551

Der Bruch zwiſchen den Athenienſern und Lacedämoniern ſchien jetzt unvermeidlich. Perikles gab alſo
den Athenienſern den Rath, um den Abſichten ihrer
Nebenbuhler zuvorzukommen, den Korcyräern, welche von den Korinthiern und Lacedämoniern angegriffen waren, Hülfe zu ſchicken.

Da der Streit zwiſchen den Korcyräern und Korinthiern zu dem großen Peloponneſiſchen Kriege Anlaß
gab, in welchen bald nachher ganz Griechenland verwickelt wurde, ſo wird es nöthig ſeyn, von ſeinem Ur-
ſprunge hier eine kurze Nachricht zu geben. Epi-
damnus war eine Kolonie der Korcyräer, welche,
nachdem ſie erſt reich, und bald darauf durch Partheyen
zerrüttet wurde, die vornehmſten ihrer Bürger verbannte. Die Verbannten vereinigten ſich mit den Illyriern,
und trieben bald die Epidamnier ſo ſehr in die Enge,
daß dieſe ſich genöthigt ſahen, Korcyra, ihre Mut-
terſtadt, um Hülfe anzuſprechen. Da die Korcyräer
ihre Bitte abſchlugen, nahmen ſie ihre Zuflucht zu
Korinth, und übergaben ſich zugleich dieſem Staat,

der sie dann auch in seinen Schutz nahm.   Dies aber
nahmen die Korcyräer sehr übel auf; weil sie selbst ihrer Kolonie keinen Beystand hatten leisten wollen, so
konnten sies nicht leiden, daß Andre es thäten, und entschlossen sich daher die Korinthier dafür zu züchtigen.
Die beyden Staaten geriethen dadurch aneinander, und
es erfolgten einige Seetreffen, in welchen die Korcyräer den Kürzern zogen.   Sie nahmen darauf, wie wir
bereits bemerkt haben, ihre Zuflucht zu den Atheniensern, und diese schickten ihnen auch einige Schiffe zu
Hülfe, die aber nicht viel zu ihrem Vortheil ausrichteten.

   Aus diesem Kriege entstand ein andrer: Potidäa, eine Stadt, die unter Atheniensischer Bottmäßig-
keit stand, erklärte sich für die Korinthier, diese beiden Staaten also, die bisher noch nicht in Betrachtung
gekommen waren, fiengen jetzt an, eine Hauptrolle zu
spielen, und versammleten ihre Truppen in der Ebne bey
Potidäa, wo ein Treffen erfolgte, in welchem aber die
Athenienser siegten. In diesem Treffen wars, wo Sokrates dem Alcibiades, seinem Schüler, das Leben rettete,
und ihm nachher den Preis der Tapferkeit verschaffte,
den er selbst mit größerem Rechte verdient hatte. Die
Stadt Potidäa wurde bald nachher in Verfolg dieses
Sieges belagert, und die Korinthier beschwerten sich
gegen die übrigen Griechischen Staaten über die Athenienser, daß sie die Friedensbedingungen übertreten hätten. Die Lacedämonier besonders ließen sie in einer öffentlichen Versammlung ihre Beschwerden vortragen,
wo sich denn die Korinthischen Deputirten alle Mühe
gaben, ihnen die Größe ihrer Gefahr von den ehrgeizi-
gen Absichten der Athenienser recht dringend vorzustellen; und zugleich droheten, wenn sie ihnen keinen Schutz
gewährten, sich unter die Oberherrschaft einer Macht
zu begeben, die stark genug wäre, ihnen Schutz und

Sicherheit zu verschaffen. Nachdem die Spartaner
auch die Atheniensischen Deputirten dagegen angehört
hatten, stellten sie eine geheimere Berathschlagung an,
in welcher man allgemein darinn überein kam, daß die
Athenienser der angreifende Theil wären, und zu gehöriger Erkenntniß ihrer Pflicht gebracht werden müßten.
Nur war man nicht eins, ob man ihnen alsobald den
Krieg ankündigen, oder sie erst durch Vorstellungen
zur Vernunft zu bringen suchen sollte. Archidamus,
einer ihrer Könige, ein Mann von Klugheit und Mäßigung, war der Meynung, die Spartaner seyen jetzt den
Atheniensern noch nicht gewachsen, und suchte sie also
von einem so unüberlegten, übereilten Kriege abzurathen. Aber Sthenelaides, einer der Ephoren, drang
auf das Gegentheil, indem er anführte, wenn man einmal eine Beleidigung erlitten, so dürfe man nicht erst
lange berathschlagen, sondern Rache müsse unmittelbar auf den Schimpf erfolgen. Der Krieg ward also
erklärt, und allen Bundsgenossen dieser Entschluß bekannt gemacht.

Nachdem also die Lacedämonier den Krieg beschlossen hatten, schickten sie erst, um ihren Absichten einen
Anstrich von Gerechtigkeit zu geben, Gesandten nach
Athen; und unterdeß sie Zurüstungen machten, mit
größtem Nachdruck den Krieg führen zu können, nahmen sie noch immer den Schein an, als ob sie die Sache durch Unterhandlung beyzulegen suchten. Sie verlangten, daß die Athenienser einige Leute, welche den
Tempel der Minerva zu Cylon entweiht hatten, aus
ihrer Stadt verbannen; daß sie die Belagerung von
Potidäa aufheben; und endlich, daß sie aufhören sollten, in die Freyheiten Griechenlandes Eingriffe zu
thun.

Da Perikles die Athenienser zu diesem Kriege
verleitet hatte, so hielt ers jetzt für seine Pflicht, ih-

nen Muth zu glücklicher Fortsetzung desselben einzuflös=
sen.   Er zeigte ihnen, daß selbst Kleinigkeiten, wenn
man sie mit der Miene des Befehls zu erzwingen such=
te, an sich selbst hinlängliche Ursachen zum Kriege wä=
ren; daß sie sich einen grossen Theil des glücklichen Er=
folgs von den Zwistigkeiten, die gewiß unter den ver=
schiednen verbundnen Staaten entstehen würden, ver=
sprechen könnten; daß sie Schiffe hätten, die Küsten
der Feinde anzufallen, da hingegen ihre Stadt so wohl
befestigt sey, daß sie nicht leicht zu Lande erobert wer=
den könne.   Am Ende bewies er ihnen die unvermeid=
liche Nothwendigkeit eines Krieges, und sagte, mit je
froherem Muth sie ihn anfiengen, desto eher und leichter
würden sie ihn glücklich zu Ende bringen.   Der größte
Ruhm und Glanz ihres Staats sey ihm fast immer noch
aus der größten Bedrängniß erwachsen; dieß müsse sie
mit neuem Muth zu seiner Vertheidigung beleben, da=
mit sie ihn mit unverminderten Glanz der Nachkom=
menschaft überliefern könnten.── Das Volk schwind=
licht, auf Veränderungen erpicht, und ungeschreckt
durch ferne Gefahren, trat begierig seiner Meynung
bey.   Um indeß auch seinem Verfahren einen guten
Anstrich zu geben, beantwortete es die Spartanische Fo=
derungen durch allerley Ausflüchte, und schloß mit der
Erklärung, daß die Athenienser alle Zwistigkeiten in der
Güte beyzulegen wünschten, weil sie gar nicht geneigt
wären, einen Krieg anzufangen; übrigens aber wür=
den sie sich, so bald es Noth thäte, mit größter Ent=
schlossenheit zu vertheidigen wissen.

Also rannte das Volk, aus Liebe zur Verände=
rung, begierig in diesen Krieg; aber Perikles hatte
noch ein persönliches Interesse bey demselben.   Er hatte
sich bey dem Staat tief in Schulden gesetzt, und wuß=
te, daß er nur zu Friedenszeiten zur Rechenschaft ge=
fodert werden konnte.   Man sagt, als Alcibiades,

sein Neffe, ihn eines Tages in Gedanken vertieft gesehen, und nach der Ursach gefragt, hab' er zur Antwort erhalten, er dächte nach, wie er würde Rechnung
ablegen können. „Du thätest besser, versetzte Alci-
„biades, nachzudenken, wie du ganz umhin könntest,
„Rechnung abzulegen.„ Außerdem überließ sich Perikles, der kein Glück in häuslicher Gesellschaft fand,
ganz der Lenkung seiner Mätresse Aspasia, deren Witz
und Lebhaftigkeit alle Dichter und Philosophen ihrer
Zeit bezaubert hatte, selbst den Sokrates nicht ausgenommen. Sie war eine Feindinn des Spartanischen
Staats; und nach ihrem Rath soll vorzüglich Perikles hierbey gehandelt haben.

J. d. W.
3553   Nachdem also von beiden Seiten Krieg beschlossen
war, schien die erste Morgenröthe des glücklichen Erfolgs über den Atheniensern aufzugehen. Die Stadt
Platäa, welche sich vor kurzem für sie erklärt hatte,
wurde von drey hundert Thebanern überfallen, die
durch eine Parthey in der Stadt, welche sich mit ihnen verschworen, eingelassen worden. Ein Theil der
Bürger aber, die entgegengesetzte Parthey waren, fielen sie bey Nacht an, tödteten einen Theil derselben,
und nahmen zwey hundert gefangen, welche kurz nachher hingerichtet wurden. So bald die Athenienser von
diesem Vorfall Nachricht erhielten, schickten sie Truppen und Lebensmittel hin, und reinigten die Stadt von
allen, die nicht im Stande waren, die Waffen zu tragen. Von dieser Zeit an gerieth ganz Griechenland
in Bewegung, jedes Volk nahm Parthey, einige wenige Staaten ausgenommen, welche neutral blieben,
um erst den Erfolg abzuwarten. Der größte Theil
war auf Seiten der Lacedämonier, welche sie als die
Befreyer von Griechenland ansahen, und nahmen sich
ihrer Sache mit großem Eifer an. Auf ihrer Seite
waren der ganze Peloponnes, außer den Arglvern und

Achäern, ferner **Megara**, **Lokris**, **Böotien**, **Ambracien**, **Leukadien**, und **Anaktorium**. Auf der Athenienser Seite waren **Chios**, **Lesbos**, **Platäa**, viele von den Inseln und verschiedne zinsbare Seestaaten, die Thracischen eingeschlossen, **Potidäa** aber ausgenommen.

Die Lacedämonier brachten, gleich nach dem Versuch gegen **Platäa**, eine Armee zusammen, welche, die Bundsgenossen eingerechnet, aus sechszig tausend Mann bestand. **Archidamus**, welcher diese Armee kommandirte, hielt eine Rede an sie, die voll Feuer und Nachdruck war. Die Augen von ganz Griechenland, sagt' er, wären auf sie gerichtet; sie überträfen nicht nur ihren Feind weit an Zahl, sondern dieser Feind würde auch noch überdem durch das Bewußtseyn seiner Gewaltthätigkeit niedergeschlagen. Sie sollten jetzt nur unerschrocken in das feindliche Land einrücken, mit dem Muth, welcher sie schon so lange berühmt gemacht hätte, und der Vorsicht und Behutsamkeit, die gegen einen so arglistigen Widersacher nothwendig wäre. — Die ganze Armee antwortete ihm mit lautem Freudengeschrey; und so ward der Krieg, welcher Griechenland den Untergang bringen sollte, in einer Raserey von Entzücken angefangen, und bethört rannten seine kurzsichtigen Einwohner in ihr wechselseitiges Verderben.

Auf der andern Seite rüstete **Perikles** sein kleines Häuflein Athenienser, dem drohenden Streiche zu begegnen. Er erklärte gegen seine Mitbürger, daß sie, wenn etwa **Archidamus** das Atheniensische Gebiet verheeren, und dabey irgend einen Theil von den Ländereyen, die ihm, dem **Perikles** selbst, gehörten, verschonen sollte, das für nichts anders, als einen Kunstgriff, die Leichtgläubigkeit der Athenienser zu hintergehen, halten mögten; er entsagte daher seinem Eigen-

thumsrecht auf diese Ländereyen, und gab sie dem Staat
zurück, von dem seine Vorfahren sie ursprünglich erhalten hatten. Er stellte dem Volke vor, daß es sein
Vortheil seyn würde, wenn es den Krieg nicht zu hitzig triebe, und vielmehr den Feind durch Verzögerung sich selbst aufreiben ließe. Er gab ihm den Rath,
alle seine Güter von dem Lande in die Stadt zu bringen, und sich in Athen einzuschließen, ohne je ein Treffen zu wagen. Die Armee der Athenienser war in der
That, mit der Anzahl ihrer Feinde verglichen, sehr
geringe; sie belief sich nur, wenn man sechszehn tau-
tausend Mann zu Besatzungen abrechnet, auf dreyzehn
send Mann schwerbewaffneter Soldaten, zwölf hundert Mann Reuterey, und etwa doppelt so viel Bogenschützen. Dies war die ganze Landmacht der Athenienser; ihre vorzügliche Stärke aber bestand in einer
Flotte von drey hundert Galeeren, womit sie beständig
die feindlichen Küsten anfielen und plünderten, und dadurch hinlängliche Kontributionen zu den Kriegskosten
aufbrachten.

Durch des Perikles Vorstellungen überredt, verließen die Athenienser mit einer Vermischung von Betrübniß und Entschlossenheit ihren Landbau, und schaff-
ten alle ihre Güter, die sich fortbringen ließen, in die
Stadt. Sie hatten jetzt der Süßigkeiten des Friedens
beynahe funfzig Jahre lang genossen und ihr Land trug
die Gestalt des Reichthums und Fleißes; aber das
Schicksal des Krieges nöthigte sie jetzt aufs neue, den
Feldbau mit dem Lager, die Süßigkeiten des Landle-
bens mit den herben Stößen des Treffens zu vertauschen.

Unterdessen rückten die Lacedämonier bey Oenoe,
einer Gränzfestung, ins feindliche Gebiet ein; ließen
aber diese zurück, und marschierten weiter nach Acharne,
einer Stadt ohne Mauren, etwa drey Stunden von
Athen.

Athen. Die Athenienser, voll Schrecken über ihre Annäherung, fiengen jetzt an ihre Erbitterung gegen den Feind in Vorwürfe gegen ihren vormaligen Anführer zu verwandeln. Sie schalten auf ihn, daß er sie zu einem Kriege verleitet, wo er weder Kräfte hätte Widerstand zu thun, noch Muth den Feind zurückzutreiben; sie foderten jetzt laut, ungeachtet ihrer geringen Anzahl, daß man sie zum Treffen hinausführen sollte. Perikles kehrte sich daran nicht, und wählte das Sicherste. Er ließ alle Thore verschließen, besetzte alle umherliegende Posten mit hinlänglichen Waffen, schickte Haufen von Reuterey aus, um den Feind zu beunruhigen; und zu gleicher Zeit schickt' er hundert Galeren ab, um an den Küsten des Peloponnes Einfälle zu thun. Diese Vorsicht erreichte endlich ihren Zweck; nachdem die Lacedämonier das ganze Land um Athen verwüstet, und die Besatzung durch ihre Menge und ihre Vorwürfe verhöhnt hatten, es aber unmöglich fanden, die Stadt zu erobern, zogen sie ab, und die Einwohner giengen also voll Freude und in Sicherheit wieder aus ihren Mauern hervor.

Nach dieser harten Demüthigung beschlossen die Athenienser, gleiches mit gleichem zu vergelten. Da sie wieder Raum hatten, sowohl zu Lande als zur See offensiv zu verfahren, so fielen sie nun auch das feindliche Gebiet mit ihrer ganzen Macht an, und eroberten Nisä, einen starken Hafen mit Mauern, die bis an die Stadt Nigara reichten.

Stolz auf die erste Dämmerung des Glücks, bezeugten sie, nachdem die erste Kampagne geendigt war; den Winter hindurch ihren Triumph durch öffentliche Spiele bey der Beerdigung derer, die im Kriege geblieben waren. Drey Tage vor der Beerdigung legten sie ihre Leichname in Zelte; am vierten Tage wur-

M

den Bahren von Cypreſſenholz von den Zünften abgeſchickt, um ihre Angehörigen abzuholen; denn gieng
in feyerlichem Pomp der Leichenzug fort, begleitet von
den Einwohnern und Fremden, welche ſich in der Stadt
aufhielten; die Verwandten und Kinder der gebliebe-
nen ſtunden weinend am Grabe. Diejenigen, welche in der Schlacht bey Marathon geblieben, waren
zwar auf dem Schlachtfelde begraben, die übrigen aber
wurden zuſammen an einem gemeinſchaftlichen Orte,
Namens Ceramikus, beerdigt. Perikles, der zu
der Erhaltung ſeines Vaterlandes das meiſte beygetragen, trug jetzt auch zu ſeiner Ehre bey, und hielt eine
Leichenrede über die Verſtorbnen, die noch jetzt übrig iſt,
und zugleich von ſeiner Beredtſamkeit und Dankbarkeit
zeuget. Allein die Freude des Staats ſchränkte ſich
nicht bloß auf leere Lobſprüche, Ceremonien und Thränen ein; ſondern man ſetzte auch eine Summe Geldes
aus, zum Unterhalt der Wittwen und Waiſen derjenigen, die im Dienſt des Vaterlandes ihr Leben verloren hatten. Und ſo endigte ſich das erſte Jahr des Peloponneſiſchen Krieges.

Mit Anfange des folgenden Sommers erneuerten
die Lacedämonier ihre Feindſeligkeiten, und fielen mit
einem eben ſo großen Heere, als vorher, ins Athenienſiſche Gebiet ein. Solchergeſtalt fuhren dieſe eigenſin-
nigen Staaten fort, ſich einander zu ſchwächen und zu
verheeren; aber eine fürchterlichere Geißel fieng jetzt an,
ſie zu züchtigen. Es brach eine Peſt in Athen aus,
ſchrecklicher als jede andre, deren die Geſchichte erwähnt:
Sie ſoll in Aethiopien ihren Anfang genommen haben,
von da kam ſie in Aegypten herab, verbreitete ſich dann
über Indien und Perſien, und brach endlich gleich einer
reißenden Fluth in Athen ein. Dieſe Peſt verhöhnte
alle äußerſten Bemühungen der Kunſt, die ſtärkſten
Leibesbeſchaffenheiten waren nicht im Stande, ihre

Angriffe auszuhalten, keine Geschicklichkeit konnte der
schrecklichsten Ansteckung vorbauen, kein Arzneymittel
sie verjagen.   Den Augenblick, da ein Mensch von
ihr angegriffen wurde, fiel er in eine Verzweiflung,
die ihn ganz unfähig machte, etwas zu seiner Heilung
zu versuchen. Die menschenliebenden Bemühungen mit-
leidiger Freunde waren eben so verderblich für sie selbst,
als unnütz für die unglücklichen Leidenden.   Die ungeheure Menge von Dingen, die sie von dem Lande in
die Stadt gebracht hatten, vergrößerte ihr Elend. Die
mehrsten der Einwohner mußten, aus Mangel an Aufenthalt in kleinen Hütten wohnen, in welchen sie kaum
Athen schöpfen konnten, unterdeß die brennende Hitze
des Sommers das Gift der Seuche noch bösartiger
machte. Todte und Sterbende sah man vermischt durch
einander liegen,   Einige krochen durch die Straßen,
Andre lagen an den Brunnen, wohin sie sich mit vieler
Mühe geschleppt hatten, um den brennenden Durst, welcher sie verzehrte, zu löschen.   Selbst die Tempel waren mit Leichen angefüllt, und jeder Theil der Stadt
zeigte ein schreckliches Bild des Todes, ohne das geringste Mittel fürs Gegenwärtige, oder die geringste
Hoffnung auf die Zukunft.   Sie fiel alles mit solcher
Heftigkeit an, daß die Menschen oft einer über den
andern niederfielen, indem sie über die Straßen giengen.   Dabey war sie mit einem so pestilenzialischen
Dunst begleitet, daß selbst die Raubthiere und Raub-
vögel, welche ausgehungert an den Mauren der Stadt
auflauerten, keinen an dieser Seuche verstorbenen Leichnam berührten.   Selbst an denen, welche wieder auf-
kamen, ließ sie oft unauslöschliche Merkmale ihrer Bös-
artigkeit, durch Verderbniß oder Verstümmelung ihrer
Sinne und Gliedmaßen zurück.   Bey vielen tilgte sie
die vorigen Begriffe und das Andenken voriger Begebenheiten gänzlich aus, so daß sie weder sich selbst, noch

ihre nächsten Angehörigen kannten.   Thucydides,
welcher selbst von dieser Seuche angegriffen war, hat
alle Umstände derselben weitläufig beschrieben; er
bemerkt, unter andern Wirkungen derselben, daß
sie eine ausschweifendere Lebensart in der Stadt eingeführt.   Denn das Volk nahm anfangs seine Zuflucht zu den Göttern, und flehte sie um die Abwen-
dung dieser Plage;   da es aber fand, daß sie Jeden
ohne Unterschied angriff und hinriß, er mochte die Götter verehren oder nicht, so überließ es sich zugleich der
Verzweiflung, und dem ausschweifendsten Leben; dann
da Jeder glaubte, daß er vielleicht kaum bis den andern Tag zu leben habe, so entschloß er sich seine Zeit
und sein Geld so gut zu benutzen, als er nur könnte.
Die Schuld alles dieses Unglücks schob man fast durchgängig auf den Perikles, weil er eine solche Menge
Menschen in die Stadt zusammengepreßt, und dadurch
die Luft verdorben hätte. Aber ungeachtet dieser Niederlage von innen, und der Verwüstungen des Feindes von
außen, blieb er noch immer der Meynung, daß man
seine ganze Hoffnung nicht auf den Ausgang eines Treffens setzen dürfe.   Unterdeß rückte der Feind immer
näher, verheerte das ganze Land, und kehrte endlich,
nachdem er den elenden Atheniensern, die schon durch
Pest und Hungersnoth aufs Aeußerste gebracht waren,
Hohn gesprochen, wieder zurück.

Leichtsinn und Wankelmuth waren herrschende Eigenschaften der Athenienser; diese rissen sie oft plötzlich
zu den äußersten Ausschweifungen hin, und brachten
sie denn eben so bald in die Gränzen der Mäßigung und
Ehrfurcht zurück.   Perikles war lange ihr Abgott
gewesen; die Widerwärtigkeiten des Staats fiengen
endlich an, ihn den Atheniensern verhaßt zu machen; sie
hatten ihm das Kommando der Armee genommen, be-
reuten aber jetzt ihre Uebereilung, und setzten ihn kurz nach-

her, mit mehr als voriger Gewalt, wieder in seine Ehren ein. Durch Leiden zahm gemacht, fiengen sie an,
geduldig ihre häuslichen Widerwärtigkeiten zu ertragen, und von angeborner Liebe für ihr Vaterland gedrungen, baten sie wegen ihrer vorigen Undankbarkeit
um Vergebung. Aber er lebte nicht lange seiner Ehren zu genießen. Er wurde auch von der Seuche befallen, die, gleich einem tückischen Feinde, beym Ab-
schiede den herbsten Streich versetzte. Als er schon in
den letzten Zügen lag, unterredeten sich die vornehmsten Bürger, und diejenigen seiner Freunde, die ihn
nicht verlassen hatten, über den großen Verlust, den
sie durch seinen Tod erleiden würden; sie giengen alle
seine Thaten durch, und berechneten die Menge seiner
Siege. Sie glaubten nicht, daß Perikles auf ihre
Reden merke, da er ganz unempfindlich zu seyn schien;
aber sie irrten sich sehr, kein Wort war ihm entgangen.
„Warum, rief er endlich aus, erhebt ihr doch eine Rei-
„he von Handlungen, an denen das Schicksal den größ-
„ten Antheil hatte? Aber einen Umstand, wünsche
„ich, daß man nicht vergessen mögte, den ihr aber über-
„gangen habt; ich wollte nämlich, daß man es als den
„rühmlichsten Umstand meines Lebens erwähnte, daß
„kein einziger Bürger mir nie vorwerfen können, ich
„habe ihn in Trauer versetzt.„

So starb Perikles, der eine Menge vortrefflicher
Eigenschaften, deren keine der andern im Lichte stand,
vereinigte. Eben so geschickt im Seewesen, als im
Kommando der Armee; eben so geschickt in der Kunst
Geld aufzubringen, als es zu gebrauchen; beredt vor
dem ganzen Volke, und liebenswürdig im Privatle-
ben; war er zugleich ein Gönner und Beförderer der
Künstler, und belehrte sie zugleich durch seinen Geschmack
und sein Beyspiel.

Die merkwürdigste Begebenheit der folgenden Jahre, war die Belagerung der Stadt Platäa durch die Lacedämonier. Dies war eine der berühmtesten Belagerungen des Alterthums, sowohl wegen der eifrigen Anstrengung beider Parthenen als vornehmlich wegen des rühmlichen Widerstandes der Belagerten, und der Kunstgriffe, die sie gebrauchten, der Wuth der Belagerer zu entgehen.

Die Lacedämonier belagerten diesen Ort zu Anfang der dritten Kampagne. So bald sie ihr Lager um die Stadt her aufgeschlagen hatten, um die umherliegende Gegend zu verwüsten, schickten die Platäer Deputirten an den Lacedämonischen General, welche ihm vorstellen mußten, wie ungerecht es sey, feindlich gegen sie zu verfahren, da sie doch vormals von den Lacedämoniern selbst ihre Freyheiten erhalten hätten. Die Lacedämonier erwiederten, es bleibe ihnen nur ein Mittel, sich vor allen feindlichen Begegnungen zu sichern, nämlich, das Bündniß zu erneuern, wodurch sie sich anfänglich ihre Freyheit verschafft hätten; der Atheniensischen Unterstützung zu entsagen, und sich mit den Lacedämoniern zu verbinden, welche Macht und Willen hätten, sie zu schützen. Die Deputirten erwiederten, daß sie unmöglich darüber etwas ausmachen könnten, ohne vorher nach Athen zu schicken, wohin ihre Weiber und Kinder sich in Sicherheit begeben hätten. Die Lacedämonier erlaubten ihnen dies, und da die Athenienser den Platäern feyerlichst versprachen, ihnen mit äußerster Macht zu Hülfe zu kommen, so entschlossen sich die Platäer, lieber das Aeußerste zu dulden, als sich zu ergeben, und machten zu der muthigsten Vertheidigung Anstalt, mit festem Entschluß, sich zu behaupten, oder zu fallen.

Archidamus, der Lacedämonische General, nachdem er die Götter zu Zeugen angerufen, daß er nicht zuerst das Bündniß gebrochen, schickte sich mit gleicher Entschlossenheit zur Belagerung an. Er umgab die

Stadt mit einer Umschanzung von Bäumen, die, mit
den Aesten gegen die Stadt gekehrt, sehr dicht zusam-
mengelegt waren.   Auf diesen Bäumen legt' er Bat-
terien an, und machte also einen Damm daraus, welcher stark genug war, seine Kriegsmaschienen zu tragen. Seine Armee arbeitete siebenzig Tage hinter einander Tag und Nacht ohne Unterlaß, indem die eine
Hälfte der Soldaten immer ausruhte, unterdeß die andre an der Arbeit war.

Als die Belagerten diese Werke um sich her immer
höher emporsteigen sahen, legten sie auf den Mauren der
Stadt eine hölzerne Schanze an, um immer höher zu
stehen, als die Feinde.   Diese Schanze war auswen-
dig mit frischen und trocknen Häuten bedeckt, um sie
vor dem Feuer der Belagerer zu schützen.   Also schienen beide Schanzen mit einander um den Vorzug zu
wetteifern, bis endlich die Belagerten, müde mit dieser
Arbeit länger die Zeit zu verderben, inwendig eine andre Schanze in Gestalt eines halben Mondes aufführ-
ten, hinter welche sie sich zurückziehen könnten, im Fall
die äußeren Werke forcirt würden.

Unterdeß fiengen die Belagerer an, nachdem sie
ihre Kriegsmaschinen bestiegen hatten, die Stadtmau-
ren aufs schrecklichste zu erschüttern; worüber denn die
Bürger zwar in Besorgniß geriethen, aber keineswe-
ges den Muth sinken ließen.   Sie bedienten sich jedes
Mittel, das die Befestigungskunst nur gegen die Bat-
terien der Feinde erfinden konnte.   Sie warfen Schlin-
gen von Stricken um die Köpfe der Mauerwidder, und
schwächten ihre Kraft durch Hebebäume.   Als die Belagerer sahen, daß es nicht so glücklich mit ihrem Angriff von Statten gieng, als sie gedacht hatten, und daß
eine neue Mauer gegen ihre Schanze aufgeführt war,
gaben sie alle Hoffnung auf, die Stadt durch Sturm
erobern zu können.   Sie verwandelten daher die Bela-

gerung in eine Blockade, nachdem ſie ſich vergebens bemüht hatten, die Stadt in Brand zu ſtecken, welcher
gleich durch einen Regen gelöſcht wurde.   Die Stadt
wurde jetzt mit einer Mauer von Ziegeln umgeben, welche die Lacedämonier in gröſſter Geſchwindigkeit aufführ-
ten, und ſie zu gröſſerer Sicherheit auf jeder Seite mit
einem tiefen Graben verſahen.   Die ganze Armee war
abwechſelnd mit dieſer Mauer beſchäfftigt, und als ſie
fertig war, lieſſen ſie eine Wache über die Hälfte derſelben zurück, denn die Böotier erboten ſich, die andre
Hälfte zu bewachen, und darauf gieng das Uebrige der
Armee wieder nach Sparta.

Solchergeſtalt waren die armen Platäer, ohne alle
Hoffnung ſich zu retten, durch eine ſtarke Mauer eingeſperrt, und erwarteten, was der Sieger über ſie be-
ſchließen würde.   Es waren jetzt nur vierhundert Einwohner und achtzig Athenienſer, nebſt hundert und zehn
Weibern, welche ihnen die Speiſen bereiteten, in Platäa, denn alle übrigen, ſo wohl Freye als Sklaven,
waren ſchon vor der Belagerung nach Athen geſchickt.
Alle Hoffnung eines Entſatzes hatten ſie jetzt verloren,
und da ſie auch den äuſerſten Mangel an Lebensmitteln
litten, ſo faßten ſie endlich den Entſchluß, ſich durch den
Feind durchzuſchlagen. Allein die Hälfte von ihnen, zu-
rückgeſchreckt durch die Größe der Gefahr, und die Verwegenheit eines ſolchen Unternehmens, verlor allen Muth,
als es zur Ausführung kommen ſollte; die übrigen aber,
welche etwa zwey hundert und zwanzig Mann ausmachten, beharrten bey ihrem Entſchluß, und entwiſchten auf
folgende Art.   Zuerſt maßen ſie die Höhe der Mauer,
indem ſie die Reihen der Ziegel zählten, aus denen ſie
gebauet war, und dies thaten ſie verſchiednemal, und
brauchten verſchiedne Leute dazu, damit ſie ſich nicht in
der Berechnung irren mögten.   Dies war deſto leichter, da die Mauer der Stadt ſo nahe ſtund, und alſo

jeder Theil derselben deutlich ins Auge fiel. Hiernächst
machten sie Leitern von gehöriger Länge. Nachdem sie
alles zur Ausführung ihres Vorhabens in Bereitschaft
gesetzt hatten, verließen sie die Stadt in einer finstern
Nacht mitten unter Sturm und Regen. Nachdem sie
über den ersten Graben gekommen, näherten sie sich der
Mauer. Die Finsterniß der Nacht machte, daß sie
nicht gesehen, und das Geräusch des Regens und Windes, daß sie nicht gehört wurden; überdem giengen sie
in einiger Entfernung von einander, um das Zusam-
menstoßen der Waffen zu verhindern, welche nur leicht
waren, um desto hurtiger und behender zu seyn; und
eins ihrer Beine war nackend, um in dem nassen Koth
nicht so leicht zu gleiten. Diejenigen, welche die Leitern trugen, legten sie in die Zwischenräumen der Thürme an, wo jetzt, wie sie wußten wegen des Sturms
und Regens keine Wache ausgesetzt war. Alsobald bestiegen zwölf Mann die Leitern, bloß mit einem Pan-
zerhemde und einem Dolch bewaffnet, und giengen gerades Weges, sechs zu jeder Seite, auf die Thürme los.
Ihnen folgten andre, bloß mit Wurfspießen bewaffnet,
damit sie desto leichter hinaufsteigen könnten, und ihre
Schilde wurden ihnen nachgetragen, um sie beym Angriff des Feindes zu gebrauchen. Als sie fast alle schon
die Spitze der Mauer erstiegen hatten, wurden sie durch
das Herabfallen eines Ziegels entdeckt, welchen einer
ihrer Kameraden, indem er sich an der Brustwehr fest-
hielt, losgerissen hatte. Alsobald machten die Thürme Lärm, und die ganze Armee näherte sich der Mauer, ohne, wegen der Finsterniß der Nacht und der Heftigkeit des Sturms, die Ursach des Geschreys zu entdecken. Ueberdem schlugen die in der Stadt zurück ge-
bliebenen zu gleicher Zeit an einer andern Seite Lärm,
um eine Diversion zu machen, so daß der Feind nicht
wußte, wohin er sich wenden sollte, und sich fürch-

tete, seinen Posten zu verlassen. Aber ein Korps de Reserve von drey hundert Mann, welches auf irgend einem unvorhergesehenen Zufall aufbewahrt wurde, verließ die Schanze und eilte dahin, wo man den Lärmen hörte; zu gleicher Zeit wurden nach Theben hin Fackeln ausgehalten, um ihnen zu zeigen, daß sie sich dahin wenden müßten. Allein die in der Stadt, machten, um dieses Zeichen vergeblich zu machen, zugleicher Zeit andre an verschiednen Orten, indem sie schon Fackeln zu diesem Ende auf den Mauren in Bereitschaft hatten. Unterdessen hatten diejenigen, welche zuerst die Mauer erstiegen, sich bereits der beiden Thürme bemächtigt, welche den Zwischenraum, wo die Leitern angesetzt waren, einschlossen; sie machten die darauf befindliche Wache nieder, und postirten sich dahin, um den Uebergang zu schützen, und die Belagerer abzuhalten. Hierauf setzten sie oben auf der Mauer Leitern an, und ließen eine gute Anzahl ihrer Kammeraden zu sich hinauf steigen, um durch ihre Pfeile sowohl diejenigen, die sich dem Fuß der Mauer näherten, als die andern, die den benachbarten Thürmen zueilten, abzuhalten. Während dies geschah, hatten sie Zeit, verschiedne Leitern anzusetzen, und die Brustwehr herunterzuwerfen, damit die übrigen desto bequemer heraufkommen möchten. So bald sie oben waren, stiegen sie auf der andern Seite herab, und näherten sich dem Graben an der Außenseite, um auf die Feinde, die sich etwa sehen ließen, zu schießen. Sobald Alle herüber waren, kamen endlich auch die, welche die Thürme besetzt hatten, herab, um den übrigen gleich über den Graben nachzufolgen. In diesem Augenblick kam die Wache mit drey hundert Fackeln auf sie los. Da aber die Plataer bey diesem Licht ihre Feinde besser sehen konnten, als sie von ihnen gesehen wurden, so konnten sie desto sicherer treffen, und die letzteren kamen also über den Graben, ohne bey dem

Uebergange angegriffen zu werden.   Indeß gesah dies
nicht ohne große Schwierigkeit, weil der Graben über-
gefroren war, und das Eis, wegen des Thauwetters
und starken Regens nicht überhielt.   Der heftige Sturm
aber war ihnen dabey sehr vortheilhaft.   Nachdem sie
alle herüber waren, nahmen sie ihren Weg gegen Theben, um desto besser ihren Rückzug zu verbergen, weil
es nicht wahrscheinlich war, daß sie nach einer feindlichen Stadt hin fliehen würden.   Sie sahen auch gleich,
daß die Feinde ihnen mit Fackeln in den Händen auf
dem Wege, der nach Athen führte, nachsetzten.   Nachdem sie sich sechs bis sieben Stadien weit auf dem The-
banischen Wege gehalten hatten, wandten sie sich auf
einmal um, und nahmen den Weg nach Athen, wo
ihrer denn zwey hundert und zwölfe von zwey hundert
und zwanzigen, die den Ort verlassen hatten, ankamen;
die übrigen waren aus Furcht wieder in die Stadt zu-
rückgeflohen, einen einzigen Bogenschützen ausgenommen, der an dem Rande des äußersten Gra-
bens den Feinden in die Hände gefallen war.   Diese
kehrten, nachdem sie ihnen vergebens nachgesetzt, wieder in ihr Lager zurück.   Unterdessen glaubten die in
der Stadt zurückgebliebenen Plateer, daß alle ihre
Kameraden niedergehauen wären, (denn die Zurück-
geflohenen versicherten dies, um sich zu rechtfertigen) und schickten daher einen Herold ab, der um die
Auslieferung der todten Leichname bitten mußte; worauf sie denn die wahre Beschaffenheit der Sache erfuhren.

Am Ende der folgenden Kampagne ergaben sich endlich die Plateer, die keinen Bissen mehr zu leben hatten, auf die Bedingung, daß sie nicht eher gestraft
würden, bis ihre Sache nach der Form Rechtens un-
tersucht und entschieden wäre.   Fünf Bevollmächtigte
kamen also zu diesem Ende von Sparta, und diese,

ohne ihnen irgend ein Verbrechen Schuld zu geben, fragten ſie bloß, ob ſie den Lacedämoniern und ihren Bundsgenoſſen in dieſem Kriege auch irgend eine Hülfe geleiſtet
hätten. Die Platäer wurden durch dieſe Frage ſo ſehr
beſtürzt, als in Verlegenheit geſetzt, und merkten bald,
daß ſie ihnen von den Thebanern, ihren erklärten Feinden, die ihnen den Untergang geſchworen, eingegeben
war. Sie erinnerten daher die Lacedämonier an die
Dienſte, die ſie ſo wohl in dem Treffen bey Artemi-
ſium, als in dem bey Platäa, den Griechen überhaupt gethan, und den Lacedämoniern ins beſondre zur
Zeit des Erdbebens, und der gleich darauf erfolgenden
Empörung ihrer Sklaven. Der einzige Grund, ſagten ſie, warum ſie ſich nachmals mit den Athenienſern
verbunden, ſey kein andrer geweſen, als um ſich gegen
die Feindſeligkeiten der Thebaner zu ſchützen, gegen welche ſie die Lacedämonier vergebens um Beyſtand angerufen. Wenn man ihnen alſo dasjenige zum Verbrechen anrechnen wolle, was bloß ihr Unglück ſey, ſo dürfe es doch das Andenken ihrer vorigen Dienſte nicht
gänzlich auslöſchen. „Werft eure Augen, ſagten ſie,
„auf die Denkmäler eurer Vorfahren, die ihr hier ſehet,
„denen wie jährlich alle die Ehren erwieſen, die nur
„den Andenken der Verſtorbnen erwieſen werden können.
„Ihr fandet es für gut, ihre Gebeine uns anzuvertrau-
„en, uns, die wir Augenzeugen ihrer Tapferkeit wa-
„ren. Und doch wollt ihr jetzt ihre Aſche ihren Mör-
„dern überlaſſen; indem ihr uns den Thebanern über-
„antwortet, welche in der Schlacht bey Platäa gegen
„ſie fochten? Wollt ihr eine Provinz in Sklaverey
„hingeben, wo Griechenland ſeine Freyheit erwarb?
„Wollt ihr die Tempel derjenigen Götter zerſtören, de-
„nen ihr den Sieg verdanktet? Wollt ihr das Gedächt-
„niß ihrer Erbauer vertilgen, die ſo viel zu eurer Ret-
„tung beytrugen? Bey dieſer Gelegenheit, wir dür-

„fens wagen das zu sagen, ist unsre Erhaltung unzer-
„trennlich von eurem Ruhm, und ihr könnt unmög-
„lich eure alten Freunde und Wohlthäter dem ungerech-
„ten Haß der Thebaner preiß geben, ohne ewige Schan-
„de für euch selbst.„

Man sollte glauben, diese gerechten Vorstellungen
hätten einigen Eindruck auf die Lacedämonier machen
müssen; allein die Antwort, welche die Thebaner hierauf gaben, und welche in den übermüthigsten und bittersten Ausdrücken gegen die Plataer abgefaßt war, vermogte mehr über sie; und über dem hatten sie ihre In-
struktion von Sparta mitgebracht. Sie blieben daher bey ihrer ersten Frage: ob die Plataer ihnen während des Krieges einige Hülfe geleistet hätten? und
indem sie dieselben einen nach dem andern vorüber gehen ließen, und Jeder besonders die Frage mit Nein
beantwortete, ward er auf der Stelle niedergehauen;
so das kein einziger davon kam. Etwa zwey hundert wurden auf diese Art ums Leben gebracht, und fünf und
zwanzig Athenienser, die sich unter ihnen befanden, hatten ein gleiches Schicksal. Ihre Weiber, die ihnen in
die Hände fielen, machten sie zu Sklavinnen. Die Thebaner bevölkerten darauf die Stadt mit Verbannten von
Megara und Platäa, im folgenden Jahr aber zerstörten sie dieselbe gänzlich. Solchergestalt opferten die
Lacedämonier, in der Hoffnung große Vortheile von
den Thebanern einzuerndten, die Plataer ihrer Feindseligkeit auf, drey und neunzig Jahre nach ihrem ersten
Bunde mit den Atheniensern.

Ich übergehe verschiedne besondere Vorfälle der folgenden Kampagne, in welcher die Griechischen Staaten wechselsweise einander zu Grunde richteten, ohne gemeinschaftliche Glückseligkeit zu befördern, oder eine gemeinschaftliche Staatsverfassung einzuführen. Die Wage des Glücks neigte sich bald auf die eine, bald auf die

andre Seite. Die Athenienſer nahmen den Lacedämoniern die Stadt Pylus; und dieſe thaten hingegen jährliche Einfälle in Attika. Mehr als ein Friedensantrag
wurde gethan, aber Kleon, welcher ſehr großen Einfluß
über die Athenienſer hatte, bewegte ſie, ſo unbillige Bedingungen zu fodern, daß nichts zu Stande kam. Der
Krieg ward alſo mit aller vorigen Feindſeligkeit erneuert.   Die Inſel Pylus wurde nun der Kampfplatz.
Demoſthenes, aber nicht der nachmals ſo berühmte
Redner, war des Kleon Gehülfe im Kommando,
und landete auf der Inſel, um die Lacedämonier, die
noch da waren, zu vertreiben.   Sie griffen den Feind
mit großem Muth an, jagten ihn von einem Poſten zum
andern, gewannen immer mehr Grund, und zwangen
ihn endlich bis an die äußerſte Spitze der Inſel.   Die
Lacedämonier hatten ein Fort geſtürmt, das man für
unzugänglich hielt.   Hier zogen ſie in Schlachtordnung
auf, nur gegen die Seite gekehrt, wo ſie angegriffen
werden konnten, und vertheidigten ſich, wie ſo viele Löwen.   Als das Treffen den größten Theil des Tages
gedauert hatte, und die Soldaten vor Hitze und Müdigkeit erliegen und vor brennendem Durſt verſchmach-
ten wollten, wandte ſich der General der Meſſenier an
den Kleon und Demoſthenes, und ſtellte ihnen
vor, daß alle ihre Bemühungen vergebens ſeyn würden,
wofern ſie dem Feinde nicht in den Rücken fielen; zugleich verſprach er, wenn ſie ihm nur einige Truppen,
mit Wurfgewehr bewaffnet, überlaſſen wollten, ſich alle
Mühe zu geben, um einen Durchgang zu finden. Dies
geſchah; er und ſein Gefolge erſtiegen gewiſſe ſteile, ab-
hande Oerter, die nicht beſetzt waren, worauf ſie un-
bemerkt bis in das Fort herabkamen, und ſich plötzlich
den Lacedämoniern im Rücken zeigten, welches auf einmal ihren Muth gänzlich niederſchlug, und bald den
Athenienſern völligen Sieg verſchaffte. Sie thaten zwar

noch schwachen Widerstand, aber überwältigt durch die Menge der Feinde, angegriffen von allen Seiten, und niedergeschlagen durch Müdigkeit und Verzweiflung, fiengen sie bald an zu weichen: Die Athenienser aber bemächtigten sich aller Ausgänge und schnitten ihnen den Rückzug ab. Kleon und Demosthenes, welche einsahen, daß, wenn das Gefecht länger fortdauerte, kein Mann von ihnen entwischen würde, und sie gern lebendig nach Athen bringen wollten, gaben ihren Leuten Befehl aufzuhören, und ließen durch einen Herold den Feinden ankündigen, daß sie die Waffen niederlegen und sich auf Discretion ergeben sollten. Bey diesen Worten senkten die mehrsten ihre Schilde, und schlugen zum Zeichen des Beyfalls mit den Händen zusammen. Eine Art von Waffenstillstand ward verabredet, und ihr Befehlshaber bat um Erlaubniß, einen Boten in das Lager abzuschicken, um den Entschluß der Generale zu erfahren. Dies ward ihnen nicht zugestanden; sie schickten also Herolde ab, denen sie erlaubten, Alles zu bewilligen, wenn der Feind nur nicht verlange, daß sie sich schimpflichen Bedingungen unterwerfen sollten. Nach verschiednem Hin- und Herschicken ergaben sie sich auf Discretion, und wurden bis auf den nächsten Tag eingesperrt gehalten. Dann errichteten die Athenienser ein Siegszeichen, übergaben den Lacedämonier ihre Todten, und schifften nach Athen zurück, nachdem sie die Gefangenen auf ihre Schiffe vertheilt, und den Hauptleuten der Galeeren aufgetragen hatten, für ihre Bewachung zu sorgen. In diesem Treffen blieben hundert acht und zwanzig Lacedämonier von vierhundert und zwanzigen, welches vorher ihre Anzahl war, so daß nicht volle drey hundert am Leben blieben, von welchen hundert und zwanzig Einwohner der Stadt Sparta waren. Die Eroberung der Insel (von dem ersten Angriff angerechnet, und die Zeit der letzten Unterhand-

lung einbegriffen) hatte zwey und ſiebzig Tage gedaüert.
Kleons Verſprechen, ſo eitel und unüberlegt es geſchienen hatte, ward alſo wörtlich erfüllt. Der Umſtand aber,
welcher am meiſten in Verwunderung ſetzte, war die
Kapitulation der Spartaner; denn man hatte geglaubt,
daß ſie, weit entfernt ihre Waffen zu übergeben, lieber
mit dem Degen in der Fauſt ſterben würden.

Nachdem ſie alſo zu Athen angekommen waren,
kündigte man ihnen an, daß ſie ſo lange als Gefangene da bleiben ſollten, bis ein Friede geſchloſſen ſey, wofern nur die Lacedämonier keine Einfälle ins Athenienſiſche Gebiet thäten; in welchem Falle ſie zuſammen hingerichtet werden ſollten. In Pylus ließ man eine Beſatzung zurück. Die Meſſenier von Naupaktus, die
es vorher im Beſitz gehabt hatten, ſchickten die Blüthe
ihrer Jugend dahin, welche die Lacedämonier durch ihre
Einfälle ſehr beunruhigten; und da dieſe Meſſenier die
Landesſprache redeten, ſo bewogen ſie eine große Menge von Sklaven, ſich mit ihnen zu vereinigen. Die
Lacedämonier, welche ein noch größeres Uebel fürchteten, ſchickten verſchiedne Deputationen nach Athen,
die aber nichts ausrichteten; denn die Athenienſer waren zu ſehr über ihr Glück, beſonders über ihren letzten
Sieg aufgeblaſen, als daß ſie den billigſten Bedingungen hätten ſollen Gehör geben. Zwey bis drey Jahre
hintereinander alſo wurden die Feindſeligkeiten mit abwechſelnden Glück fortgeſetzt, und nichts als die gänzliche
Demüthigung des einen oder andern der beiden wetteifernden Staaten konnte den Streit entſcheiden. Die
Athenienſer bemeiſterten ſich der Inſel Cythere, wurden aber dagegen von den Lacedämoniern bey Delium
geſchlagen. Endlich fiengen beide Nationen an, eines
Krieges müde zu werden, der ihnen große Koſten verurſachte, und gar keinen wahren Vortheil verſchaffte.
Es ward alſo ein Stillſtand auf ein Jahr zwiſchen ihnen

nen geschlossen, welcher dann zu einer dauerhafteren Aussöhnung den Weg bahnete.   Der Tod der beiden Generale, welche die gegenseitigen Armeen kommandirten,
trug nicht wenig bey, diese zu beschleunigen.   Brasidas, der Lacedämonier, kam bey einem Ausfall ums
Leben, als er in Amphipolis belagert würde; und
Kleon, der Athenienser, wurde, weil er den schwä-
cheren Feind geringschätzte, unvermuthet überfallen,
und indem er sich durch die Flucht zu retten suchte,
durch einen Soldaten, der ihm begegnete, niedergemacht.   Also fielen diese beiden Männer, die sich lange der Ruhe Griechenlandes widersetzt, und sich, aber
auf ganz verschiednem Wege, berühmt zu machen gesucht hatten, ein Opfer ihres Ehrgeizes.

Sie waren Männer von ganz entgegengesetztem Charakter. Brasidas hatte Muth und Kriegswissenschaft,
Mäßigung und Redlichkeit; und er allein wars, der
um diese Zeit den sinkenden Ruhm seines Vaterlandes
aufrecht erhielt. Er war der einzige Spartaner, seit dem
Pausanias, der sich mit irgend einem festgesetzten Ansehen unter den Bundsgenossen zeigte, gegen die er sich so
wohl betrug, daß sie Sparta wieder für ihr Oberhaupt
erkannten; und verschiedne Städte unterwarfen sich ihm,
als ihrem gemeinschaftlichen Befreyer von der Tyranney
der Athenienser.   Die Einwohner von Amphipolis
verbanden sich nicht nur mit den übrigen Bundsgenossen, sein Begräbniß öffentlich aufs feyerlichste zu bege-
hen, sondern sie stifteten auch jährliche Spiele und Opfer zu seinem Andenken, als dem Andenken eines Halb-
gottes; und sahen ihn so sehr als ihren wahren Stifter
an, daß sie alle Denkmäler zerstörten, die zum Andenken ihres Atheniensischen Ursprungs errichtet waren.
Seine Widersetzung gegen den Frieden war nicht Wirkung seiner Hartnäckigkeit, sondern vielmehr eines wahren Spartanischen Eifers für die Ehre seines Vaterlan-

N

des, welchem die Athenienser, seiner Ueberzeugung nach,
gar zu übermüthig und verächtlich begegnet waren. Er
hatte jetzt die schönsten Aussichten, sie zur Vernunft zu
bringen, indem er immer mehr festen Fuß gegen sie gewann, und täglich neue Vortheile erhielt. Und doch,
so sehr ihn der Ruhm, große Thaten zu thun, entzücken mogte, scheint doch das Hauptziel seines Ehrgeizes
kein andres gewesen zu seyn, als ein glückliches Ende
des Krieges. Ich darf hier die edle Antwort nicht vergessen, die seine Mutter denen gab, die ihr die Nachricht seines Todes brachten. Als sie sie fragte, ob er
rühmlich gestorben, brachen sie natürlicher Weise in
Lobpreisungen seiner großen Thaten und seiner persönlichen Tapferkeit aus, und zogen ihn allen andern Generalen seiner Zeit vor. „Ja, sagte sie, mein Sohn
„war ein tapfrer Mann; aber Sparta hat noch viel
„Bürger, die tapfrer sind, als er.„

Kleon war eine ganz andre Art von Menschen.
Er war unüberlegt, übermüthig und hartnäckig, zank-
süchtig, neidisch und boshaft, habsüchtig und feil; und
doch besaß er bey allen diesen schlechten Eigenschaften,
einige kleine Künste sich bey dem Volke beliebt zu machen, die ihn empor brachten und stützten. Er macht'
es zu seinem Geschäfft, sich bey alten Greisen einzuschmeicheln, und so sehr er das Geld liebte, half er doch
oft den Armen aus der Noth. Er hatte einen immer
fertigen Witz, und ein possenhaftes Wesen, welches
zwar Manchen einnahm, von den mehrsten aber für Un-
verschämtheit und Buffonnerie gehalten wurde. Einen
sehr feinen Kunstgriff gebraucht' er, sich zu empfehlen,
daß er nämlich, so bald er mächtig geworden war, alle seine alten Freunde entfernte, damit man nicht glauben möchte, er würde sich von ihnen lenken lassen. Zu
gleicher Zeit zog er statt ihrer einen niederträchtigen

Schwarm von Ohrenbläsern und Fuchsschwänzern an
sich, und erniedrigte sich zu den kriechendsten Schmei-
chelenen gegen den Auswurf des Pöbels; und doch hatte selbst dieser eine so schlechte Meynung von ihm, daß
er sich oft für den Nicias, seinen geschwornen Feind,
erklärte; welcher es zwar mit dem Adel hielt, aber sich
doch auch bey dem Volk in Gunst zu erhalten suchte,
und eines allgemeineren Ansehens genoß.   Das, worauf Kleon sich hauptsächlich stützte, war seine Beredtsamkeit; aber sie war polternd, wortreich und muthwil-
lig, und bestand mehr in der Heftigkeit seines Styls
und seiner Aussprache, in gewaltsamen Gebehrden und
Verdrehungen des Körpers, als in der Stärke seiner
Gründe und Schlüsse.   Durch seine ungestüme, un-
bändige Art öffentlich zu reden, führt' er bey den Red-
nern eine Ausgelassenheit und Unanständigkeit ein, wovon man vorher nichts wußte, und die nachher zu manchen ausschweifenden und unordentlichen Verfahren in
den Versammlungen des Volks Anlaß gab, da fast
nichts ohne Lärm und Tumult durchgesetzt wurde.   In
seinen kriegerischen Geschäfften war er eben so wunder-
lich und unbesonnen, als in seinem ganzen übrigen Verhalten.   Er war von Natur nicht zum Kriege gemacht,
und bediente sich desselben nur als eines Deckmantels seiner schlechten Handlungen, und weil er seine übrigen Absichten ohne demselben nicht durchsetzen konnte.   Die
Eroberung des Forts Sphakteria war gewiß eine
große Handlung, aber sie war auch sehr übereilt und
tollkühn; und er wurde, ohne seine Absicht, durch eine Großprahlerey dazu gezwungen.   Indeß blies ihn
das Glück dieses Feldzuges so sehr auf, daß er sich selbst
für einen großen General hielt, und das Volk glaubte
nun eben dasselbe. Allein der Erfolg öffnete ihm die Augen, und überzeugt es, daß er geschickter sey, eine bürgerliche Versammlung, als eine Armee anzuführen.

In der That aber konnte man ſich weder hier noch dort
auf ihn verlaſſen.   Denn hier war er mehr ein Groß-
prahler, als ein Soldat, dort mehr ein Mordbrenner
als ein Patriot.

Die Lacedämonier waren nicht weniger zum Frieden geneigt, als die Athenienſer, und freuten ſich, jetzt
in Unterhandlungen treten zu können, da ſie es mit Ehren thun konnten.   Ueberdem lag ihnen nichts mehr am
Herzen, als ihre auf der Inſel Pylus den Athenienſern in die Hände gefallenen Gefangenen, weil dieſe ihre vornehmſten Bürger waren.   Einer ihrer wichtigſten
Bewegungsgründe aber war, daß der Stillſtand, welchen ſie mit Argos auf dreyßig Jahre geſchloſſen, jetzt
eben zu Ende gieng.   Dies war eine ſtarke und blühen-
de Stadt, und wiewohl ſie es für ſich allein mit den
Spartanern nicht aufnehmen konnte, ſo wußten dieſe
doch, daß ſie ganz und gar nicht zu verachten ſey, und
daß ſie mit ihren Nachbarn in gar zu gutem Vernehmen ſtünde, als daß ſie nicht fähig ſeyn ſollte, ihnen
viel zu ſchaffen zu machen.   Nachdem man den größten Theil des Winters hindurch von beiden Seiten über
die Sache unterhandelt und geſtritten hatte, ſtreuten die
Lacedämonier, um den Frieden endlich zu Stande zu
bringen, aus, daß ſie willens wären, ſo bald es die
Jahrszeit erlaubte, ſich in Attika einzuſchanzen. Dies
machte denn die Athenienſer billiger in ihren Foderun-
gen, und ſo ward zwiſchen beiden Staaten und ihren
Bundsgenoſſen, im zehnten Jahre des Krieges, ein
J.d.W. Friede auf funfzig Jahre geſchloſſen.   Die vornehm-
3562 ſten Artikel deſſelben waren, daß die Garniſonen abzie-
hen, und die Städte und Gefangenen von beiden Seiten wieder herausgegeben werden ſollten.   Man nannte
ihn den Frieden des Nicias, weil Nicias, welcher
gerade das Gegentheil ſeines Nebenbuhlers Kleon war,
ihn vornehmlich zu Stande gebracht hatte.   Außer der

zärtlichen Bekümmerniß, die er immer für sein Vaterland bewies, hatte er auch das persönliche Interesse dabey, seinen Ruhm dadurch sicher zu stellen. Denn er
hatte verschiedne Feldzüge gethan, und war zwar dar-
inne immer glücklich gewesen, sahe aber wohl ein, wie
viel er dabey seinem günstigen Schicksal und seinem vorsichtigen Verfahren zu danken habe, und wollte also
nicht gern das, was er bereits gewonnen hatte, gegen
die Hoffnung noch mehr zu gewinnen, aufs Spiel setzen.

Zehnter Abschnitt.

Von dem Frieden des Nicias bis auf das Ende des Peloponnesischen Krieges.

Alles versprach jetzt Wiederherstellung der vorigen Ruhe. Die Böotier und Korinthier aber waren die
ersten welche Merkmale ihrer Unzufriedenheit äußerten,
und sich alle mögliche Mühe gaben, neue Unruhen zu
erregen. Um allen Gefahren von dieser Seite her vorzubauen, verbanden sich die Athenienser und Lacedämonier durch ein Offensiv- und Defensiv-Bündniß,
welches sie nicht allein den benachbarten Staaten furchtbarer, sondern auch in Rücksicht auf einander selbst
sichrer machte. Allein die vorige Erbitterung und Eifersucht war noch immer nicht ganz abgegährt, und während daß Freundschaft auf der Oberfläche gleißte, samm-
lete die inwendig verborgene Unzufriedenheit neue Nahrung. Nicias war freylich ein friedliebender Mann,
und er that Alles was in seinen Kräften stand, die Athenienser zu überreden, daß sie die allgemeine Ruhe aufs
sorgfältigste zu erhalten suchen mögten. Aber ein neuer Friedensstörer fieng jetzt an aufzutreten, und von ihm
hatten diejenigen, welche Frieden wünschten, Alles zu
befürchten. Dies war kein andrer, als der berühmte
Alcibiades, der Schüler des Sokrates, ein Jüng-

J. d. W.
1562

ling, der ſich ſo ſehr durch die Schönheit ſeiner Perſon als durch ſeine großen Geiſtesgaben auszeichnete.

Seine genaue Vertraulichkeit mit dem Sokrates gehört unter die merkwürdigſten Umſtände ſeines Lebens. Dieſer Philoſoph, welcher vortreffliche natürliche Fähigkeiten an ihm bemerkte, die beſonders durch Schönheit ſeiner Perſon ſehr erhoben wurden, gab ſich unglaubliche Mühe, eine ſo ſchätzbare Pflanze zu ziehen, damit ſie nicht, durch Vernachläßigung, vom Unkraut erſtickt werden, oder gänzlich ausarten mögte. Und in der That war Alcibiades unzähligen Gefahren ausgeſetzt: ſeine vornehme Herkunft, ſeine großen Reichthümer, das Anſehen ſeiner Familie, der Kredit ſeiner Aufſeher, ſeine perſönliche Talente, ſeine ausnehmende Schönheit, und mehr als alles dieſes, die Schmeicheley und Gefälligkeit Aller, die ſich ihm näherten. Man hätte ſchließen ſollen, ſagt Plutarch, daß das Schickſal ihn mit allen dieſen vorgeblichen Vortheilen, als mit ſo vielen Schanzen und Bollwerken, verſehen und umgeben, um ihn gegen alle Pfeile der Philoſophie unzugänglich und unverletzlich zu machen, dieſe wohlthätigen Pfeile, welche ins Innerſte des Herzens dringen, und die ſtärkſten Reizungen zur Tugend und zum wahren Ruhm in demſelben zurücklaſſen. Aber eben dieſe Hinderniſſe verdoppelten nur den Eifer des Sokrates. Ungeachtet der ſtärkſten Bemühungen, die man anwandte, dieſen jungen Athenienſer von einem Umgange abzuziehen, welcher allein fähig war, ihn vor ſo vielen Fallſtricken zu ſichern, weihte er ſich ihm gänzlich. Er hatte den unbegränzteſten Witz; er erkannte vollkommen die außerordentlichen Verdienſte des Sokrates, und konnte dem Zauber ſeiner ſüß einſchmeichelnden Beredtſamkeit nicht widerſtehen, welche damals eine größere Macht über ihn hatte, als die Anlockungen des Vergnügens. Er war ein ſo eifriger

Schüler dieses großen Lehrers, daß er ihm aller Orten
nachfolgte, das größte Vergnügen in seiner Gesellschaft
fand, über seine Grundsätze ein ausnehmendes Wohlge-
fallen bezeugte, seine Lehre, und selbst seine Verweise
mit bewundernswürdiger Gelehrigkeit annahm, und
durch seine Reden so sehr gerührt wurde, daß er sogar
oft Thränen vergoß und sich selbst verabscheuete; so viel
Gewalt hatte die Wahrheit im Munde des Sokrates,
und in einem so gehässigten Lichte stellt' er die Laster
dar, denen Alcibiades ergeben war. Alcibiades
war in diesen Augenblicken, da er auf Sokrates Lehren horchte, sich selbst so sehr unähnlich, daß er ein ganz
andrer Mensch zu seyn schien. Indessen stürzte sein un-
bändig feuriges Temperament, und seine natürliche Liebe zum Vergnügen, welche durch die Reden und den
Rath junger Leute noch mehr geschärft und entflammt
wurde, ihn bald wieder in seine vorigen Ausschweifungen, und riß ihn mit Gewalt gleichsam von seinem
Herrn weg, welcher sich denn genöthigt sah, ihn als
einen vor der Zuchtruthe entflohenen Sklaven zu verfolgen. Diese Abwechselung von Flucht und Wiederkehr,
von tugendhaften Entschließungen und Rückfällen ins
Laster, dauerten sehr lange; aber Sokrates ließ sich
durch seinen Leichtsinn nicht abschrecken, und schmei-
chelte sich noch immer mit der Hoffnung, ihn zu seiner
Pflicht zurückzubringen; und hieraus entsprang ohn-
streitig die starke Mischung von Guten und Bösen, die
sich immer in seinem Verhalten zeigte; indem manch-
mal die guten Grundsätze, die sein Lehrer ihm einge-
flößt hatte, die Oberhand behielten, oft aber das Feuer
seiner Leidenschaften ihn, gewissermaßen wider seinen
eignen Willen, zu Dingen von ganz entgegengesetzter
Natur fortriß. Unter den verschiednen Leidenschaften,
die sich bey ihm äußerten, war die stärkste und herrschende ein stolzer Geist, der Alles zwingen wollte sich ihm

zu unterwerfen, und keinen über oder nur neben sich leiden konnte.   Wiewohl seine Geburt und seine ungewöhnlichen Talente ihm zu den höchsten Stellen in der
Republik den Weg bahnten, so wollt' er doch nichts an-
derm den Kredit und das Ansehen, welches er bey dem
Volk zu haben wünschte, so gern zu verdanken haben,
als der Gewalt seiner Beredtsamkeit, und der hinreis-
senden Annehmlichkeit seiner Reden.   Hierzu konnt'
ihm sein vertrauter Umgang mit dem Sokrates sehr
behülflich seyn.

Mit solchen Eigenschaften, als wir hier beschrieben haben, war Alcibiades nicht zur Ruhe geboren,
und hatte daher alle Triebfedern in Bewegung gesetzt,
um den neuerlich zwischen beiden Staaten geschlossenen
Frieden zu hintertreiben; da ihm dieses aber nicht gelingen wollen, so bemüht' er sich jetzt, ihn wieder zu
brechen.   Er hatte einen Unwillen wegen die Lacedämonier, weil sie sich bloß an den Nicias wandten,
von dem sie eine sehr hohe Meynung hegten; und, im
Gegentheil, ihn gar nicht zu achten schienen, da seine
Vorfahren doch das Recht der Gastfreundschaft unter ihnen genossen hatten. Das erste, was er zu Beeinträch-
tigung des Friedens that, war, daß er den Argivern,
als er Nachricht erhielt, sie warteten nur auf eine Gelegenheit, mit den Spartanern, welche sie eben so sehr
haßten als fürchteten, zu brechen, unter der Hand Hoffnung machte, die Athenienser würden ihnen zu Hülfe
kommen, weil sie nichts mehr wünschten, als einen Frieden zu brechen, der ihnen auf keine Weise vortheilhaft
wäre.   Dem zufolge ergriff er diese Gelegenheit, gebrauchte den Vorwand, die Lacedämonier wären bey
dem letztern Vergleich nicht aufrichtig zu Werke gegangen, und suchte dadurch das Volk sowohl gegen sie, als
den Nicias, aufzubringen. Dies gelang ihm so gut,
daß Alles zu einem Traktat mit Argos geneigt zu seyn

ſchien. Die Lacedämonier, welche nichts mehr fürchteten, als dies, ſchickten ſogleich Geſandten nach Athen,
welche gleich anfangs ſagten, welches denn ſehr befriedigend ſchien, ſie kämen mit uneingeſchränkter Vollmacht,
alle ſtreitigen Punkte auf gleichmäßige Bedingungen
beyzulegen. Der Senat hörte ihre Vorſchläge an, und
das Volk ſollte ſich am folgenden Tage verſammlen, um
ſich die Sache von ihnen vortragen zu laſſen. Unterdeſſen hatte Alcibiades, welcher beſorgte, daß dieſe
Unterhandlung ſeine Entwürfe vereiteln mögte, eine
geheime Zuſammenkunft mit den Geſandten, und überredte ſie, unter dem Schein der Freundſchaft, dem Volke nicht gleich bekannt zu machen, welche Vollmacht
ihnen ihr Staat gegeben, ſondern zu ſagen, ſie kämen
bloß zu unterhandlen und Vorſchläge zu thun; denn
ſonſt würden die Athenienſer übermüthig in ihren Fode-
rungen werden, und ihnen ſo unbillige Bedingungen
vorſchreiben, die ſie mit Ehren nicht unterſchreiben könnten. Er ſchmeichelte ſich durch die anſcheinende Klugheit und Ehrlichkeit dieſes Raths ſo ſehr bey ihnen ein,
daß er ſie von dem Nicias abwendig machte, und
ſich ihr ganzes Zutrauen erwarb. Den folgenden Tag,
als das Volk verſammelt, und die Geſandten vorgeführt
waren, fragte Alcibiades ſie mit der freundſchaftlich-
ſten Miene, mit was für Vollmacht ſie gekommen wären? Sie antworteten, daß ſie keine unbedingte Vollmacht hätten. Hierauf nahm er gleich eine andre Stimme und Miene an, ſchalt ſie für offenbare Lügner, und
fragte das Volk, wie man wohl mit Leuten Unterhandlungen pflegen könne, denen ſo wenig zu trauen wäre.
Das Volk ſchickte voller Wuth die Geſandten fort, und
Nicias, der nichts von dem Betruge wußte, war
äußerſt beſtürzt und beſchämt. Um ſeinen Kredit wieder herzuſtellen, that er den Vorſchlag, daß man ihn
nach Sparta abſchicken mögte; da er aber nicht im

Stande war, solche Bedingungen daselbst auszuwirken,
als die Athenienser verlangten, so schlossen sie, gleich
nach seiner Rückkehr, ein Bündniß mit den Argivern
auf hundert Jahr, die Elder und Mantinäer eingeschlossen, welches zwar nicht ausdrücklich den Frieden mit den
Lacedämoniern aufhob, aber doch offenbar, der ganzen
Absicht nach, gegen sie gerichtet war. Nach diesem
neuen Bündnisse ward Alcibiades zum General ernannt; und wiewohl seine beßten Freunde die Art, wie
er seine Entwürfe zu Stande gebracht hatte, nicht billigen konnten, so sah man es doch als einen großen
Kunstgriff der Politik an, also fast den ganzen Peloponnes zu trennen und zu erschüttern, und den Krieg
so weit von den Athenienischen Gränzen zu entfernen,
daß selbst der glücklichste Sieg den Feinden nur wenig
nützen, hingegen eine erlittene Niederlage für Sparta
selbst sehr gefährlich seyn würde.

Dieser Abfall der Bundsgenossen weckte aufs neue
die Eifersucht der Spartaner, und sie beschlossen daher,
dem Uebel abzuhelfen, eh' es gar zu weit um sich gegrif-
fen hätte. Sie marschierten mit ihrer ganzen Macht,
sowohl Bürger als Sklaven, 'aus, und lagerten sich,
nachdem ihre Bundsgenossen zu ihnen gestoßen waren,
fast unter den Mauren von Argos. Sobald die Argiver von ihrer Annäherung Nachricht erhielten, machten sie alle mögliche Zurüstungen, und rückten, mit festem Entschluß ihnen ein Treffen zu liefern, gegen sie
heraus. Aber eben da sie im Begriff waren zu schlagen, giengen zween ihrer Officiere zu dem Agis, dem
König und General der Spartaner, hinüber, und thaten ihm den Vorschlag, die Sache durch Schiedsrichter auszumachen. Er ließ sich sogleich dieses Anerbieten gefallen, bewilligte ihnen dem zufolge einen Stillstand auf vier Monate, und zog mit seiner Armee ab;
so daß diese ganze Sache bloß durch diese drey Män-

ner, ohne allgemeine Einwilligung oder Mitwiſſen, weder von Spartaniſcher noch Argiviſcher Seite, beſchloſſen war. Die Peloponneſier, wiewohl ſie des Agis Befehl gehorchen mußten, waren aufs äußerſte gegen ihn aufgebracht, daß er eine ſo vortheilhafte Gelegenheit aus den Händen gelaſſen, dergleichen ſie nie wieder zu finden hoffen könnten. Denn ſie hatten wirklich den Feind von allen Seiten eingeſchloſſen, und das noch dazu mit der beßten, wo nicht der größten Armee, die ſe ins Feld gebracht war. Und die Argiver beſorgten ſo wenig Gefahr auf ihrer Seite, daß ſie nicht weniger gegen ihre Vermittler aufgebracht waren; deren einen ſie zwangen zu den Altären der Götter Zuflucht zu nehmen, um ſein Leben zu retten, und ſeine Güter confiſcirten.

Solchergeſtalt ſchien Alles die Athenienſer zu begünſtigen; und ihr Glück. — Denn dies war die blühendſte Periode, welcher ihr Staat je genoſſen — verblendete ſie ſo ſehr, daß ſie ſich feſt einbildeten, keine Macht ſey im Stande, ihnen zu widerſtehen. In dieſer Gemüthsverfaſſung entſchloſſen ſie ſich, die erſte Gelegenheit zu ergreifen, die Inſel Sicilien ihrer Herrſchaft zu unterwerfen, und es bot ſich ihnen bald eine erwünſchte Gelegenheit an. Die Egeſtaner nämlich, ihre Bundsgenoſſen, ſchickten Geſandten an ſie, und ſprachen ſie um Beyſtand gegen die Sellinuter an, denen die Syrakuſaner beyſtanden. Dies geſchahe im ſechszehnten Jahre des Peloponneſiſchen Krieges. Sie ſtellten unter andern vor, daß, wenn man ſie im Stiche ließe, die Syrakuſaner ihre Stadt, wie vorher die Stadt Leontium, erobern, denn ſich ganz Siciliens bemächtigen, und hernach nicht unterlaſſen würden, den Peloponneſiern, ihren Stiftern, beyzuſtehen; und damit ſie ſo wenig Koſten, als möglich, von dieſem Kriege haben mögten, erboten ſie ſich, die Trup-

pen, die man ihnen zu Hülfe ſchicken würde, zu beſol-
den. Die Athenienſer, welche lang' auf eine Gelegenheit
ſich zu erklären gewartet hatten, ſchickten Deputirten
nach Egeſta, um den Zuſtand der Sachen zu unterſuchen, und zu ſehen, ob ihr Schatz mit Gelde genug
verſehen wäre, um die Koſten eines ſo großen Krieges
auszuhalten. Die Egeſtaner waren liſtig genug geweſen, von den benachbarten Nationen eine große Menge goldner und ſilberner Gefäße aufzuborgen, die eine
unermeßliche Summe Geldes werth waren, und dieſe
zeigten ſie vor, als die Athenienſer ankamen. Die Deputirten kehrten mit den Geſandten der Egeſtaner zurück,
welche ſechszig Talente in unbearbeitetem Metall mit-
brachten, als monatlichen Sold für die Galeeren welche
ſie verlangten, wobey ſie zugleich größere Summen verſprachen, die, wie ſie ſagten, ſowohl in dem öffentlichen
Schatz, als in den Tempeln bereit wären. Das Volk,
geblendet durch dieſen ſchönen Schein, deſſen Wahrheit
zu unterſuchen es ſich nicht die Mühe nahm; und ver-
führt durch die vortheilhaften Berichte, welche die Deputirten, in der Abſicht ihm gefällig zu ſeyn, abſtatte-
ten, bewilligte augenblicklich den Egeſtanern ihre Bitte,
und übergab dem **Alcibiades, Nicias** und **Lamachus** das Kommando der Flotte, mit voller Gewalt,
nicht allein den Egeſtanern zu Hülfe zu kommen, und
die Einwohner von **Leontium** wieder in Beſitz ihrer
Stadt zu ſetzen, ſondern auch die Sicilianiſchen Angelegenheiten ſolchergeſtalt in Ordnung zu bringen, wie
es der Republik **Athen** am zuträglichſten ſeyn würde.
Nicias übernahm ſein Kommando äußerſt ungern;
denn außer andern Bewegungsgründen, die ihn abgeneigt dagegen machten, ſcheute er es auch beßwegen,
weil **Alcibiades** ſein Gehülfe ſeyn ſollte. Die Athenienſer aber verſprachen ſich deſto glücklicheren Ausgang
dieſes Krieges, wenn ſie nicht das ganze Kommando

dem Alcibiades übergäben, sondern seine Hitze und
Verwegenheit durch die Kälte und Weisheit des Nicias mäßigten. Nicias, welcher es nicht wagen wollte, sich öffentlich dem Alcibiades zu widersetzen, suchte es auf eine verdeckte Art zu thun, indem er eine Menge von Schwierigkeiten vorstellte, vornehmlich die grossen Kosten eines solchen Feldzuges. Er erklärte, wenn
man einmal fest entschlossen sey, einen Krieg anzufangen, so müsse man ihn auf eine Art führen, die dem
hohen Ruhme, welchen die Athenienser sich erworben,
entspräche. Eine Flotte sey nicht hinreichend, es mit
einer so furchtbaren Macht, als die der Syrakusaner
und ihrer Bundsgenossen sey, aufzunehmen; sie müßten also eine Armee ausrüsten, die aus guter Reuterey
und Fußvolk bestünde, wenn ihre Anstalten eines so grossen Entwurfs würdig seyn sollten; außer der Flotte,
welche sie zu Herrn der See machen sollte, müßten sie
auch eine Menge Transportschiffe haben, um der Armee beständig Lebensmittel zu überbringen, welche sonst
unmöglich in Feindes Lande subsistiren könne; sie müßten der Armee große Summen Geldes mitgeben, ohne
auf das, was die Egestaner versprochen, zu warten,
die vielleicht nur mit Worten bereit wären, und aller
Wahrscheinlichkeit nach, ihr Versprechen nicht würden
halten können; sie müßten die Ungleichheit zwischen sich
selbst und den Feinden, in Betracht der Vortheile und
Bedürfnisse der Armee, sorgfältig abwägen und prü-
fen; die Syrakusaner befänden sich in ihrem eignen Lande, mitten unter mächtigen Bundsgenossen, die sowohl
durch Neigung getrieben, als durch Interesse gezwungen würden, ihnen mit Truppen, Waffen, Pferden
und Lebensmitteln beyzustehen; dahingegen die Athenienser, weit von ihrem Vaterlande entfernten Krieg führen müßten, in einem feindlichen Lande, wo sie zu Winters Zeit nicht geschwinder, als in vier Monaten, Nach-

richt von Athen haben könnten, in einem Lande, wo
Alles ihnen zuwider seyn würde, und sie nichts, anders als durch Gewalt der Waffen, erhalten könnten:
unauslöschliche Schande würd' es über die Athenienser
bringen, wenn sie gezwungen werden sollten, ihr Unternehmen fahren zu lassen, sie würden dadurch der Gegenstand des Spottes und der Verachtung aller ihrer
Feinde werden, weil sies versäumt hätten, alle mögliche Vorsicht und Behutsamkeit zu gebrauchen, die ein
so wichtiges Unternehmen erfordre: was ihn selbst anbeträfe, so sey er entschlossen nicht eher abzugehen, als
bis er mit Allem, was zu dem Feldzuge erforderlich sey,
versehen wäre, weil die Erhaltung der ganzen Armee
von diesem Umstande abhange; und er werde nie Alles auf den Eigensinn, oder die windigen Versprechungen der Bundsgenossen ankommen lassen.

Nicias hatte sich geschmeichelt, daß seine Rede die
Hitze des Volks abkühlen würde, allein er entflammte
sie nur noch mehr. Augenblicklich ward den Generalen volle Gewalt gegeben, so viel Truppen auszuheben,
und so viel Galeeren auszurüsten, als sie für nöthig funden. Dies geschah also, und die Werbung gieng so
wohl zu Athen, als an andern Orten, mit unbeschreiblicher Geschwindigkeit von Statten.

So bald Alles fertig war, segelten sie ab, nachdem
sie Korcyra zum Versammlungsorte für die mehrsten
der Bundsgenossen und diejenigen Schiffe, welche Lebensmittel und andre Kriegsbedürfnisse führen sollten,
bestimmt hatten. Alle Bürger sowohl als Fremden in
Athen eilten mit Anbruch des Tages zu dem Hafen Pyräus hinaus. Die ersteren von ihren Kindern, Verwandten, Freunden und Bekannten begleitet, mit einer Freude, die etwas durch Kummer getrübt wurde,
als sie denen Lebewohl sagten, die ihnen so theuer waren als das Leben, die jetzt zu einem weitentfernten und

sehr gefährlichen Feldzuge abgiengen, ungewiß ob sie
je zurückkehren würden, so sehr sie sich mit der Hoffnung
eines glücklichen Ausgangs schmeichelten. Die Fremden kamen dahin, um ihre Augen an einem Anblick zu
weiden, der ihrer Neugier höchst würdig war, denn
keine einzelne Stadt in der Welt hatte je eine so herrli-
che Flotte ausgerüstet. Diejenigen freylich, welche
man gegen Epidaurus und Potidäa abgeschickt hatte, waren in Betracht der Anzahl der Soldaten und
Schiffe eben so ansehnlich, aber denn waren sie nicht
mit so großer Pracht ausgerüstet, auch war ihre Reise nicht so lang, und ihr Unternehmen nicht so wichtig.
Hier sah man eine See- und eine Landarmee, mit äus-
serster Sorgfalt, und auf Kosten einzelner Bürger sowohl, als des ganzen Staats, mit allem dem ausgerüstet, was sowohl die Länge der Reise, als die Dauer
des Krieges erforderte. Die Stadt gab dazu hundert
ledige Galeeren, nämlich sechszig leichte, und vierzig
zum Transport der schwerbewaffneten Soldaten. Jeder Schiffer erhielt täglich eine Drachme, oder drey gute Groschen unsers Geldes, an Solde, ausgenommen
was die Hauptleute der Schiffe den Ruderknechten
der ersten Bank gaben. Hierzu nehme man noch den
Pomp und die Pracht, welche durchgängig herrschten,
indem Jeder sich Mühe gab, den Andern zu verdunkeln, jeder Hauptmann gern das behendeste und zugleich
das schönste Schiff der ganzen Flotte haben wollte. Ich
sage nichts von der Wahl der Soldaten und Matrosen,
welche die Blüthe der Athenienser waren, noch von ihrer Nacheiferung in Betracht ihrer Schönheit, des
Glanzes ihrer Waffen und der Nettigkeit ihrer Equipage, so wenig als von ihren Officieren, welche ansehnliche Summen angewandt hatten, bloß um sich auszuzeichnen, und Fremden eine vortheilhafte Meynung
von ihrer Person und ihren Umständen beyzubringen,

ſo daß dieſes Schauſpiel mehr das Anſehen eines Ge-
pränges hatte , bey welchem die äußerſte Pracht ver-
ſchwendet wird , als eines Feldzuges. Nur die Kühn-
heit und Größe des Unternehmens übertraf ſeinen Aufwand und Glanz.

Sobald die Schiffe beladen , und die Truppen an
Bord gebracht waren , hörte man Trompeten erſchallen,
und feyerliche Gebete für einen glücklichen Ausgang dieſes Feldzuges wurden zum Himmel geſchickt; allenthalben füllte man goldene und ſilberne Becher mit Wein
an, und goß die gewöhnlichen Trankopfer aus; zu gleicher zeit erhub das Volk , welches die Küſte umgab,
ein lautes Freudengeſchrey , und hub die Hände gen
Himmel, um ſeinen Mitbürgern eine glückliche Fahrt
und ſiegreiche Wiederkunft zu wünſchen. Und jetzt, da
der Hymnus abgeſungen und die Ceremonien geendigt
waren, ſegelte ein Schiff nach dem andern zum Hafen
hinaus, worauf ſie denn aus allen Kräften arbeiteten,
einander zuvorzukommen, bis die ganze Flotte zu Aegina ankam. Von hieraus ſegelte ſie nach Korcyra, wo die Armee der Bundesgenoſſen, nebſt der übrigen Flotte verſammelt war.

Als ſie bey Sicilien ankamen, waren die Generale über den Ort, wo man zuerſt landen ſollte, ver-
ſchiedner Meynung. Lamachus wollte, daß man
geradeswegs auf Syrakus losgienge. Er ſtellte vor,
die Syrakuſaner wären jetzt ganz unvorbereitet und in
größter Beſtürzung; eine Armee ſey allemal am fürch-
terlichſten bey ihrer Annäherung, ehe der Feind Zeit gewonnen, ſich zu faſſen und mit der Gefahr vertraut zu
machen. Dieſe Gründe wurden indeß durch andre über-
ſtimmt; und man ward eins erſt die kleinern Städte
ſich zu unterwerfen. Nachdem ſie alſo nur zehn Galeeren abgeſchickt hatten, um die Lage und den Hafen
von Syrakus in Augenſchein zu nehmen, landeten ſie
mit

mit den übrigen Truppen, und überfielen Katana.

Unterdessen hatten die Feinde des Alcibiades sich
seine Abwesenheit zu Nuße gemacht ihn mit verdoppel-
tem Nachdruck anzugreifen. Sie beschuldigten ihn des
gröbsten Mißverhaltens, indem er die beste Art den
Feind anzugreifen verworfen, und verstärkten ihre Anklage dadurch, daß sie anführten, er habe die Geheim-
nisse der Ceres entweihet. Dies war hinreichend,
den leichtsinnigen Schwindelgeist der Athenienser zu bewegen, ihren General zurückzuberufen; aus Furcht aber,
einen Aufruhr in der Armee zu erregen, schickten sie ihm
bloß Befehl, nach Athen zurückzukommen, um durch
seine Gegenwart das Volk zu besänftigen. Alcibiades gehorchte dem Befehl mit scheinbarer Unterwerfung;
weil er aber die Unbeständigkeit und den Eigensinn seiner Richter kannte, so macht' er sich den Augenblick,
da er zu Thurium angekommen und ans Land gestie-
gen war, unsichtbar, und wußte den Nachforschungen
derer, die ihn aufsuchen sollten, zu entgehen. Die
Galeere kehrte also ohne ihn zurück, und das Volk verdammte ihn in der Wuth wegen seiner Halsstarrigkeit
zum Tode. Alle seine Güter wurden eingezogen,
und alle Priester erhielten Befehl, ihn zu verfluchen.
Als er einige Zeit nachher erfuhr, daß die Athenienser
ihn zum Tode verdammt hätten, sagt' er: „Ich hoffe
„sie einst zu überzeugen, daß ich noch am Leben bin.„

Die Syrakusaner hatten sich jetzt in Vertheidigungs-
stand gesetzt, und da sie sahen, daß Nicias ihnen gar
nicht näher kam, sprachen sie davon, ihn in seinem Lager anzugreifen; und Einige fragten spöttisch: ob er etwa nach Sicilien gekommen, um sich zu Katana
niederzulassen? Dieser Schimpf weckte ihn, und er entschloß sich jetzt, gleich auf Syrakus loszugehen. Zu
Lande durft' er es nicht wagen, weil es ihm an Reute-

D

ren fehlte, und eben so gefährlich hielt ers, eine Lan-
dung zur See auf einen Feind zu machen, der sich in
so gute Verfassung gesetzt hatte, ihn zu empfangen: indeß wählt' er doch das letztere, und es glückte ihm durch
eine Kriegslist. Er bestach einen Bürger von Katana, als Ueberläufer zu den Syrakusanern überzugehen,
und ihnen zu berichten, daß die Athenienser jede Nacht
ohne ihre Waffen in der Stadt zubrächten, und daß
sie also dieselben, an einem gewissen bestimmten Tage,
früh Morgens überfallen, sich ihres Lagers mit allen
Waffen und aller Bagage bemächtigen, ihre Flotte im
Hafen in Brand stecken, und also die ganze Armee zu
Grunde richten könnten. Die Syrakusaner glaubten
ihm, und marschierten mit ihrer ganzen Macht nach
Katana, welches Nicias nicht so bald erfuhr, als
er gleich seine Truppen einschifte, nach Syrakus segelte, den folgenden Morgen daselbst landete, und sich
dicht vor der Stadt befestigte. Die Syrakusaner wur-
ben so sehr über diesen ihnen gespielten Betrug aufgebracht, daß sie alsobald wieder nach Syrakus um-
kehrten, und sich außerhalb der Mauren in Schlachtordnung stellten. Nicias marschierte ihnen aus seinen Verschanzungen entgegen, und es erfolgte ein sehr
hitziges Gefecht, in welchem endlich die Athenienser die
Oberhand behielten, und den Feind zwangen, in die
Stadt zurückzufliehen, nachdem sie zwey hundert und
sechszig Mann von ihnen und ihren Bundsgenossen niedergemacht, und selbst nur funfzig Mann verloren hatten. Sie waren indeß noch nicht im Stande, die
Stadt anzugreifen, und bezogen daher ihre Winterquartiere zu Katana und Naxus.

Im folgenden Jahr wurden größere Entwürfe unternommen; denn nachdem Nicias eine Verstärkung
von Reuterey, nebst Lebensmitteln und andern Kriegs-
bedürfnissen, von Athen erhalten, segelte er nach Sy-

raktus, um es zur See und zu lande einzusperren.
Solchergestalt setzte der kleine Staat von Athen alle benachbarten Staaten in Schrecken, und fieng jetzt an,
da er den höchsten Gipfel seiner Größe erreicht hatte,
nach allgemeiner Herrschaft zu trachten. Die Athenienser waren schon die Meister der Künste und Philosophie, und jetzt strebten sie mit umgekehrten Ehrgeiz
auch nach dem Ruhm, dem Menschengeschlecht ein Muster in den Künsten der Eroberung und des Krieges zu
geben, hatten aber nie bedacht, daß ein kleiner Staat,
welcher durch künstliche Mittel eine große Macht erworben, tausend Zufällen auf seinem Wege zu Eroberungen ausgesetzt ist. Sie hatten jetzt ihre ganze Macht
nach Sicilien weggeschickt, und indem sie also Syrakus den Untergang zu bringen suchten, kämpften sie
wirklich für ihre eigne Erhaltung; das Schicksal der
Athenienser und Syrakusaner hieng so sehr von dem Ausgange dieses Krieges ab, daß man von beiden Seiten
mit äußerster Hartnäckigkeit focht, und daß die Geschichtschreiber uns die kleinsten Umstände der Begebenheiten
aufbewahrt haben.

Die Belagerung wurde jetzt auf eine regelmäßige-
re und künstlichere Art betrieben, als noch nie vorher
geschehen war, und man lernte jetzt ganz neue Künste,
sowohl des Angriffs als der Vertheidigung. Nicias
fand es für nöthig, Epipolä zu besetzen, einen hohen Hügel, welcher die Stadt beherrschte, und nur einen steilen, abhangenden Zugang hatte. Die Syrakusaner waren so sehr von der Wichtigkeit dieses Posten
überzeugt, daß sie ein Detaschement von sieben hundert
Mann befehligt hatten, auf ein gegebenes Zeichen zu
seiner Vertheidigung herbeyzueilen. Aber Nicias
hatte seine Leute in einem abgelegenen Hafen, so geheim
und mit solcher Geschwindigkeit ans Land gesetzt, daß
er sich ohne Mühe desselben bemächtigte. Und die sie-

ben hundert Syrakuſaner, welche in größter Unordnung
aus der Ebne herzueilten, wurden mit Verluſt ihres
Anführers und drey hundert Mann zurückgeſchlagen.
Nicias baute hier ein Fort zum Magazin, und be-
rennte die Stadt von der Landſeite dergeſtalt, daß ihr
alle Kommunikation mit dem Lande abgeſchnitten wurde. Da der Feind ſeine Arbeiten zu verderben und unbrauchbar zu machen ſuchte, erfolgten verſchiedne Scharmützel, in welchen die Syrakuſaner faſt immer den Kürzern zogen: in einem derſelben aber ſetzten ſie dem Lamachus ſo hart zu, daß ſeine Leute ihn im Stiche
ließen, und er ſelbſt ums Leben kam. Die Syrakuſaner waren noch immer darauf bedacht, wie ſie Epipolä wieder erobern könnten, und ſchickten daher noch einmal ein Detachement dagegen ab. Nicias lag um
dieſe Zeit allein in dem Fort an einer Krankheit nieder,
und hatte Niemanden, als ſeine Bedienten, bey ſich.
Als er aber hörte, daß der Feind ſeine Schanzen ſtür-
me, ſprang er auf, und ſteckte die Maſchienen und andres Holz, welches um dem Fort her zerſtreut lag, in
Brand; dies hatte die gute Wirkung, daß es den
Seinigen zum Zeichen diente ihm gleich zu Hülfe zu ei-
len, und die Feinde ſo ſehr in Schrecken und Verwirrung ſetzte, daß ſie ſich in die Stadt zurückzogen.
Von dieſer Zeit an ſchöpfte Nicias, welcher jetzt einziger General war, große Hoffnungen; denn verſchiedne Sicilianiſche Städte, die ſich bis dahin für keine von
beiden Partheyen erklärt hatten, verbanden ſich mit ihm,
und von allen Seiten her kamen Schiffe an, mit Lebensmitteln für ſeine Armee beladen, indem alles begierig
war, ſich zu ihm zu ſchlagen, weil er jetzt das Uebergewicht
erhalten hatte, und in allen ſeinen Unternehmungen ausnehmend glücklich geweſen war. Da die Syrakuſaner
ſich alſo zur See und zu Lande eingeſperrt ſahen, und
alle Hoffnung fahren ließen, ihre Stadt länger verthei-

digen zu können, waren ſie ſchon im Begriff, ſich auf
billige Bedingungen zu ergeben.

Unterdeß hatten die Lacedämonier den **Gylippus**
abgeſchickt, um den Syrakuſanern zu Hülfe zu kommen. Er hörte unterweges in welcher äußerſten Noth
ſie ſich befänden, und hielt ſchon die ganze Inſel für verloren. Indeß ſegelte er doch weiter, nicht in der Abſicht, Sicilien zu vertheidigen, ſondern bloß, um den
Italieniſchen Staaten diejenigen Städte zu erhalten, die
ihnen in dieſer Inſel unterworfen waren, wofern es nicht
ſchon zu ſpät wäre, und es ſich ſonſt thun ließe; denn
der Ruf hatte allenthalben angekündigt, daß die Athenienſer ſich bereits der ganzen Inſel bemächtigt hätten,
und von einem General angeführt würden, deſſen Weisheit und gutes Glück ihn unüberwindlich mache.

Die Einſchanzungen der Athenienſer waren jetzt beynahe ganz vollendet; ſie hatten eine doppelte Mauer,
beynahe eine halbe Meile in die Länge über die Ebne
und die Moräſte gegen den großen Hafen zu gezogen,
und hatten dieſen beynahe erreicht. Jetzt blieb nur noch
auf der einen Seite ein kleiner Theil der Mauer zu vollenden übrig, und die Syrakuſaner ſtanden ſchon am
Rande des Abgrundes; ſie hatten gar keine Hoffnung
mehr übrig; ſie waren nicht im Stande ſich ſelbſt zu
vertheidigen, und wußten nicht, woher ſie Hülfe erwarten ſollten; ſie faßten alſo den Entſchluß, ſich zu ergeben, und es ward ein Rath gehalten, um die Artikel
der Kapitulation aufzuſetzen, die man elsdann dem
Nicias vorlegen wollte.

In dieſem Augenblicke, und in dieſen höchſt elenden Umſtänden wars, daß ein Bote von Korinth
mit der Nachricht einer ſchleunigen Rettung zu Syrakus ankam. Das ganze Volk drängte ſich zu dem
Ueberbringer einer ſo willkommnen Nachricht. Er kündigte ihnen alſo an, daß **Gylippus**, der Lacedämo-

niſche General, ſo gleich bey ihnen ſeyn würde; und
daß ihm eine große Menge andrer Galeeren, die ihm
helfen ſollten, nachfolgten. Die Syrakuſaner, erſtaunt,
oder vielmehr betäubt über dieſe Nachricht, konnten
kaum ihren Ohren trauen. Indem ſie noch ſo zweifelhaft zwiſchen Furcht und Hoffnung ſchwankten, kam
ein Kourier von dem Gylippus an, der ſie von ſeiner Annäherung benachrichtigte, und ihnen Befehl gab,
ihm mit allen ihren Truppen entgegen zu marſchieren.
Er ſelbſt, nachdem er ein Fort auf ſeinem Wege erobert hatte, marſchierte in Schlachtordnung geradesweges auf Epipolä, ſtieg von eben der Seite, wie vorher die Athenienſer, hinan, und machte Anſtalt, ſie
von außen her anzugreifen; unterdeß die Syrakuſaner
ihnen von der Stadt her mit ihrer ganzen Macht zu Lei-
be gehen ſollten. Die Athenienſer, welche ſeine Ankunft ausnehmend beſtürzt machte, ſtellten ſich in größter Eil und ohne Ordnung unter die Mauer. Gylippus aber legte, ſo bald er ihnen nahe kam, die Waffen nieder, und ließ ihnen durch einen Herold ſagen,
daß er ihnen fünf Tage Zeit gebe, Sicilien zu verlaſſen.
Nicias würdigte dieſen Vorſchlag keiner Antwort; und
einige ſeiner Soldaten brachen in ein Gelächter aus, und
fragten den Herold, ob die Gegenwart eines Lacedämoniſchen Privatmanns und der elende Stab eines Herol-
des den gegenwärtigen Zuſtand der Stadt ändern könne? Beyde Partheyen alſo ſchickten ſich zum Treffen an.
Gylippus machte den Anfang damit, daß er das
Fort Labdalla ſtürmte, und Alles, was er darinn
antraf, niedermachte. Die Athenienſer waren unterdeſſen nicht müſſig, Schanzen gegen ihn aufzuwerfen;
aber eben ſo emſig waren die Belagerten, die Mauren
und Schanzen, welche um ihre Stadt her angelegt waren, niederzureißen und durchzubrechen. Endlich zogen beide Armeen zwiſchen den Mauren, welche die

Athenienser aufgeführt hatten, um den Feind abzuhal=
ten, in Schlachtordnung auf. In dem ersten Treffen
wollt' es dem Gylippus nicht glücken, weil er wegen
Mangel des Raums seine Reuterey nicht gebrauchen
konnte. Um also seine Soldaten dadurch, daß er ihnen
Gerechtigkeit wiederfahren ließ, aufs neue anzufeuren,
hatt' er Muth genug, sich selbst wegen des erlittenen
Unfalls Vorwürfe zu machen, und öffentlich zu erklä=
ren, daß nicht sie, sondern er selbst an dem Unglücke
schuld wäre, weil er sie in einem gar zu engen Raume
fechten lassen. Indeß versprach er, ihnen bald eine Ge=
legenheit zu geben, ihre und seine Ehre zu retten. Er
führte sie demnach gleich den folgenden Tag aufs neue
gegen den Feind an, nachdem er sie in den stärksten
Ausdrücken ermahnt hatte, sich auf eine Art zu betra=
gen, die ihres alten Ruhms würdig wäre. Nicias, wel=
cher einsahe, daß es, wenn er auch noch so abgeneigt
wäre ein Treffen zu liefern, doch schlechterdings noth=
wendig seyn würde, den Feind zu verhindern, daß er
seine Linien nicht über die Verschanzungen hinaus, be=
nen er schon sehr nahe war, ausdehnen könnte, (weil
er ihm sonst einen gewissen Sieg in die Hände geben
würde) marschierte also muthig auf die Syrakusaner
los. Gylippus rückte mit seinen Truppen weiter
über den Ort hinaus, wo die Mauren an beiden Sei=
ten sich endigten, damit er mehr Raum haben mögte,
seine Schlachtordnung auszubreiten, worauf er den lin=
ken Flügel der Feinde mit seiner Reuterey angriff, ihn
in die Flucht schlug, und bald nachher auch den rechten
Flügel zum Weichen brachte. Wir haben hier ein
Beyspiel, wie viel Erfahrenheit und Geschicklichkeit
eines großen Generals auszurichten vermögen. Denn
Gylippus gewann diesen Sieg mit den nehmlichen
Truppen, den nehmlichen Waffen, den nehmlichen Pfer=
den, und auf dem nehmlichen Boden, die er vorher gehabt,

bloß durch die Veränderung seiner Schlachtordnung.
In der folgenden Nacht führten die Sieger ihre Mauer über die Gegenschanze der Athenienser hinaus, und
beraubten sie dadurch aller Hoffnung, die Stadt jemals
einschließen zu können.   Nicias hatte sich seit der Ankunft des Gylippus immer bloß defensiv verhalten,
und da er täglich mehr Grund verlor, zog er sich an die
See zurück, um diese auf alle Zufälle offen zu haben,
und nicht so leicht an Lebensmitteln Mangel zu leiden.
Zu diesem Ende besetzt er Plemmyrium, welches
neben dem großen Hafen lag, wo er drey Forts erbaute,
und sich daselbst gleichsam in Garnison hielt.   Gylippus bediente sich dieser Gelegenheit, die Städte des
Landes auf seine Seite zu ziehen; und zu gleicher Zeit
kam die Flotte an, die man von Korinth erwartete.
Nicias schrieb bey diesen Umständen eine sehr melan-
cholische Nachricht von dem Zustande seiner Sachen
nach Athen.   „Die Feinde, sagt' er, wären ihm jetzt
„so sehr überlegen, daß er nicht im Stande sey, etwas
„gegen ihre Verschanzungen auszurichten; und anstatt
„sie, wie vorher, zu belagern, werd' er jetzt selbst be-
„lagert; die Städte fielen von ihm ab; die Sklaven
„und Miethlinge giengen zum Feinde über; seine Trup-
„pen thäten jetzt weiter nichts, als die Forts bewachen,
„und Lebensmittel einholen, und bey diesem letztern Ge-
„schäffte würden viele derselben von der feindlichen Reu-
„terey niedergehauen.   Die Flotte befände sich in einem
„eben so schlechten Zustande, als die Armee; und kurz,
„ohne eine schleunige Verstärkung von Truppen, Schif-
„fen und Gelde, die aber eben so ansehnlich seyn müsse,
„als womit er zuerst ausgezogen, sey es vergebens, fer-
„nere Versuche zu wagen.   Dann beklagt er sich noch,
„seine eigne Person betreffend, daß er an heftigen
„Schmerzen vom Nierenstein krank liege, die ihn un-
„fähig machten, das Kommando ferner zu führen;

„und drang also darauf, daß man ihn zurückberufen
„mögte.„

Dieser Brief wirkte so sehr auf die Athenienser, daß
sie den Eurymedon und Demosthenes bestimmten,
frische Truppen hinüber zu bringen; der Erstere sollte
alsobald mit zehn Galeeren, der letztere aber gleich zu
Anfange des Frühlings mit einer stärkeren Macht ab-
gehen. Zu gleicher Zeit ernannten sie den Menander und Euthydemus zu Gehülfen des Nicias,
schlugen diesem aber seine Bitte um Rückberufung ab.

Unterdeß kam Gylippus, welcher eine Reise
durch Sicilien gemacht hatte, mit so vielen Truppen zurück, als er nur in der ganzen Insel aufbringen können, und beredte die Syrakusaner, eine so starke Flotte auszurüsten; als nur irgend in ihrem Vermögen
stünde, und ein Treffen zur See zu wagen, auf die
Voraussetzung, daß ihr Glück der Größe des Unternehmens entsprechen würde. Dieser Rath wurde von
dem Hermokrates aufs stärkste unterstützt, welcher
die Syrakusaner ermunterte, ihren Feinden die Herrschaft zur See nicht so gutwillig zu überlassen. Er
stellte ihnen vor, daß die Athenienser selbst sie nicht von
ihren Vorfahren bekommen, oder immer im Besitz derselben gewesen wären; der Persische Krieg habe sie gewissermaßen gezwungen, das Seewesen zu studiren, ungeachtet der beyden großen Hindernisse, ihrer Abnei-
gung, und der nachtheiligen Lage ihrer Stadt, die in
einer beträchtlichen Entfernung von der See läge; sie
hätten sich andern Nationen nicht so wohl durch ihre
wirkliche Macht, als vielmehr durch ihren Muth und
Unerschrockenheit, furchtbar gemacht; diesem Beyspiel
also sollten die Syrakusaner nachahmen, und da sie mit
einem so unternehmenden Feinde zu thun hätten, müßten sie ihm an Unternehmungsgeist nichts nachgeben.

Diese Gründe fanden Beyfall, und man rüstete

daher eine große Flotte aus. Gylippus führte alle
ſeine Landtruppen bey Nacht heraus, um die Forts zu
Plemmyrium anzugreifen. Fünf und dreyßig Sy-
rakuſaniſche Galeeren, die ſich in dem großen Hafen befanden, und fünf und vierzig in dem kleineren, wo ein
Schiff-Arſenal war, erhielten Befehl gegen Plemmyrium zu ſchiffen, um die Athenienſer in Schrecken
zu ſetzen, wenn ſie ſich zu gleicher Zeit zur See und zu
Lande angegriffen ſähen. Die Athenienſer begaben ſich
auf dieſe Nachricht auch an Bord, und ſegelten mit
fünf und zwanzig Schiffen in Schlachtordnung auf die
fünf und dreyßig Syrakuſniſchen, die aus dem großen
Hafen kamen, los, und andre fünf und dreyßig ſtellten ſie den fünf und vierzig feindlichen Schiffen, die
aus dem kleinen Hafen kamen, entgegen. Nun gabs
ein hitziges Treffen an dem Ausgange des großen Hafens, indem die eine Parthey ſich hinein zu ſchlagen,
die andre aber, ſie abzuwehren ſuchte.

Da die Beſatzung von Plemmyrium an die Küſte hinausgegangen war, um dem Seetreffen zuzuſehen,
ſo griff Gylippus die Forts unvermuthet bey Tages
Anbruch an; und nachdem er das größte derſelben durch
Sturm erobert hatte, geriethen die Soldaten, welche
die andern beiden vertheidigten, ſo ſehr in Schrecken,
daß ſie augenblicklich dieſelben im Stiche ließen. Nach
dieſem erhaltenen Vortheile erlitten die Syrakuſaner einen anſehnlichen Verluſt; diejenigen von ihren Schiffen nämlich, die am Eingange des Hafens fochten, waren, (nachdem ſie durch die Athenienſer hindurchgebro-
chen, in ſo große Verwirrung gerathen, daß ſie aufs
heftigſte an einander ſtießen, indem ſie wieder in den
Hafen einzudringen ſuchten, und dadurch ihren Feinden den Sieg in die Hände ſpielten, die ſich nicht begnügten, dieſe zu verfolgen, ſondern auch diejenigen,
welche in dem großen Hafen ſiegreich geweſen waren, in

die Flucht schlugen. Eilf Syrakusanische Galeeren wurden versenkt, und der größte Theil der Mannschaft niedergehauen. Drey fielen ihnen in die Hände; dagegen aber verlohren auch die Athenienser drey. Nachdem sie die Trümmern der feindlichen Schiffe ans Land gezogen hatten, errichteten sie auf einer kleinen Insel Plemmyrium gegen über ein Siegszeichen, und zogen sich dann wieder in ihr Lager.

Von der größten Wichtigkeit hielten es nun die Belagerten, gleich ein zweytes Treffen, sowohl zur See als zu Lande, zu versuchen, ehe die Flotte nebst den andern Unterstützungen, welche die Athenienser abgeschickt hatten, ankäme. Durch die Fehler, die sie in dem letztern Seetreffen begangen, belehrt, suchten sie jetzt bessere Einrichtungen zu treffen. Sie machten die Vordertheile ihrer Galeeren kürzer, zugleich aber stärker und fester, als vorher. Zu diesem Ende befestigten sie an jeder Seite der Vordertheile dicke Sturmbalken, und verbanden diese zu mehrerer Befestigung und Stütze durch einen in- und auswärtig sechs Ellen langen Wiederhalt. Hierdurch hofften sie einen großen Vortheil über die Schiffe der Athenienser zu erlangen, welche wegen der Schwäche ihrer Vordertheile, nie in einem geraden Anlauf, sondern nur von der Seite einen Feind anzugreifen wagten; nicht zu gedenken, daß, wenn das Treffen in dem Hafen vorgehen sollte, die Athenienser nicht Raum haben würden, sich auszubreiten, oder durch zwey Schiffe hindurch zu schlüpfen, als worinn ihre größte Kunst bestand, oder um sie herumzuschiffen, wenn sie zurückgeschlagen wären, um den Angriff zu wiederholen; da hingegen die Syrakusaner, weil sie den ganzen Umfang des Hafens inne hätten, alle diese Vortheile haben würden, und also sich wechselsweise einander zu Hülfe kommen, und die Feinde leicht in die Enge treiben könnten.

Gylippus marſchierte alſo mit dem ganzen Fußvolk aus dem Lager, und rückte damit gegen die Mauer
der Athenienſer, wo dieſelbe gegen die Stadt zulief, unterdeß die Reuterey und andern leichten Truppen, ſich
derſelben von der andern Seite her näherten; und bald
darauf liefen auch ihre Galeeren aus.

Nicias war ganz darwider, ein zweytes Treffen
zu wagen. Er ſagte, da er jeden Augenblick eine friſche Flotte und eine große Verſtärkung unter dem Demoſthenes erwarte, ſo würd' es den größten Mangel
an Beurtheilungskraft verrathen, wenn er mit einer ſo
kleinen Anzahl von Truppen, die bereits entkräftet wären, gegen die weit größere Menge der Feinde ohne
Noth ein Treffen wagen wollte. Menander und
Euthydemus hingegen, welche kurz vorher, bis auf
die Ankunft des Demoſthenes, zu Gehülfen des
Nicias beſtellt waren, wünſchten, von Ehrgeiz und
Eiferſucht auf jene beiden Generale getrieben, nichts
mehr, als bald irgend eine große That zu vollführen;
um den Einen ſeines Ruhms zu berauben, und wo möglich den Glanz des Andern zu verdunkeln. Der Vorwand, den ſie bey dieſer Gelegenheit gebrauchten, war
der Ruhm und das Anſehen der Athenienſer; und ſie
behaupteten mit ſo vieler Hitze, daß dieſe gänzlich verloren ſeyn würden, wenn ſie ein Treffen, welches die
Syrakuſaner ihnen anböten, ſcheueten, daß ſie endlich
den Nicias zwangen, es ſich gefallen zu laſſen. Die
Athenienſer hatten fünf und ſiebzig Galeeren, und die
Syrakuſaner achtzig.

Der erſte Tag gieng indeſſen größtentheils damit
hin, daß ſie bald vorwärts rückten, bald ſich zurückzogen, und einander mit Vortheil beyzukommen ſuchten, ohne daß es weiter als zu einigen kleinen Scharmützeln kam; worauf ſie wieder aus einander giengen,
und die Landvölker ſich ebenfalls von der Mauer wieder

zurückzogen. Den Tag darauf hielten die Syrakusaner sich ganz stille. Nicias suchte sich diese Unthätigkeit zu Nutze zu machen, und ließ die Transportschiffe in einer geraden Linie nicht weit von einander aufziehen, damit seine Galeeren hinter denselben einen sichern Zufluchtsort hätten, im Fall sie zurückgeschlagen würden. Den folgenden Morgen thaten die Syrakusaner früher als gewöhnlich einen neuen Versuch auf die Athenienser, brachten aber wieder einen großen Theil des Tages bloß mit Scharmützeln hin, und zogen sich darauf zurück. Die Athenienser, welche sich einbildeten, daß sie aus Furcht geflohen, und daher nicht wiederkommen würden, stiegen auch ans Land. Allein die Syrakusaner, welche unterdeß Speise zu sich genommen hatten, kehrten plötzlich zurück, und griffen die Athenienser an, die sich nichts weniger vermuthen waren. Sie sahen sich also jetzt genöthigt in größter Eile und Unordnung auf ihre Schiffe zurückzukehren, so daß sie nicht Zeit hatten, sie in Schlachtordnung zu stellen, und dazu hatten die mehrsten den ganzen Tag noch nichts genossen. Der Sieg blieb nicht lange zweifelhaft. Nachdem die Athenienser einen kurzen, schwachen Widerstand gethan, zogen sie sich hinter die Transportschiffe zurück. Die Feinde verfolgten sie dahin, wurden aber durch die Delphinen, mit welchen diese Schiffe versehen waren aufgehalten. Dies waren große an Stangen befestigte Klumpen Bley mit Eisen beschlagen, von solcher Schwere, daß sie das Schiff, welches sie trafen, versenkten. Die Athenienser verloren in diesem Treffen sieben Galeeren, und eine Menge ihrer Truppen wurden theils getödtet, theils zu Gefangenen gemacht.

Dieser Verlust setzte den Nicias in die äußerste Bekümmerniß: alle die Widerwärtigkeiten, die er seit der Zeit seines Oberkommandos erlitten, wurden ihm jetzt aufs neue gegenwärtig, und er hatte sich jetzt die

allergrößte dadurch zugezogen, daß er dem Rath seiner
Gehülfen nachgegeben. Indem er mit diesen traurigen
Gedanken beschäfftigt war, sah man die Flotte des
Demosthenes in großer Pracht ankommen; ein Anblick, welcher fähig war, dem Feinde Schrecken einzujagen. Es war jetzt der Tag nach dem Treffen.
Diese Flotte bestand aus drey und siebzig Galeeren, welche fünf tausend Mann schwerbewaffnete Völker, und
etwa drey tausend Wurfspießträger, Schleuderer und
Bogenschützen an Bord hatten. Alle diese Schiffe
waren aufs prächtigste ausgeschmückt: ihre Vordertheil-
le waren mit glänzenden Flaggen besteckt, mit starken
Ruderknechten bemannt, die von ansehnlichen Officieren kommandirt wurden, und erschallten von Posaunen
und Trompeten. Durch den Pomp und Triumph dieses Aufzuges suchte Demosthenes die Feinde in
Schreken zu setzen.

In der That geriethen sie durch diesen furchtbaren
Anblick in die größte Bestürzung. Sie sahen kein Ende, oder nur den geringsten Aufschub ihres Elends. Alles, was sie bisher gethan oder gelitten hatten, war
jetzt vergebens, und sie mußten jetzt wieder ganz von
neuem anfangen. Wie konnten sie sich Hoffnung machen, jemals die Geduld der Athenienser ermüden zu
können, da sie, ungeachtet mitten in Attika ein ver-
schanztes Lager stand, doch im Stande waren, eine
zweyte Armee, die eben so ansehnlich war, als die vorige, nach Sicilien abzuschicken; und da ihre Macht,
so wohl als ihr Muth, alles erlittenen Verlustes ungeachtet, statt sich zu vermindern, vielmehr täglich zu
wachsen schien.

Als Demosthenes sahe, wie die Sachen stun-
den, glaubt' er, daß er hier keine Zeit verlieren dürfe,
damit es ihm nicht gienge, wie dem Nicias. So
furchtbar dieser nämlich anfänglich bey seiner Ankunft

geweſen, ſo hatt' er ſich doch nachher dadurch, daß er
erſt zu Katana überwinterte und nicht gleich auf Syrakus losgieng, verächtlich gemacht, und nachmals
dem Gylippus Gelegenheit gegeben, ihm mit ſeinen
Truppen, die er in die Stadt warf, zuvorzukommen.
Er ſchmeichelte ſich mit der Hoffnung, daß er die Stadt
beym erſten Angriff erobern würde, da alles über die
erſte Nachricht ſeiner Ankunft in Beſtürzung wäre,
und ſo gedacht' er dem Kriege auf einmal ein Ende zu
machen; im widrigen Fall aber wollt' er die Belagerung aufheben, um theils die Truppen nicht länger
durch Gefechte, die nichts entſchieden, zu plagen und
aufzureiben, theils die Stadt Athen durch vergebliche
Verſchwendung ihrer Schätze nicht ganz zu erſchöpfen.

Nicias erſchrack über dieſen verwegnen und gefährlichen Entſchluß des Demoſthenes, und beſchwor
ihn, nicht ſo übereilt zu handeln, ſondern Alles vorher
reiflich zu überlegen, damit er nicht nachher Urſach haben mögte, ſein Verfahren zu bereuen. Er ſtellte ihm
vor, daß man die Feinde durch Verzögerung zu Grunde richten könnte; denn es fehle ihnen ſchon an Lebensmitteln und an Gelde; ihre Bundsgenoſſen wären im
Begriff ſie zu verlaſſen; ſie müßten nothwendig bald
durch Mangel an Lebensmitteln in ſolche Noth gerathen,
daß ſie ſich genöthigt ſehen würden, ſich zu ergeben,
wie ſie ſchon vorher willens geweſen wären. Es gab
wirklich gewiſſe Leute in Syrakus, die eine geheime
Korreſpondenz mit dem Nicias unterhielten, und ihn
ermahnten, nicht ungeduldig zu werden, weil die Sy-
rakuſoner nicht nur des Krieges, ſondern auch des Gylippus müde wären, und wenn die Noth worinn ſie
ſich befänden, nur im geringſten zunähme, ſich gewiß
auf Gnade und Ungnade ergeben würden.

Da Nicias ſich nicht ganz deutlich heraus ließ,
und ſich nicht ausdrücklich erklären wollte, daß er von

Allem, was in der Stadt vorgieng, ſichre und zuver-
läſſige Nachrichten erhielt, ſo ſah man ſeine Vorſtellungen für nichts anders an, als Wirkungen der Furcht-
ſamkeit und Langſamkeit, die man ihm immer vorgeworfen hatte. Das ſind, ſagte man, ſeine gewöhnlichen Verzögerungen, ſeine Aufſchübe, ſeine Bedenk-
lichkeiten, ſeine mißtrauiſche Behutſamkeiten, wodurch
er alle Lebhaftigkeit ertödtet, allen Muth der Truppen
niedergeſchlagen hat, indem er nie gerade auf den Feind
losmarſchiert iſt, ſondern immer ſo lange den Angriff
verſchoben, bis ſeine Kräfte erſt geſchwächt und ver-
dächtlich geworden. Dies zog bald die übrigen Generale, und alle Officiere auf des Demoſthenes Seite,
und Nicias ſelbſt ſah ſich am Ende gezwungen, nach-
zugeben.

Nachdem alſo Demoſthenes die Mauer, wel-
che die Gegenſchanze der Belagerer durchſchnitt, vergebens angegriffen hatte, ſchränkt' er ſich darauf ein,
Epipolä wieder zu erobern, denn er glaubte, wenn er
ſich dieſes Poſtens bemächtigt hätte, ſo würde die Mauer nicht länger vertheidigt werden können. Er nahm daher Lebensmittel auf fünf Tage mit, nebſt Arbeitsleu-
ten, Werkzeugen, und allem dem, was er nöthig haben konnte, um Epipolä, ſobald er ſich deſſelben bemächtigt hätte, zu vertheidigen. Da es bey Tage nicht
möglich war, es unbemerckt zu erſteigen, ſo rückte er
bey Nacht in Begleitung des Eurymedon und Menander, mit der ganzen Armee aus; Nicias hingegen blieb zurück, um das Lager zu vertheidigen. Sie
kamen über Euryelus durch eben den Weg, welchen
die vorige Armee das erſtemal genommen hatte, glücklich hinan, ohne von der feindlichen Wache bemerkt zu
werden, eroberten die erſte Schanze, und hieben einen
Theil der Wache nieder. Demoſthenes, mit dieſem Vortheil nicht zufrieden, rückte ſo gleich weiter vor,
um

um die Hitze seiner Soldaten nicht verrauchen zu lassen
und sein Vorhaben ohne Verzug ganz auszuführen.

Während dieser Zeit eilten die Syrakusaner, von
dem Gylippus mit seinen Leuten unterstützt, aus ihren Verschanzungen herbey, um sich dem Feinde zu widersetzen. Aber voll Bestürzung über einen so unerwar-
teten Anfall, welche die Finsterniß der Nacht noch vermehrte, wurden sie gleich in die Flucht geschlagen. Allein, da die Athenienser ihnen in ziemlicher Unordnung
nachfolgten, um Alles, was sich ihnen etwa noch widersetzen könnte, aus einander zu jagen, damit der Feind,
wenn er Zeit gewönne, sich von seiner Bestürzung zu erholen, sich nicht wieder vereinigen mögte, wurden sie
plötzlich von den Böotiern aufgehalten, welche ihnen
muthig die Spitze boten, sie mit großem Geschrey zu-
rückschlugen, und eine schreckliche Niederlage unter ihnen anrichteten. Dies verbreitete ein allgemeines Schrecken durch den übrigen Theil der Armee. Die fliehenden trieben entweder selbst diejenigen, die ihnen zum
Beystande herbeyeilten zurück, oder sahen sie für Feinde an, und kehrten ihre Waffen gegen sie. Alles gerieth jetzt ohne Unterschied durch einander, indem es unmöglich war, in den Schrecken einer Nacht sich zu erkennen, welche zwar nicht so dunkel war, daß sie die Gegenstände ganz unsichtbar machte, aber auch nicht helle
genug, daß man das Gesehene hätte unterscheiden können. Die Athenienser suchten einander auf, aber es
half ihnen nichts, und durch ihr öfteres Fragen nach
dem Losungsworte, welches jetzt das einzige Mittel war
sich zu unterscheiden, entstand eine seltsame Verwirrung
von Tönen, welche die Unordnung nur größer machte,
nicht zu gedenken, daß sie dadurch das Losungswort den
Feinden bekannt machten, ohne dagegen das ihre zu
erfahren; denn weil sie mehr in einem Haufen vereinigt
waren, hatten sie nicht Ursach, es zu wiederholen. Un-

P

terdessen stürzten viele der Flüchtlinge von den jähen Höhen herab, und wurden durch den Fall zerschmettert;
die mehrsten derjenigen aber, welche noch glücklich in
die Ebne herunter kamen, verfehlten des rechten Weges zum Lager, und irrten, der eine hier der andre dort,
auf den Feldern herum, so daß sie den folgenden Morgen von den feindlichen Reutern, welche da umherspreng-
ten, niedergehauen wurden. Zwey tausend Athenienser kamen in diesem Treffen ums Leben, und eine große Menge von Waffen fiel den Feinden in die Hände;
denn die Flüchtlinge hatten sie weggeworfen, damit sie
desto besser über die Abgründe entwischen könnten. Bald
nachher machte Gylippus wieder eine Reise durch Sicilien, und bracht' eine große Menge von Truppen mit,
welches die Angelegenheiten der Athenienser noch verzweifelter machte, und dem Nicias alle Hoffnung eines glücklichen Ausganges nahm. Ueberdem fieng die
Atheniensische Armee jetzt an durch Krankheit sehr ein-
zuschmelzen, und man sahe kein andres Mittel vor sich,
als ein Land zu verlassen, wo sie so viele Widerwärtigkeiten und die äußerste Demüthigung erfahren hatten.
Nicias widersetzte sich diesem Entschluß nicht, und
verlangte nur, daß er geheim gehalten würde. Man
ertheilte demnach so geheim als möglich der Flotte Befehl, daß sie sich anschicken sollte, in äußerster Geschwindigkeit abzusegeln.

Als Alles in Bereitschaft, und man eben im Begriff war abzusegeln, (ohne daß der Feind das geringste argwöhnte, weil er nichts weniger dachte, als daß
sie Sicilien so bald verlassen würden) trat plötzlich mitten in der Nacht eine totale Mondfinsterniß ein, welche
den Nicias und die ganze Armee in Schrecken setzte;
Unwissenheit und Aberglaube machten ihnen eine so plötzliche Veränderung fürchterlich, deren Ursachen sie nicht
einsahen, und also schreckliche Folgen derselben erwar-

teten. Man fragte also die Wahrsager um Rath, die, gleich unbekannt mit den Ursachen dieses Phänomens, nur ihre Bestürzung vermehrten. Es war damals gewöhnlich, nach Ereigniß eines solchen Zufalls, ein Unternehmen nur drey Tage zu verschieben. Die Wahrsager aber thaten jetzt den Ausspruch, daß sie nicht eher absegeln dürften, als nach Verlauf von dreymal neun Tagen, (dies sind des Thucydides Worte) welches ohne Zweifel in der Meynung des Volks eine geheimnißvolle Zahl war. Nicias, der oft übertrieben bedenklich war, und eine blinde Verehrung gegen diese vorgeblichen Ausleger des göttlichen Willens hegte, erklärte daß er einen ganzen Mondeswechsel abwarten, und nicht eher als an dem nehmlichen Tage des nächsten Monats absegeln wolle, gleich als ob er nicht diesen Planeten sehr deutlich gesehen hätte, in dem Augenblicke, da er hinter dem Schatten, den der Erdkörper auf ihn geworfen, hervorgieng.

Allein man ließ ihm so lange nicht Zeit. Die Nachricht von der vorgehabten Abfahrt der Athenienser verbreitete sich bald in die Stadt; und man faßte daher den Entschluß, sie zur See und zu Lande anzugreifen. Den ersten Tag machten die Syrakusaner den Anfang damit, die Verschanzungen anzufallen, wobey sie einen geringen Vortheil erfochten. Den folgenden Morgen thaten sie einen zweyten Angriff, und segelten zugleich mit sechs und siebzig Galeeren aus, denen die Athenienser sechs und achtzig entgegensetzten. Eurymedon, welcher den rechten Flügel der Atheniensischen Flotte kommandirte, dehnte seine Linien längs der Küste aus, um die Feinde zu umringen; aber diese Wendung war sein Unglück. Denn die Syrakusaner brachten nun bald das Haupttreffen, von dem er sich also getrennt hatte, zum weichen, griffen ihn darauf muthig an, trieben ihn in den Meerbusen Daskon, und richteten ihn da-

ſelbſt ſehr übel zu; wobey er ſelbſt ſein Leben verlohr.
Und nun währt' es nicht lange, ſo jagten ſie die ganze
Athenienſiſche Flotte vor ſich hin, und trieben ſie gegen die Küſte. Als Gylippus, welcher die Landarmee kommandirte, ſah, daß die feindliche Flotte geſchlagen war; und auſſerhalb ihrem Schifflager herum-
ſchwärmte, ſo rückt' er mit einem Theil ſeines Heers
gegen die äuſſerſte Bucht des Hafens zu, um die Mannſchaft, welche aufs Land flüchtete, niederzuhauen, und
den Syrakuſanern behülflich zu ſeyn, die gefangenen
Schiffe deſto leichter aufs Land zu bringen. Indeſſen
ward er doch von den Tyrrheniern, welche hierher
poſtirt waren, und denen die Athenienſer gleich zu Hül-
ſe eilten, mit einigen Verluſt bis an einen gewiſſen na-
hegelegenen Sumpf zurückgeſchlagen. Die Athenienſer retteten hierdurch den gröſten Theil ihrer Schiffe,
achtzehn ausgenommen, welche die Syrakuſaner erobert
und ihre ganze Mannſchaft niedergehauen hatten. Hierauf füllten die letztern, um die übrigen feindlichen Schif-
ſe in Brand zu ſtecken, ein altes Schiff mit brennba-
ren Materien, zündeten es an, und trieben es mit Hül-
ſe des Windes auf die Athenienſer los, die aber ſo glücklich waren, die Flamme zu dämpfen, und das Fahr-
zeug abzuhalten.

Nun errichtete man auf beiden Seiten Trophäen;
die Syrakuſaner über den Tod des Eurymedon, und
ihre am vorigen Tage erfochtenen Vortheile, die Athenienſer aber, weil ſie einen Theil der Feinde in den
Sumpf getrieben und die übrigen in die Flucht geſchlagen hatten. Die Geſinnungen beider Nationen aber
waren nach dieſem Vorfall ſehr verſchieden: die Syrakuſaner, welche durch die Ankunft des Demoſthenes
und ſeiner Flotte in äuſſerſte Beſtürzung gerathen waren, jetzt aber in einem Seetreffen geſiegt hatten, ſchöpf-
ten friſche Hoffnung, und hielten ſich eines vollkomm-

nen Sieges über die Feinde versichert; die Athenienser
hingegen, die jetzt ihre einzige letzte Zuflucht vereitelt,
und sich, wider alle ihre Erwartung, zur See geschlagen sahen, verloren gänzlich den Muth, und waren
auf nichts als ihren Rückzug bedacht.

Um ihnen nun alle Mittel der Rettung abzuschneiden, versperrten die Syrakusaner die Mündung des
großen Hafens, die ungefähr fünf hundert Schritte weit
war, mit queergestellten Galeeren, Booten und andern
Fahrzeugen, die sie mit Ankern und eisernen Ketten
befestigten, und setzten sich zugleich in Bereitschaft zu
einem Seetreffen, im Fall die Athenienser kühn genug
seyn sollten, noch einmal eins zu wagen. Als die Athenienser sich solchergestalt eingesperrt sahen, versammleten sich
die Generale und vornehmsten Officiere, um sich über
die jetzige Lage der Sachen zu berathschlagen. Es fehlte
ihnen jetzt ganz an Lebensmitteln; denn sie hatten, auf den
gefaßten Entschluß ihrer Abfahrt, den Einwohnern von
Katana verboten, ihnen Zufuhr zu bringen, und von
andern Orten her konnten sie auch nichts bekommen,
weil sie nicht Meister der See waren. Dies brachte
sie zu dem Entschluß, ein Seetreffen zu wagen. In
dieser Absicht entschlossen sie sich, ihr altes Lager zu verlassen, und nur ganz nahe an den Schiffen einen Platz
zu befestigen, der zur höchsten Noth hinlänglich sey,
ihr Geräth und kranke Mannschaft darinn zu verwahren. Diesen wollten sie mit einer Besatzung versehen,
mit den übrigen Truppen aber, alle ihre Schiffe, sie
mögen in gutem oder schlechtem Stande seyn, beman-
nen. Wenn sie alsdann den Sieg erhielten, wollten
sie nach Katana segeln, widrigenfalls aber ihre Schiffe in Brand stecken, und zu Lande nach der nächsten
Stadt ihrer Bundsgenossen ihre Zuflucht nehmen.

Als dieser Entschluß gefaßt war, besetzte Nicias
alsobald hundert und zehn Galeeren (denn die übrigen

hatten ihre Ruder verloren) mit seiner beßten Mannschaft, und stellte die übrigen Truppen, vornehmlich
die Bogenschützen, an der Küste in Schlachtordnung.
Da die Athenienser sich sehr vor den Rennbäumen der
Syrakusanischen Galeeren fürchteten, so hatte Nicias
ihre Schiffe mit eisernen Haken versehen, womit sie sich
anklammern könnten, theils um die Gewalt des Sto-
ßes zu brechen, theils um gleich, wie in einem Land-
treffen, handgemein zu werden. Allein als die Feinde dieses gewahr wurden, bezogen sie die Vordertheile und Ver-
decke ihrer Galeeren mit Leder, damit diese Haken nicht
so leicht fassen könnten. Auf beyden Seiten hatten die
Generale alle ihre Beredtsamkeit angewandt, ihren Leuten Muth einzusprechen, und nie konnten ihnen stärkere
Bewegungsgründe vorgehalten werden, als jetzt; denn
das Treffen, welches sie zu liefern im Begriff waren,
mußte nicht nur über ihr Leben und ihre Freyheit, sondern
auch über das Schicksal ihres Vaterlandes entscheiden.

Das Gefecht war sehr hartnäckig und blutig. Als
die Athenienser sich der Mündung des Hafens näherten,
wurden sie mit dem ersten Anlauf von den zur Vertheidigung dahingestellten Schiffen Meister. Allein als
sie die Kette zu zerbrechen suchten, um den Durchgang
zu erweitern, eilten die Feinde von allen Seiten herbey. Da sich hier an die zwey hundert Galeeren von
beiden Seiten in einen so engen Raum zusammendräng-
ten, so mußte nothwendig große Verwirrung entstehen,
indem die Schiffe nicht leicht vorwärts bringen, oder
zurückziehen, oder sich umschwenken konnten, um den
Angriff zu erneuern. Die Rennbäume und Haken konnten also wenig ausrichten; hingegen schossen sie aufein-
ander desto hitziger und häufiger. Die Athenienser wurden mit einem Regen von Steinen überhäuft, welche
immer großen Schaden anrichteten, woher sie auch geworfen seyn mogten; dahingegen sie sich bloß mit Wurf-

spießen und Pfeilen vertheidigten, die wegen der Bewegung der Schiffe nicht sicher treffen konnten, und also
nur wenig ausrichteten. Der Steuermann Ariston
hatte den Syrakusanern diesen Rath gegeben. Als dieses vorüber war, suchten die schwerbewaffneten Soldaten die Schiffe zu ersteigen, um handgemein zu werden,
da es denn oft geschah, daß, indem sie auf der einen
Seite hinaufkletterten, ihre eigne Schiffe von der andern Seite erstiegen wurden; und zwey oder drey Schiffe also zusammengeklammert waren, welches große Verlegenheit und Verwirrung verursachte. Ferner verhinderte das Getöse der Schiffe, welche eins gegen das
andre stießen, das verschiedne Geschrey der Sieger und
Besiegten, daß die Befehle der Officiere nicht gehört
werden konnten. Die Athenienser hatten es darauf gesetzt, sich durchzuschlagen, was auch daraus erfolgen
mögte, um sich eine sichre Rückkehr in ihr Vaterland
zu verschaffen, und dies suchten die Feinde aus äußersten Kräften zu verhindern, um einen desto vollkomm-
nern und herrlicheren Sieg zu erhalten. Die beiden
Landarmeen standen während des Treffens, als Zuschauer an der Küste, und die Einwohner der Stadt
waren auf die Mauren zusammengelaufen, unterdeß
die übrigen in den Tempeln knieten, und den Himmel
anfleheten, ihren Mitbürgern Glück zu verleihen. Alle
diese konnten, wegen der kleinen Entfernung von den
Flotten, ganz deutlich sehen, was vorgieng, und betrachteten das Treffen wie von einem Amphitheater;
aber nicht ohne größte Furcht und Angst. Aufmerksam und schaudernd bey jeder Bewegung, jeder kleinsten Veränderung, entdeckten sie ihre Theilnehmung,
ihre Furcht, ihre Hoffnung, ihre Bekümmerniß, ihre
Freude, durch verschiednes Geschrey und Geberden,
indem sie bald ihre Hände gegen die Fechtenden aus-
streckten, um sie aufzumuntern, bald sie gen Himmel

erhuͤben, um den Beyſtand und Schutz der Goͤtter zu
erflehen. Endlich ward die Athenienſiſche Flotte, nachdem ſie lange tapfer gefochten, und den muthigſten Widerſtand gethan hatte, in die Flucht geſchlagen, und
auf den Strand gejagt. Die Syrakuſaner, welche Zuſchauer dieſes Sieges waren, thaten der ganzen Stadt
durch ein allgemeines Freudengeſchrey die frohe Nachricht kund. Die Sieger, jetzt Meiſter der See, ſegelten mit guͤnſtigſten Winde nach Syrakus, und errichteten ein Siegszeichen, unterdeß die Athenienſer,
ganz troſtlos und niedergeſchlagen, nicht einmal die
Auslieferung ihrer Todten verlangten, um den Ueber-
bleibſel ihrer Freunde die letzte traurige Pflicht abzu-
ſtatten.

Nur zwey Wege blieben ihnen jetzt zu waͤhlen uͤbrig:
entweder noch einmal einen Verſuch zu machen, ſich
durchzuſchlagen, wozu ſie noch Schiffe und Truppen
genug vorraͤthig hatten, oder ihre Flotte dem Feinde
zu uͤberlaſſen, und ſich zu Lande zuruͤckzuziehen. Demoſthenes rieth zum erſteren, und Nicias trat ihm
bey, aber das Schiffvolk war gaͤnz betaͤubt und hoff-
nungslos, daß es ſich weigerte zu gehorchen, voͤllig uͤber-
zeugt, daß es ihm unmoͤglich ſeyn wuͤrde, ein zweytes
Treffen auszuhalten. Man entſchloß ſich alſo zum letztern, und ſchickte ſich an, in der Nacht abzuziehen,
um den Marſch der Armee vor dem Feinde zu verbergen.

Aber Hermokrates, welcher ihren Entſchluß
muthmaßte, ſahe wohl ein, daß es von der aͤußerſten
Wichtigkeit ſey, eine ſo große Anzahl von Truppen
nicht entwiſchen zu laſſen, weil ſie ſich ſonſt in irgend einem Winkel der Inſel befeſtigen, und den Krieg von
neuem wieder anfangen moͤgten. Die Syrakuſaner
waren damals mitten in Freude und Luſt begriffen, und
dachten auf nichts weiter, als wie ſie ſich nach den Be-
ſchwerlichkeiten des Treffens am beſten erquicken moͤg-

ten. Sie feyerten eben das Fest des Herkules. Jetzt
von ihnen verlangen, daß sie schon wieder zu den Waffen
greifen sollten, um den Feind zu verfolgen, sie durch Gewalt
oder Ueberredung von ihren Lustbarkeiten abzuziehen suchen, das würde ganz vergebens gewesen seyn, und man
mußte sich daher eines ganz andern Mittels bedienen.
Hermokrates schickte einige wenige Reuter aus, die
sich für Freunde der Athenienser ausgeben, und ihnen
laut zurufen mußten: Sagt dem Nicias, daß er ja
nicht eher als bey hellem Tage aufbreche, denn die
Syrakusaner passen ihm auf, und haben alle Wege besetzt. Diese falsche Nachricht hielt den Nicias zurück, und er wartete sogar noch den folgenden Tag, damit seine Truppen mehr Zeit haben mögten, sich zum
Abmarsch anzuschicken, und alles, was sie zu ihrem Unterhalt etwa nöthig hätten, mitnehmen, das übrige
aber zurücklassen könnten.

Nun hatte der Feind Zeit die Wege zu besetzen.
Den nächsten Morgen früh bemächtigten sie sich der
schwersten Pässe, setzten Wachen an diejenigen Stellen
der Flüsse, wo sich durchkommen ließ, brachen die Brücken ab, und stellten hin und wieder in den Ebnen De-
taschements der Reuterey aus, so daß kein Ort übrig
blieb, wo die Athenienser ohne zu fechten hätten hindurch können. Den dritten Tag nach dem See-Tref-
fen, begaben sie sich endlich, in der Absicht sich nach
Katana zu verfügen, auf den Weg. Die ganze
Armee war in unbeschreiblicher Bestürzung bey dem Anblick einer so großen Menge von Todten oder Sterbenden, die sie theils den wilden Thieren zum Raube, theils
der Grausamkeit der Feinde überlassen mußten. Die
Kranken und Verwundeten beschworen sie mit Thränen,
sie doch nicht im Stiche zu lassen; sie hielten die Ab-
marschierenden bey den Kleidern fest, oder krochen ihnen nach, und folgten ihnen solchergestalt so weit, als

ihre Kräfte es erlaubten; und wenn sie denn nicht weiter konnten, nahmen sie ihre Zuflucht zu Thränen, Seufzern, Verwünschungen, und klagten mit sterbenden Aechzen zum Himmel auf; sie riefen Götter und Menschen an, diese Grausamkeit zu rächen, und von allen Seiten hörte man ihr Wehklagen widerhallen.

Die ganze Armee befand sich in dem bedaurenswürdigsten Zustande. Alle Athenienser waren in tiefste Melancholie versunken. Wüthender Gram zermarterte sie bey dem Gedanken an die Größe, von welcher sie gefallen, das äußerste Elend, in welches sie versunken wären, und die noch größeren Uebel, denen sie, wie sie voraussahen, unmöglich würden entgehen können. Und unerträglich war ihnen die ihrer Seele immer vorschwebende Vergleichung des triumphirenden Zustandes, in welchem sie Athen verlassen hatten, mitten unter den Segenswünschen und Zurufungen des Volks, mit der Schande ihres Rückzuges, verbittert durch das Geschrey und Flüche ihrer Verwandten und Mitbürger.

Der melancholischeste und mitleidenswürdigste Gegenstand des ganzen Schauspiels aber war Nicias, niedergeschlagen und abgezehrt durch eine langwierige Krankheit, beraubt der nöthigsten Bedürfnisse zu einer Zeit, da sein Alter und seine Gebrechen sie am mehrsten erfoderten, gequält nicht nur durch seinen eignen Kummer, sondern auch durch die Bekümmernisse Andrer, welche alle sein Herz durchborten. Gleichwohl war dieser große Mann, über alle seine Widerwärtigkeiten erhaben, auf nichts anders bedacht, als, wie er seine Truppen am beßten tröften, und ihnen neuen Muth einflößen mögte. Er war allenthalben, bald hier bald dort, gegenwärtig, rief laut, daß ihr Zustand noch nicht ganz ohne Rettung sey, und daß andre Armeen schon oft größeren Gefahren entgangen wären; sie sollten sich nur nicht selbst anklagen, oder sich zu unmäßig grämen über Widerwärtigkeiten, an denen sie selbst nicht Schuld hätten; sollten sie je irgend einen Gott beleidigt haben, so müsse gewiß seine Rache jetzt gesättigt seyn; das Glück, nachdem es so lange den Feind begünstigt, würde ja endlich müde seyn, sie zu verfolgen; ihre Tapferkeit und ihre Anzahl (denn sie waren noch an vierzig tausend Mann stark) mache sie ja noch fürchtbar; keine Stadt in Sicilien würde ihnen widerstehen, oder sie hindern können, sich niederzulassen, wo sie es für gut fänden; sie hätten jetzt weiter nichts zu thun, als nur jeder für sich, sorgfältig auf ihrer Hut zu seyn, und in guter Ordnung fortzurücken; durch einen klugen und muthigen Rückzug, welcher jetzt ihr einziges Rettungsmittel sey, würden sie nicht nur sich selbst, sondern auch ihr Vaterland erhalten, und es in Stand setzen, sich zu seiner vorigen Größe wieder auf zuschwingen.

Die Armee marschierte in zween Haufen, beide in Form eines Phalanx, der erstere vom Nicias, und der zweyte vom Demosthenes angeführt, mit dem Gepäcke in der Mitte. Als sie an den Fluß Anapus kamen, schlugen sie sich durch die Feinde durch und giengen also ungehindert hinüber; die Syrakusaner aber waren ihnen beständig mit der Reuterey zur Seite, und sprengten auf sie ein, unterdeß zugleich die leichten Truppen sie mit ihren Wurfspießen beunruhigten. Solchergestalt ward ihnen verschiedne Tage hinter einander auf ihrem Marsch zugesetzt, indem alle Päffe besetzt waren, und die Athenienser sich genöthigt fanden, jeden Fußbreit ihres Weges zu erkämpfen. Der Feind hatte nicht Lust ein Treffen gegen ein Heer zu wagen, welches Verzweiflung allein unüberwindlich machen konnte; und so bald die Athenienser den Syrakusanern ein Treffen anboten, zogen die letztern sich zurück; so bald aber die ersteren ihren Marsch fortsetzten, näherten sie sich wieder, und griffen sie wie vorher an.

Bey diesem elenden Zustande der Truppen, da sie ganz von Lebensmitteln entblößt, und großentheils verwundet waren, hielten Demosthenes und Nicias es für rathsam, sich durch einen ganz andern Weg, als den sie jetzt hielten, an die Seeküste zu ziehen, und sich geradesweges nach Kamarina und Gela zu wenden, statt, wie sie anfangs willens waren, nach Katana zu marschieren. Sie brachen also in der Nacht auf, nachdem sie eine Menge von Feuern angezündet hatten. Der Rückzug geschah in großer Verwirrung und Unordnung, wie es gemeiniglich großen Armeen in dem schrecklichen Dunkel der Nacht zu ergehen pflegt, vornehmlich, wenn der Feind nicht weit ist. Indessen rückte der Vortrupp, unter des Nicias Kommando, in guter Ordnung fort, aber über die Hälfte des Nachzuges, vom Demosthenes geführt, gerieth von der Hauptarmee ab, und verlor den Weg. Die Syrakusaner, welche auf die Nachricht von dem Rückzuge der Feinde, mit äußerster Geschwindigkeit ihnen nachsetzten, holten den Demosthenes den folgenden Tag um Mittag ein; sie umringten ihn mit ihrer Reuterey, und trieben ihn in einen engen Platz, der mit einer Mauer umgeben war, wo dann seine Soldaten wie Löwen fochten. Als die siegenden Syrakusaner gegen Abend gewahr wurden, daß sie ganz entkräftet und mit Wunden bedeckt waren, so boten sie den Insulanern die Freyheit an, wenn sie zu ihnen übergehen wollten, worauf dann auch einige zu ihnen austraten. Nachher kam auch mit den übrigen sämmtlichen Völkern des Demosthenes ein Vergleich zu Stande, auf die Bedingungen, daß sie ihre Waffen ausliefern, und keiner von ihnen weder hingerichtet, noch zu ewiger Gefangenschaft verdammt werden sollte. Worauf sich dann

der ganze Haufe, an sechstausend Mann, zu Kriegsgefangenen ergab.

Nicias langte noch an eben dem Tage bey dem
Fluß Erineus an, wo er hinüber gieng, und seine
Völker auf eine Anhöhe lagern ließ. Die Syrakusaner
holten ihn hier den folgenden Tag ein, und foderten ihn
auf, sich gleich dem Demosthenes zu ergeben. Nicias konnte anfangs nicht glauben, daß das, was sie
vom Demosthenes sagten, wahr sey, und bat daher
um Erlaubniß, einige seiner Reuter auszuschicken zu dürfen, um sich selbst davon zu überzeugen. Als diese mit
der Nachricht zurückkamen, daß Demosthenes sich
wirklich ergeben, so erbot er sich, die Kriegskosten zu
erstatten, auf die Bedingung, daß sie ihm erlaubten,
mit seinen Truppen das Land zu verlassen, da er ihnen
dann so viel Athenienser zu Geißeln übergeben wolle, als
er Talente zu bezahlen haben würde. Die Feinde verwarfen diesen Vorschlag mit Verachtung und Uebermuth, und beschossen ihn aufs neue von allen Seiten.
Nicias, wiewohl er durchaus an allem Mangel litt,
hielt dennoch die ganze Nacht hindurch den Angriff aus,
und zog sich unterdeß gegen den Fluß Asinarus fort.
Als sie das Ufer desselben erreicht hatten, jagten die Syrakusaner, die ihnen immer auf den Fersen waren, die
mehrsten von ihnen in den Strom, da die übrigen sich
schon freywillig hinein gestürzt hatten, ihren brennenden Durst zu löschen. Hier wurde dann erst das größte und schrecklichste Blutbad angerichtet, indem man
die armen Elenden ohn alles Erbarmen beym Trinken
niedermachte, so daß der ganze Strom von Blut und
Leichnahmen floß. Nicias, der nun Alles verloren
sahe, und nicht fähig war, den Anblick dieses schrecklichen Schauspiels zu ertragen, ergab er sich, auf die
Bedingung, daß Gylippus dem Blutvergießen ein
Ende machen, und des noch übrigen Theils seiner Ar-

mee schonen mögte. Eine große Menge wurde bey dieser Gelegenheit getödtet, noch mehrere aber zu Gefangenen gemacht, die man durch ganz Sicilien vertheilte.
Die Athenienser scheinen unzufrieden über ihren General gewesen zu seyn, daß er sich also auf Discretion ergeben, und beßwegen seinen Namen auf einem öffentlichen Denkmal ausgelassen zu haben, in welchem die
Namen aller derjenigen Feldherrn eingegraben waren,
die ihr Leben im Kampfe für ihr Vaterland verloren
hatten.

Die Sieger schmückten die schönsten und größten
Bäume, die sie an den Ufern der Flüsse fanden, mit
den Waffen der Gefangenen, und machten eine Art
von Trophäen aus diesen Bäumen.   Sich selbst kröh-
nen sie mit Blumenkränzen, behiengen ihre Pferde mit
den reichsten Decken, und zogen also triumphirend in
Syrakus ein, nachdem sie den wichtigsten Krieg,
den sie je mit den Griechen geführt, glücklich zu Ende
gebracht, und durch ihre Stärke und Tapferkeit den
glücklichsten und vollkommensten Sieg erfochten hatten.

Den folgenden Tag ward eine Versammlung gehalten, um zu berathschlagen, wie man mit den Gefangenen verfahren sollte.   Diokles, einer von den
angesehensten Anführern des Volks, wollte, daß alle
Athenienser, die von freyen Aeltern geboren wären, und
alle Sicilianer, die es mit ihnen gehalten hätten, gefangen gesetzt, und ihnen täglich nur zwey Maaß Mehl,
und ein Maaß Wasser gereicht; daß die Sklaven und
alle Bundsgenossen öffentlich verkauft, und die beiden
Atheniensischen Generale erst öffentlich gegeisselt, und
dann hingerichtet werden sollten.

Dieser letztere Vorschlag wurde von allen weisen
und menschlichen Syrakusanern äußerst mißbilligt.
Hermokrates, welcher wegen seiner Redlichkeit und
Gerechtigkeit sehr berühmt war, suchte dem Volk eini-

ge Vorstellungen dagegen zu thun, aber man wollt' ihn
nicht anhören, und das Geschrey, welches von allen Seiten erschallte, hinderte ihn, in seiner Rede fortzufahren.
In diesem Augenblick ließ ein alter Mann, ehrwür-
dig wegen seines hohen Alters und seiner Gravität, der
in diesem Kriege zween Söhne, die einzigen Erben seines Namens und seiner Güter, verloren hatte, sich von
seinen Sklaven zu dem Rednerplatze führen, und sobald
er erschien, entstand eine allgemeine Stille.

„Ihr sehet hier, sagt' er, einen unglücklichen Va-
„ter, der mehr, als irgend ein andrer Syrakusaner, die
„traurigen Folgen dieses Krieges gefühlt hat; denn
„ich habe zween Söhne verloren, die mein einziger
„Trost, die einzige Stütze meines Alters waren. Ich
„kann freylich nicht umhin, ihre Tapferkeit und ihr
„Glück zu bewundern, indem sie dem Wohl ihres Va-
„terlandes ein Leben aufgeopfert haben, dessen sie der-
„einst durch den gewöhnlichen Lauf der Natur würden
„beraubt worden seyn: aber denn kann ich eben so we-
„nig umhin, die grausame Wunde, die ihr Tod mei-
„nem Herzen versetzt hat, aufs stärkste zu empfinden,
„und die Athenienser, die Urheber dieses unseligen Krie-
„ges, als Mörder meiner Kinder zu hassen und zu ver-
„abscheuen. Gleichwohl kann ich einen Umstand nicht
„verhehlen, nämlich den, daß meine besondere Trüb-
„sale mir nicht so sehr zu Herzen gehen, als die Ehre
„meines Vaterlandes; denn dieser seh' ich jetzt in Ge-
„fahr unauslöschlicher Schande, durch den barbarischen
„Rath, welcher euch jetzt gegeben worden. Freylich
„verdienen die Athenienser die härteste Behandlung
„und jede Art von Strafe, die ihnen nur angethan wer-
„den kann, dafür daß sie einen so ungerechten Krieg mit
„uns angefangen; aber haben nicht die Götter, die ge-
„rechten Richter der Verbrechen, sie gestraft, und uns
„hinlänglich gerächet? Als ihr General die Waffen

„niederlegte, und ſich ergab, that er es nicht in der
„gewiſſen Erwartung, daß wir ihres Lebens ſchonen
„würden, und wenn wir ſie hinrichten, wird es uns
„dann möglich ſeyn, den gerechten Vorwurf zu vermei-
„den, daß wir das allgemeine Völkerrecht verletzt, und
„unſern Sieg durch unerhörte Grauſamkeit geſchändet
„haben? Wie könnt ihrs ertragen, daß euer Ruhm
„alſo vor den Augen der ganzen Welt befleckt werde,
„und daß man ſage, eine Nation, welche zuerſt in die-
„ſer Stadt der Gnade einen Tempel weihete, habe nur
„Unmenſchlichkeit bey euch gefunden? Wahrlich, Sie-
„ge und Triumphe geben einer Stadt keinen unſterbli-
„chen Ruhm, ſondern Güte und Menſchlichkeit gegen
„den überwundenen Feind, Mäßigung im größten
„Glück, und Furcht, die Götter durch ein ſtolzes über-
„müthiges Verfahren zu beleidigen. Ohne Zweifel
„habt ihr doch nicht vergeſſen, daß eben dieſer Nicias,
„deſſen Todesurtheil ihr jetzt fällen wollt, der Mann
„war, der ſich in der Verſammlung der Athenienſer
„eurer annahm, und ſein ganzes Anſehen, die ganze
„Macht ſeiner Beredtſamkeit anwandte, ſein Vater-
„land von dieſem Kriege abzurathen. Sprächet ihr
„alſo das Todesurtheil über dieſen würdigen General
„aus, wäre das eine gerechte Vergeltung des Ei-
„fers, den er für eure Sache bewies? Für meine
„Perſon wenigſtens würde der Tod mir weniger herbe
„ſeyn, als der Anblick, meine Landsleute und Mitbür-
„ger eine ſo ſchreckliche Ungerechtigkeit verüben zu
„ſehen.„

Das Volk ſchien durch dieſe Rede von Mitleiden
gerührt, vornehmlich da es, bey der erſten Erſcheinung
dieſes ehrwürdigen Greiſes erwartet hatte, daß er es
laut um Rache gegen diejenigen, die all ſein Elend über
ihn gebracht, anrufen würde, ſtatt um Verzeihung für
ſie zu bitten. Allein die Feinde der Athenienſer brei-

reten ſich mit vieler Heftigkeit über die unerhörten Grau-
ſamkeiten aus, welche ihre Republik gegen verſchiedne
feindliche Städte und ſelbſt gegen ihre alten Bundsgenoſſen verübt; den eingewurzelten Haß, welchen die
Generale gegen Syrakus bewieſen, und die Uebel, die
ſie ihm würden zugefügt haben, wenn das Glück ihnen günſtig geweſen wäre; die Trübſale und Seufzer
unzählicher Syrakuſaner, die den Tod ihrer Kinder
und nächſten Angehörigen beweinten, deren abgeſchie-
dene Geiſter nicht anders beſänftigt werden könnten, als
durch das Blut ihrer Mörder. Dieſe Vorſtellungen
behielten die Oberhand, das Volk kehrte wieder um zu
ſeinem blutdürſtigen Entſchluß, und befolgte des Diokles Rath aufs genaueſte. Gylippus gab ſich vergebens alle mögliche Mühe, den Nicias und Demoſthenes ausgeliefert zu erhalten, (vornehmlich da er
ſie gefangen genommen hatte) um ſie nach Sparta zu
bringen; ſeine Bitte ward ihm mit verächtlichem Uebermuth abgeſchlagen, und die beiden Generale wurden
hingerichtet.

Alle weiſe und mitfühlende Menſchen konnten ſich
nicht enthalten, Thränen zu weinen über das Schickſal zweyer ſo großer Männer, vornehmlich des Nicias,
der von allen Menſchen ſeiner Zeit am wenigſten ein ſo
ſchimpfliches und unzeitiges Ende zu verdienen ſchien.
Viele, die ſich erinnerten, welche Reden er gehalten,
welche Vorſtellungen er gethan, dieſen Krieg zu verhindern, und auf der andern Seite bedachten, welch
eine hohe Ehrerbietung er immer gegen die Götter und
alles, was die Religion betraf, bewieſen, geriethen in
Verſuchung, gegen die Fürſehung zu murren, indem
ſie ſahen, daß ein Mann, der immer mit größtem Eifer und äußerſter Gewiſſenhaftigkeit die Götter verehrt
hätte, ſo ſchlecht von ihnen belohnt wurde, und kein
beſſeres Schickſal fand, als die ruchloſeſten Böſewichter.

Q

Die Gefangenen wurden in die Steingruben eingesperrt, wo sie, dicht zusammengedrängt, acht Monate hinter einander unbeschreibliche Qualen ausstehen mußten.
Hier waren sie ohne Bedeckung allen Abwechselungen
der Witterung ausgesetzt, wurden anfangs durch die
brennenden Sonnenstrahlen des Sommers, und dann
durch die kalten Nachtfröste des Herbstes gemartert,
durch den Gestank ihres eignen Auswurfs, und der
Leichname derer, die an Wunden oder Krankheit star-
ben, vergiftet, und wegen der kärglichen schlechten Nahrung von Hunger und Durst verzehrt. Diejenigen,
die zwey Monate nachher aus diesem Gefängniß erlöst
wurden, um als Sklaven verkauft zu werden, unter
denen sich viele Bürger befanden, die ihren Stand verhehlt hatten, fanden ein milderes Schicksal. Ihre
Weisheit, ihre Geduld, und eine gewisse Miene von
Redlichkeit und Sittsamkeit gereichten ihnen zu grossem
Vortheil, denn sie wurden entweder bald in Freyheit
gesetzt oder erfuhren die gütigste und edelste Begegnung
von ihren Herren. Verschiedne derselben hatten auch
die gute Begegnung, die ihnen wiederfuhr, dem Eu-
ripides zu danken, aus dessen Tragödien sie die schönsten Scenen den Sicilianern vorsagten, welche ausnehmend viel Geschmack daran fanden; so daß verschiedne,
die in ihr Vaterland zurückkamen, zu dem Dichter giengen, ihn ihren Retter nannten, und ihm erzählten, was
für bewundernswürdige Wirkungen seine Verse zu ihrem Beßten gethan hätten.

Als die Nachricht von der erlittenen Niederlage nach
Athen kam, waren die Bürger, welche nichts weniger vermutheten, so weit entfernt ihr Glauben beyzu-
messen, daß sie den Mann zum Tode verurtheilten, der
sie zuerst bekannt gemacht hatte. Da sie sich aber bald
bestätigte, gerieth Alles in die äußerste Bestürzung;
und gleich als ob sie nicht selbst den Krieg beschlossen hät-

ten, ließen sie ihre Wuth und Erbitterung gegen die
Redner aus, welche das Unternehmen befördert, und
gegen die Wahrsager, die durch ihre vorgeblichen Wun-
derzeichen ihnen mit der Hoffnung des Sieges geschmeichelt hatten. Noch nie hatten sie sich in einem so betrübten Zustande befunden, als jetzt: sie hatten weder
Fußvolk, noch Reuterey, noch Geld, noch Schiffe,
noch Seeleute; mit einem Worte, sie waren in tiefster
Verzweiflung, und erwarteten jeden Augenblick, daß
der Feind, stolz auf einen so großen Sieg, und verstärkt durch die Empörung der Bundsgenossen, kommen würde mit der ganzen Macht des Peloponnes,
Athen zur See und zu Lande anzugreifen. Cicero,
als er von dem Seetreffen in dem Syrakusanischen Hafen sprach, sagte mit Recht, da wären die Truppen,
so wohl als die Galeeren der Athenienser zu Grunde gerichtet und versunken, und in diesem Hafen habe die
Macht und der Ruhm der Athenienser elendiglich Schiffbruch gelitten.

Indessen ließen die Athenienser sich doch nicht ganz
niederschlagen, sondern faßten bald wieder Muth. Sie
entschlossen sich jetzt, aller Orten her, wo sie nur könnten, Geld aufzubringen, und Holz zum Schiffbau einzuführen, um die Bundsgenossen, besonders die Einwohner der Insel Euböa in Ehrfurcht zu erhalten.
Sie schränkten alle überflüssige Ausgaben ein, und errichteten eine obrigkeitliche Gesellschaft von bejahrten
Männern, welche alle Angelegenheiten, ehe sie dem
Volke vorgetragen würden, vorher abwägen und untersuchen sollten. Kurz, sie unterließen nichts, was bey
gegenwärtigen Umständen dienlich seyn könnte, indem
die Furcht, in welcher sie schwebten, und ihre gemeinschaftliche Gefahr Jedermann nöthigte, auf die Bedürfnisse des Staats aufmerksam zu seyn, und sich be-

reinwillig nach jeder Einrichtung zu bequemen, die sein
Wohl befördern könnte.

Also lief es mit der Belagerung von Syrakus ab,
deren unglücklicher Ausgang die Macht derjenigen zerstörte, die sie unternommen hatten.   Wir haben bisher gesehen, wie Athen durch Künste und Waffen
emporgestiegen, wie es allen Nationen umher in Verfeinerung, Menschlichkeit, Philosophie und Kriegskunst
Unterricht gegeben, und angefangen, ein Reich zu stiften, das, wenn es einmal fest gestanden, keine benach-
barte Macht zu überwältigen würde vermogt haben.
Aber sein Ehrgeiz wuchs schneller auf, als seine Kräfte, und da sich seine Absichten weiter hinaus erstreckten,
als seine Fähigkeiten zur Ausführung reichten, stürzt
es auf einmal von der Höhe herab, nach welcher es
Jahrhunderte hindurch so emsig gestrebt hatte.   Jetzt
also wird sich ein ganz andres Gemälde uns darstellen:
wir werden diesen kleinen Staat nicht länger nach Eroberungen über andre Nationen schmachten, sondern
sich selbst zu Hause ängstlich vertheidigen sehen; Athen
wird nicht länger in den Rathsversamlungen Griechenlandes den Vorsitz haben, und seine verbundene
Heere anführen; es wird jetzt gewissermassen zu nichts
herabsinken, und vor den Augen des Geschichtforschers
dahinwelken; und andre Nationen, deren Namen bisher kaum erwähnt worden, sich aus der Dunkelheit em-
porheben. —   Die übereilte Unbesonnenheit dieses Unternehmens war jetzt aufs strengste bestraft, durch den
Verlust ihrer besten Generale, Flotten, und Kriegshee-
re; Alles war jetzt vertilgt, oder dem Willkühr derer
überlassen, die sie so sehr zur Unzeit ihrer Herrschaft zu
unterwerfen gesucht hatten.

Ihre Bundsgenossen fiengen nun an darauf zu denken, ihr Joch abzuwerfen; und selbst diejenigen, die bisher neutral geblieben, ergriffen diese Gelegenheit, sich

gegen sie zu erklären. Aber die Lacedämonier, die jetzt vor allen andern aufgeblasen waren, entschlossen sich, den Krieg mit Nachdruck fortzusetzen, und der Winter wurde mit Zurüstungen von beiden Seiten hingebracht. Die Athenienser wußten bey ihrer jetzigen Noth kaum, wohin sie sich wenden sollten; viele mit ihnen im Bunde stehenden Städte empörten sich, und nur mit äußerster Schwierigkeit brachten sie dadurch, daß sie ihre Truppen und Flotte nach Samos schickten, die abgefallenen Staaten wieder zum Gehorsam, und erhielten die übrigen bey ihrer Pflicht. Also rangen sie noch immer mit einem Theil ihres vorigen Geistes, und erhielten sich dadurch im Stande, ihren Feinden die Spitze zu bieten, über welche sie verschiedne Vortheile erhalten hatten.

Alcibiades, welcher von Allem, was bey den Atheniensern vorgieng, sehr wohl unterrichtet war, schickte insgeheim an die Oberhäupter derselben zu Samos, um ihre Gesinnungen auszuforschen, und sie wissen zu lassen, daß er nicht abgeneigt sey, nach Athen zurückzukehren, wofern nur die Verwaltung der Republik in die Hände der Großen und Mächtigen übergeben, und nicht länger dem Pöbel gelassen würde, welcher ihn verbannet hatte. Einige der Oberbefehlshaber giengen also von Samos ab, in der Absicht, die füglichsten Maaßregeln zur glücklichen Ausführung dieses Vorhabens mit ihm abzureden. Er versprach ihnen, den Atheniensern nicht allein die Gunst des Persischen Generals Tissaphernes, zu dem er seine Zuflucht genommen hatte, sondern auch des Königes von Persien selbst zu verschaffen, auf die Bedingung, daß sie die Demokratie in eine Aristokratie verwandelten; weil der König mehr Vertrauen auf die Zusagen des Adels, als auf die eines veränderlichen und eigensinnigen Pöbels, setzen würde. Der Angesehenste von denen, die sich

seiner Rückkehr widersetzten, war **Phrynikus**, einer
der Generale, welcher, um seine Absichten zu erreichen,
dem **Astyochus**, dem General der Lacedämonier,
Nachricht gab, daß **Alcibiades** mit dem **Tissaphernes** Unterhandlung pflege, um ihn auf die Seite der
Athenienser zu ziehen. Er erbot sich ferner, ihm die
ganze Atheniensische Armee und Flotte in die Hände zu
liefern. Aber alle diese verrätherischen Anschläge wurden durch das gute Vernehmen zwischen dem **Alcibiades** und **Astyochus** entdeckt, worauf er seiner Würde entsetzt, und nachher auf dem Marktplatze ermordet
wurde.

Unterdessen waren die Athenienser eifrig damit beschäfftigt, die Veränderung der Regierungsform, die
Alcibiades vorgeschlagen hatte, zu Stande zu bringen. Man fieng an, die Demokratie in verschiednen
Atheniensischen Städten abzuschaffen, und bald nachher wurde der Entwurf, durch den **Pisander**, welchem dieses Geschäfft besonders aufgetragen war, noch
weiter durchgesetzt. Um die neue Staatsverfassung einzurichten, wirkte er aus, daß zehn Bevollmächtigte
mit unumschränkter Gewalt erwählt wurden, die aber
zu einer gewissen bestimmten Zeit dem Volke von dem,
was sie gethan, Rechenschaft ablegen sollten. Nach
Verlauf dieser Zeit ward die allgemeine Versammlung zusammenberufen, worinn man zuerst ausmach-
te, daß es Jedem freystehen sollte, vorzuschlagen, was er für gut fände, ohne daß er fürchten dürf-
te, wegen Verletzung der Gesetze verklagt, oder dem
gemäß bestraft zu werden. Hiernächst wurde beschlossen, daß ein neuer Rath errichtet werden sollte, mit
völliger Gewalt, die öffentlichen Angelegenheiten zu
verwalten, und neue Magistratspersonen zu erwählen.
Zu diesem Ende wurden fünf **Prytanen**, oder Vor-
steher erwählt, welche denn hundert Männer ernannten,

sich selbst eingeschlossen. Jeder von diesen wählte sich nach Belieben drey andre zu Gehülfen, die also in Allem vier hundert Männer ausmachten, welche eine unumschränkte Macht in Händen hatten. Um aber dem Volk einen blauen Dunst vorzumachen, und es mit einem Schatten von Demokratie zu trösten, unterdeß eine wahre Oligarchie eingeführt wurde, sagte man, diese Vierhundert sollten, so oft sie's nöthig fänden, einen Rath von fünf tausend Bürgern zu ihrem Beystande zusammenberufen. Die Versammlungen des Volks wurden, wie gewöhnlich, gehalten, aber nichts geschah anders, als auf Befehl der Vierhundert. Solchergestalt wurde das Volk von Athen noch einmal seiner Freyheit beraubt, welcher es beinahe hundert Jahre, nach Abstellung der Tyranney der Pisistratiden, genossen hatte.

Nachdem diese neue Anordnung ohne Widerstand zu Stande gebracht war, ließen die Vierhundert die Versammlung des Volks aus einander, giengen darauf mit Dolchen bewaffnet, und mit einer Wache von hundert und zwanzig jungen Leuten versehen, in den Rath, und entsetzten die Senatoren ihrer Würde, nachdem sie ihnen ihre Besoldung ausgezahlt hatten. Hierauf erwählten sie, unter Beobachtung der bey solchen Gelegenheiten üblichen Ceremonien, neue Magistratspersonen aus ihrem eignen Mittel. Sie fanden es nicht für gut, die Verbannten zurückzuberufen, um nicht durch ein solches Beyspiel den Alcibiades zur Rückkehr zu berechtigen, vor dessen unbändigem Geist sie sich fürchteten, und voraussahen, daß er sich bald des Volks bemeistern würde. Sie mißbrauchten übrigens ihre Gewalt auf eine tyrannische Art, indem sie Einige hinrichteten, Andre verbannten, und ihre Güter einzogen. Alle, die es wagten, sich dieser Veränderung zu widersetzen, oder sich nur darüber zu beklagen,

wurden unter falſchen Vorwänden aus der Welt ge-
ſchafft, und dadurch wurde denn jeder abgeſchreckt, die
Mörder zur Verantwortung zu ziehen.

Bald nach ihrer Anordnung ſchickten die Vierhundert Deputirten nach Samos, um die Armee zu Ge-
nehmigung dieſer neuen Einrichtung zu bewegen. Allein
ſie fanden ſich hier in ihrer Erwartung betrogen: denn
die Armee war mit ihrem Verfahren äußerſt unzufrieden. Auf Anrathen des Thraſybulus berief ſie den
Alcibiades zurück, und machte ihn zu ihrem General
mit voller Gewalt, gleich nach dem Pyräus abzuſe-
geln und dieſe neue Tyranney zu vertilgen. Alcibiades wollte gleichwohl dieſen raſchen Entwurf nicht billigen, ſondern begab ſich erſt wieder zum Tiſſaphernes, und ließ ihn wiſſen, daß es jetzt in ſeiner Gewalt
ſtünde, ihm als Freund oder als Feind zu begegnen.
Durch dieſes Mittel hielt er die Athenienſer durch
den Tiſſaphernes, und den Tiſſaphernes durch
die Athenienſer in Furcht. Als nachher die Vierhundert noch einmal nach Samos ſchickten, um ihr
Verfahren zu rechtfertigen, verlangte die Armee, daß
man die Abgeordneten hinrichten ſollte, und beſtand
darauf, ihren Entwurf auf den Pyräus auszuführen;
aber Alcibiades wollte durchaus nicht darein willigen, und rettete dadurch offenbar den Staat vom Untergange.

Unterdeſſen hatten die Neuerungen zu Athen zu
ſo vielen Faktionen und Tumulten Gelegenheit gegeben, daß die Vierhundert mehr darauf bedacht waren,
für ihre Sicherheit zu ſorgen, als den Krieg fortzuſe-
tzen. Dem gemäß befeſtigten ſie denjenigen Theil des
Pyräus, welcher die Mündung des Hafens beherrſchte, und waren entſchloſſen, im Fall der Noth, lieber
die Lacedämonier einzulaſſen, als ſich ſelbſt der Wuth
ihrer Mitbürger auszuſetzen. Die Spartaner nahmen

von diesen Unruhen Gelegenheit, mit zwey und vierzig Galeeren, unter Anführung des Hegesandrides, den Atheniensern entgegen zu gehen, und diese sahen sich genöthigt, ihnen mit sechs und dreyßig, unter dem Timochares, ein Treffen zu liefern, verloren aber einen Theil ihrer Flotte, und das Uebrige wurde zerstreuet. Hierzu kam noch, daß ganz Eubäa, Oreus ausgenommen, sich empörte, und die Parthey der Peloponnesier ergriff.

Dieser unglückliche Vorfall gab der Gewalt der Vierhundert den letzten Stoß. Die Athenienser entsetzten sie unverzüglich ihrer Würde, als Urheber aller Unruhen und Trennungen, unter denen sie seufzten. Alcibiades ward mit einmüthiger Bewilligung zurückberufen, und aufs bringendste gebeten, in möglichster Eile der Stadt zu Hülfe zu kommen. Aber er, um nicht, wenn er alsobald zurückkehrte, das Ansehen zu haben, daß er seine Zurückberufung bloß dem Mitleiden und der Gunst des Volks zu verdanken hätte, entschloß sich, nicht anders als im Triumph und mit größtem Glanz in Athen einzuziehen, und seine Rückkehr erst durch irgend eine wichtige That zu verdienen. In dieser Absicht verließ er Samos mit einer kleinen Anzahl von Schiffen, kreuzte um die Inseln Kos und Knidus, und als er erfahren hatte, daß Mindarus, der Spartanische Admiral, mit seiner ganzen Flotte nach dem Hellespont gesegelt, und daß die Athenienser ihm nachsetzten, lenkt' er mit äußerster Geschwindigkeit seinen Lauf dahin, um ihnen beyzustehen, und kam zum Glück mit seinen achtzehn Schiffen an, als eben die beiden Flotten bey Abydos in einem Gefecht begriffen waren, welches ohne Vortheil von beiden Seiten bis an den Abend fortdauerte. Seine Ankunft gab den Spartanern, die ihn noch für ihren Freund hielten, neuen Muth, und schlug die Athenienser nieder. Aber

Alcibiades steckte gleich die Athenienſiſche Flagge
aus, griff ſie an, und ſchlug ſie in die Flucht. Angefeuert durch dieſes Glück, ſetzt er ihnen nach, ver-
ſenkte ihre Schiffe, und richtete ein großes Blutbad unter den Soldaten an, die ſich in die See geworfen hatten, um ſich durch Schwimmen zu retten. Nachdem
die Athenienſer dreyßig Galeeren gefangen genommen,
und ihre eignen wiedererobert hatten, errichteten ſie ein
Siegeszeichen.

Alcibiades machte nach dieſem Siege dem Tiſſaphernes einen Beſuch, welcher aber ſo weit entfernt war, ihn ſeiner Erwartung gemäß zu empfangen,
daß er ihn augenblicklich in Verhaft nehmen ließ, und
ihn als Gefangenen nach Sardis ſchickte, wobey er
zur Urſach anführte, daß er von ſeinem König Befehl
erhalten, die Athenienſer zu bekriegen. Die wahre Urſach aber war, daß er befürchtete, von den Peloponneſiern bey ſeinem Herrn verklagt zu werden, und ſich
durch dieſe ungerechte Handlung von allen vorigen Be-
ſchuldigungen rein zu machen ſuchte. Alcibiades
entwiſchte, dreyßig Tage darauf, nach Klazomenä,
und griff bald nachher die Peloponneſiſche Flotte an, die
vor dem Hafen von Cyzikus vor Anker lag. Mit
zwanzig ſeiner beſten Schiffe brach er den Feind durch,
verfolgte diejenigen, die von ihren Schiffen aufs Land
flohen, und richtete eine große Niederlage an. Die
Athenienſer nahmen alle feindlichen Schiffe gefangen,
machten ſich Meiſter von Cyzikus, und Mingimis,
der Lacedämoniſche General, kam bey dieſer Gelegenheit um.

Alcibiades verſtand die Kunſt, den erfochtenen
Sieg zu benutzen; und eroberte an der Spitze ſeiner
Truppen verſchiedne von den Athenienſern abgefallene
Städte, unter denen ſich Chalcedon, Salymbria
und Byzantium befanden. Voller Stolz auf dieſe

Thaten, schien er nichts eifriger zu wünschen, als sich nun
einmal wieder seinen Landsleuten zu zeigen, seinen Freunden zum Triumph, und seinen Feinden zum Hohn. Er
segelte demnach, seiner Zurückberufung zufolge, gerades
weges nach Athen. Außer den Schiffen, welche mit
Schilden und Beute von aller Art, wie Trophäen,
behangen waren, ließ er sich auch eine große Menge
von Fahrzeugen, wie im Triumph, nachziehen; zugleich
stellt' er die Kriegszeichen und Zierrathen der verbrannten Schiffe zur Schau aus, deren mehr waren, als
der übrigen, indem sich ihre ganze Anzahl an zwey hundert belief. Die Geschichtschreiber sagen, als er, bey
seiner Annäherung zum Hafen, überlegt, was man
vormals alles gegen ihn gethan, sey er etwas in Furcht
gerathen, und habe sich gescheuet das Schiff zu verlassen, bis er von dem Verdeck eine große Menge seiner
Freunde und Verwandten gesehen, welche an die Küste gekommen waren, ihn zu empfangen, und ihn in-
ständigst baten, ans Land zu steigen. So bald er gelandet war, heftete die Menge Volks, die ihm aus der
Stadt entgegen gegangen war, ihre Augen auf ihn,
drängte sich um ihn her, begrüßte ihn mit lauten Zurufungen, und krönte ihn mit Blumenkränzen. Er
nahm ihre Bewillkommungen und Glückwünsche mit
großem Vergnügen an; er bat, daß man das vormals
über ihn gefällte Todesurtheil zurück nehmen, und ihn
durch die Priester von allen wider ihn ausgesprochenen
Verfluchungen lossprechen mögte; welches denn auch
geschah.

Ungeachtet dieser Triumphe, war es doch um die
wahre Macht der Athenienser geschehen; die Stärke des
Staats war dahin; und selbst ihre Liebe für die Freyheit hatte sich jetzt in der allgemeinen Verderbniß der
Zeiten verloren. Viele von dem geringen Volk wünschten nichts eifriger, als daß Alcibiades die Oberherr-

ſchaft übernehmen mögte, ja ſie baten ihn ſo gar, alle
Gewalt in ſeiner Perſon zu vereinigen, und ſich dadurch
über die Angriffe des Neides hinauszuſetzen. Die Vornehmen indeſſen waren nicht ſo ausſchweifend in ihrer
Dankbarkeit, ſie begnügten ſich ihn zum Generaliſſi-
mus aller ihrer Truppen zu ernennen, wobey ſie ihm
alles einräumten, was er verlangte, und ihnen die Generale, welche ihm am angenehmſten waren, zu Gehülfen gaben.

Er ſegelte demnach mit hundert Schiffen ab, und
gieng zuerſt nach der Inſel Andros, die ſich empört
hatte. Nachdem er die Einwohner derſelben bezwungen, begab er ſich nach Samos, welches er zum
Hauptſitze des Krieges zu machen willens war. Unterdeſſen erwählten die Lacedämonier, denen mit Recht
über dieſes Glück des Alcibiades bange wurde, einen General, den ſie für fähig hielten, ihm die Spitze
zu bieten. Dieſer war Lyſander, einen Mann, der
zwar von der vornehmſten Familie, aber doch in Be-
ſchwerden groß gezogen war, und eine gänzliche Unterwerfung gegen die Zucht und Sitten ſeines Vaterlandes bewies. Er war tapfer und hochſtrebend, und opferte, gleich allen Spartanern, jedes Vergnügen ſeinem
Ehrgeiz auf. Er hatte eine Gleichmuth und Geſetzt-
heit, welche machten, daß er ſich in alle Situationen
des Lebens gleich gut finden konnte; bey alle dem aber
war er ausnehmend einſchmeichelnd, verſchlagen und
hinterliſtig, und machte ſein Intereſſe zum einzigen
Maaß der Wahrheit und Falſchheit. Dieſe betrügli-
che Gemüthsart bemerkte man ſein ganzes Leben hindurch
an ihm; man ſagte daher: er betrüge Kinder durch
Spielſachen, und Männer durch Meineyd; und es war
eine ſeiner eignen Maximen: wenn man den Löwen
nicht haben könne, ſo müſſe man auch den Fuchs zu gebrauchen wiſſen.

Nachdem Lysander das Kommando der Flotte übernommen, und seine Armee nach Ephesus gebracht hatte, ließ er aller Orten her Lastschiffe dahin zusammenkommen, und errichtete ein Zeughaus, Galeeren zu bauen; er machte die Häfen für die Kaufleute frey, munterte Künstler und Handwerker von allen Arten auf, setzte alles in Bewegung, und erfüllte dadurch die Stadt mit Reichthümern, und legte den Grund zu derjenigen Pracht, wodurch sie nachmals so berühmt ward. Während daß er diese Anstalten machte, erhielt er Nachricht, daß Cyrus, der Persische Prinz, zu Sardis angekommen; er reiste daher von Ephesus dahin, ihm einen Besuch zu machen, und sich über den Tissaphernes zu beklagen, dessen Falschheit und Verrätherey ihrer gemeinschaftlichen Sache so großen Schaden gethan. Cyrus, welcher einen persönlichen Haß auf diesen General geworfen hatte, bot den Absichten des Lysander die Hände, willigte darein, den Sold der Schiffsoldaten zu erhöhen, und ihm allen Beystand zu leisten, der nur in seiner Macht stünde.

Diese Freygebigkeit setzte die ganze Flotte in Eifer und Thätigkeit, und entzog den feindlichen Galeeren eine Menge Leute, indem das Schiffsvolk größtentheils zu derjenigen Parthey übergieng, wo es am besten bezahlt wurde. Die Athenienser, voller Verzweiflung bey dieser Nachricht, gaben sich alle mögliche Mühe, den Cyrus durch Vermittelung des Tissaphernes zu gewinnen; allein, er wollte sie nicht anhören, ungeachtet der Satrap ihm vorstellte, daß es dem Interesse des Königs gar nicht gemäß sey, die Lacedämonier groß zu machen, sondern vielmehr, die eine Parthey mit der andern im Gleichgewicht zu erhalten, um den Krieg immer zu unterhalten, und also beide durch ihre eignen Trennungen zu Grunde zu richten.

Als unterdessen Alcibiades auf einige Zeit die

Flotte verließ, um Kriegsbedürfniſſe herbeyzuſchaffen, übergab er das Kommando derſelben dem Antiochus; mit ausdrücklichem Befehl, ſich während ſeiner Abweſenheit durchaus nicht mit dem Feinde einzulaſſen, oder ihn anzugreifen.   Antiochus aber wünſchte nichts mehr, als irgend eine That auszuführen, wodurch er, ſich, ohne ſeinen Ruhm mit Jemanden zu theilen, in Anſehen ſetzen könnte; er war daher ſo weit entfernt, dem Befehl des Alcibiades zu gehorchen, daß er vielmehr alſobald gegen Epheſus abſegelte, und vor der Mündung des Hafens ſelbſt jedes Mittel anwandte, den Feind zu einem Treffen zu reizen. Lyſander bemannte anfangs nur einige wenige Schiffe, ſeine Anfälle abzutreiben; da aber die Athenienſiſchen Schiffe näher kamen, den Antiochus zu unterſtützen, eilten auch andre Lacedämoniſche Galeeren herbey, bis endlich beide Flotten nach und nach zuſammen waren, und das Treffen von beiden Seiten allgemein wurde. Lyſander erfocht endlich den Sieg, Antiochus kam ums Leben, und funfzehn Athenienſiſche Galeeren wurden erobert.   Vergebens kam bald nachher Alcibiades ſeinen Freunden zu Hülfe, vergebens erbot er ſich, das Treffen zu erneuern; Lyſander, zufrieden mit dem erhaltenen Siege, hatte nicht Luſt, ſich noch einmal dem Glücke zu vertrauen.

Der wetterwendiſche Athenienſiſche Pöbel fieng nun aufs neue an, den Alcibiades der Untüchtigkeit zu beſchuldigen.   Er, den man erſt eben bis zur Anbetung verehrt hatte, ward jetzt, auf den ungegründeten Verdacht, daß er ſeiner Pflicht zuwider gehandelt, des Kommandos entſetzt.   Aber der Ruhm, den er ſich durch ſeine vergangenen Dienſte erworben, wars, was ihn jetzt zu Grunde richtete; denn ſein beſtändiges Glück hatte eine ſo hohe Meynung von ihm bey dem Volk erzeugt, daß man glaubte, es könne ihm unmöglich ir-

gend etwas, das er unternähme, fehlschlagen, und daher nahmen seine Feinde Anlaß, seine Rechtschaffenheit
verdächtig zu machen, und ihm sowohl seine eigne, als
anderer Leute Vergehungen, zur Last zu legen.

Kallikratidas wurde zum Nachfolger des Lysander ernannt, dessen Jahr jetzt verflossen war.
Gleich strenge gegen sich selbst und Andre, unzugänglich der Schmeicheley und der Trägheit, ein erklärter
Feind der Ueppigkeit, bewahrt' er die Sittsamkeit, Mäs-
sigkeit und Strenge der alten Spartaner, Tugenden,
welche ihn jetzt schon besonders auszeichneten, da sie zu
seiner Zeit eben nicht sehr gewöhnlich mehr waren. Seine Frömmigkeit und Gerechtigkeit konnte durch Nichts
überwunden werden; seine Simplicität und Redlichkeit
verabscheute alle Betrüglichkeit und Falschheit, und dazu kam wahrer Spartanischer Edelmuth und Größe der
Seele.

Den ersten Versuch machte dieser neue Admiral gegen Methymna in Lesbos, welches er durch Sturm
eroberte. Hierauf droht' er dem Konon, welchen die
Athenienser zum General erwählt hatten, er wolle ihn
bald zwingen, die See nicht länger zu verunreinigen,
und verfolgte ihn auch bald nachher in den Hafen von
Mytilene mit hundert und siebzig Schiffen, nahm
ihm dreyßig Schiffe weg, und belagerte ihn in der
Stadt, welcher er alle Lebensmittel abschnitt. Bald
nachher nahm er noch zehn Schiffe weg, von zwölfen,
die dem Konon zu Hülfe kamen. Und als er hiernächst hörte, daß die Athenienser ihre ganze Macht, die
aus hundert und funfzig Schiffen bestand, ausgerüstet
hätten, so ließ er funfzig seiner Schiffe unter dem Eto-
nikus zurück, um die Belagerung von Mytilene
fortzusetzen, und gieng mit den übrigen hundert und
zwanzig den Atheniensern entgegen, die er bey Argi-
nusä, Lesbos gegen über, antraf. Sein Steuer-

mann gab ihm den Rath, ſich zurückzuziehen, denn der
Feind ſey ihm an Anzahl überlegen.   Er gab ihm zur
Antwort: es würde Sparta deßwegen nicht an guten
Bürgern fehlen, wenn er auch umkäme.   Das Treffen dauerte lange und war ſehr hartnäckig, bis endlich
das Schiff des Kallikratidas, da es unter die Feinde gerieth, verſenkt wurde, worauf die übrigen die
Flucht ergriffen.   Die Peloponneſier verloren an ſiebzig Schiffe, und die Athenienſer fünf und zwanzig, mit
dem größten Theil der Mannſchaft auf denſelben. Die
Athenienſiſchen Admirale , welche das gemeinſchaftliche Kommando über die Flotte führten, ſtatt für einen
ſo herrlichen Sieg belohnt zu werden, wurden ein ſchreckliches Beyſpiel der Macht und Undankbarkeit ihrer Mitbürger. In einem Bericht von dieſem Treffen vor dem
Senat, beſchuldigte man ſie, ſie hätten ihre Leute auf
den verſenkten Schiffen untergehen laſſen, da ſie dieſelben doch retten können; worauf ſie dann in Feſſeln gelegt wurden, um ſich darüber vor dem Volke zu verant-
worten.   Sie führten zu ihrer Rechtfertigung an, daß
ſie den Feind verfolgt, und zu gleicher Zeit denen, deren eigentlicheres Geſchäfft dieſes geweſen, Befehl gegeben, die Leute einzunehmen , beſonders dem Theramenes, welcher jetzt ihr Ankläger war; gleichwohl hätten ihre Befehle nicht vollzogen werden können, weil zu
der Zeit eben ein ſehr heftiger Sturm entſtanden. Dies
ſchien ſo vernünftig und befriedigend, daß verſchiede-
ne auftraten, und ſich erboten, ſie loszubürgen; in einer andern Verſammlung aber, foderten die Aufwieg-
ler des Volks Genugthuung, und ſetzten die Richter ſo
ſehr in Furcht, daß Sokrates der einzige unter ihnen
war, der Muth genug hatte zu erklären, er werde nichts
thun, was den Geſetzen zuwider wäre, und ſich daher
weigerte, über alle zehn auf einmal die Stimmen ein-
zuſammlen, wie das Volk verlangte.   Nachdem man
ſich

sich lange herumgestritten, wurden endlich achte von den
zehn verdammet, und sechs derselben hingerichtet, unter denen sich Perikles, des großen Perikles Sohn,
befand.   Er erklärte, sie hätten in keinem Stücke ihre
Pflicht verletzt, da sie Befehl gegeben, daß die tödten
Leichname eingenommen werden sollten; wenn also Jemand strafbar sey, so sey es der, welcher diesen Befehl
erhalten, und ihn zu vollziehen versäumt hätte; aber er
klage Niemanden an, denn der Sturm, welcher eben
damals unerwartet entstanden, sey eine unwiderlegliche
Rechtfertigung, und spreche die Beklagten durchaus
von aller Schuld frey.   Er verlangte, daß man ihnen
einen ganzen Tag einräumen mögte, sich zu rechtfertigen,
eine Gunst, die den gröbsten Verbrechern nicht versagt
wurde, und daß man einen Jeden besonders vornehmen
sollte.   Er stellte ihnen vor, daß sie ja nichts nöthige,
ein Urtheil zu übereilen, wo es auf das Leben der vornehmsten Bürger ankäme;   es sey gewissermaßen ein
Angriff gegen die Götter, wenn man Menschen wegen
Wind und Wetter zur Verantwortung ziehen wollte;
welch eine himmelschreyende Undankbarkeit und Ungerechtigkeit es seyn würde, Sieger hinzurichten, welche
sie mit Ehrenkronen und Triumphen belohnen sollten,
oder die Beschützer des Vaterlandes der Wuth ihrer
Neider Preis zu geben; wenn sie das thäten, so würde ihr ungerechtes Gericht eine plötzliche, aber vergebliche Reue nach sich ziehen, welche sich mit den schärf-
sten Gewissensbissen martern, und sie mit ewiger Scham
und Schande zeichnen würde. —   Unter den Verurtheilten befand sich auch Diomedon, ein Mann, der
sich eben so sehr durch Rechtschaffenheit, als durch Tapferkeit auszeichnete; als man ihn zum Gerichtplatz führte, bat er, daß man ihn anhören mögte. „Athenien-
„ser, sprach er, ich wünsche, daß das Urtheil, welches
„ihr über uns gefället habt, der Republik nicht zum

R

„Unglück gereichen möge; um eine Gnade aber hab'
„ich euch für mich und meine Gehülfen zu bitten,
„nämlich, daß ihr uns vor den Göttern von den Ge-
„lübden losſaget, die wir ihnen für euch und für uns
„ſelbſt gethan haben, da wir nicht im Stande ſind, ſie
„abzutragen; denn ihrem Schutz, welchen wir vor dem
„Treffen angerufen, haben wir allein den über die Fein-
„de erfochtenen Sieg zu verdanken.„ Es war kein guter Bürger, der nicht über dieſe Anrede, ſo voller Wohl-
wollen und Gottesfurcht, in Thränen zerfloß, und mit
Erſtaunen die Mäßigung eines Mannes bewunderte,
der, da er ſo ungerecht zum Tods verdammet war, doch
nicht die geringſte Erbitterung äußerte, oder ſich nur
über ſeine Richter beklagte, ſondern, zum Beſten eines
undankbaren Vaterlandes, einzig beſorgt war, daß es
dasjenige thun mögte, was es, gemeinſchaftlich mit
ihnen, für ihren eben erfochtenen Sieg den Göttern
ſchuldig ſey.

Dieſe ſchändliche That, von höchſter Ungerechtigkeit und Undankbarkeit zuſammengeſetzt, ſchien den Angelegenheiten der Athenienſer den letzten Stoß zu geben.
Sie ſträubten ſich noch eine Zeitlang nach der Niederlage in Sicilien, aber von nun an erlagen ſie gänzlich,
wiewohl dem Schein nach in den Armen des Sieges.

Die Feinde nahmen, nach ihrer letzten Niederlage, noch einmal ihre Zuflucht zum *Lyſander*, der ſie
ſchon ſo oft zum Siege geführt hatte; auf ihn ſetzten ſie
ihr vornehmſtes Vertrauen, und hielten aufs bringend-
ſte an, daß man ihn zurückſchicken mögte. Die Lacedämonier, um den Wunſch ihrer Bundsgenoſſen zu befriedigen, und doch ihre Geſetze zu beobachten, nach
welchen es nicht erlaubt war, das Oberkommando zweymal der nehmlichen Perſon zu übertragen, ſchickten ihn
unter einem geringeren Titel, aber mit der Gewalt eines Admirals ab. *Lyſander* ſegelte gleich mit der

Flotte nach dem Hellespont, und belagerte Lampsa=
kus, welches er mit Sturm eroberte, und die Stadt
den Soldaten Preis gab. Als die Athenienser, welche
ihm gleich nachgefolgt waren, hiervon Nachricht beka=
men, segelten sie weiter bis Olestus, zogen sich von
da längs der Küste fort, und hielten endlich dem Fein=
de gegenüber zu Aegos Potamos, ein Ort, der
ihnen sehr unglücklich wurde.

Der Hellespont ist in dieser Gegend nicht über zwey
tausend Schritte breit. Da also die beiden Armeen
sich so nahe neben einander sahen, gedachten sie, nur
diesen ersten Tag sich auszuruhen, und gleich den fol=
genden ein Treffen zu liefern. Aber Lysander hatte
sich einen andern Plan gemacht; er gab den Seetrup=
pen und Steuerleuten Befehl, an Bord ihrer Galeeren
zu gehen, als ob sie wirklich den nächsten Morgen mit
Anbruch des Tages fechten sollten, sich bereit zu halten,
und seine Befehle in tiefem Stillschweigen abzuwarten.
Auf gleiche Weise gab er der Landarmee Befehl, an der
Küste sich in Schlachtordnung zu stellen, und ohne
Geräusch den Tag abzuwarten. Den folgenden Mor=
gen, so bald die Sonne aufgegangen war, ruderten die
Athenienser ihnen mit ihrer ganzen Flotte in einer Linie
entgegen, und foderten sie heraus. Lysander, wie=
wohl seine Schiffe, dem Feinde zugekehrt, in Schlacht=
ordnung gestellt waren, hielt sich ganz stille, ohne die
geringste Bewegung zu machen. Am Abend, als
die Athenienser sich zurückzogen, ließ er seine Soldaten
nicht eher ans Land steigen, als bis zwey oder drey Ga=
leeren, die er abgeschickt hatte, sie zu beobachten, mit
der Nachricht zurückkamen, daß sie die Feinde landen
gesehen. Der folgende Tag, der dritte und vierte ver=
strichen auf eben die Art. Ein solches Verhalten, wel=
ches Bedenklichkeit und Furcht zu verrathen schien,
machte die Athenienser immer sicherer und dreister, und

flößte ihnen die größte Verachtung gegen eine Armee
ein, welche, ihrer Meynung nach, nicht Muth hatte,
ſich zu zeigen, oder das geringſte zu wagen.

Während daß dieſes vorgieng, kam Alcibiades,
welcher ſich in der Nähe der Flotte aufhielt, zu den Athenienſiſchen Generalen, und ſtellte ihnen vor, daß ſie
ſich da an einer ſehr nachtheiligen Küſte hielten, wo ſie
weder Häfen noch Städte in der Nachbarſchaft hätten;
daß ſie genöthigt wären, ihre Lebensmittel mit großer
Schwierigkeit und Gefahr von Seſtos herbeyzuſchaffen, und daß ſie ſehr unrecht thäten, ihren Soldaten
und Seeleuten zu erlauben, ſo bald ſie ans Land geſtie-
gen wären, herumzulaufen und ſich nach Gefallen zu
zerſtreuen, unterdeß eine feindliche Flotte ſie in den Augen hätte, welche gewohnt ſey, die Befehle ihres Generals mit augenblicklichem Gehorſam und auf das
kleinſte Zeichen zu vollziehen. Er erbot ſich auch, den
Feind mit einem ſtarken Korps Thractſcher Truppen
zu Lande anzugreifen, und ihn zum Treffen zu zwingen. Die Generale, vornehmlich Tydeus und Menander, auf ihr Oberkommando eiferſüchtig, begnügten ſich nicht bloß, ſeine Anerbietungen auszuſchlagen,
in der Meynung, daß wenn die Sache unglücklich aus-
liefe, die ganze Schuld allein auf ſie fallen, widrigenfalls aber Alcibiades allein die Ehre davon tragen
würde, ſondern verwarfen auch mit Hohn ſeinen wei-
ſen und heilſamen Rath, als ob ein in Ungnade gefal-
lener Mann zugleich mit der Gunſt des Staats auch
ſeinen Verſtand und ſeine Fähigkeiten verloren hätte.
Alcibiades entfernte ſich.

Am fünften Tage kamen die Athenienſer wieder
heran, und forderten ihn zum Treffen heraus, worauf
ſie ſich am Abend, ihrer Gewohnheit gemäß, ſtolzer
und hohnſprechender, als vorher zurückzogen. Lyſander ſchickte ihnen, wie gewöhnlich, einige Galee-

ren nach, sie zu beobachten, mit Befehl, aufs schnell-
ste umzukehren, so bald sie die Athenienser gelandet sä-
hen, und einen braunen Schild an der Spitze jedes
Schiffes auszuhängen, so bald sie die Mitte des Ka-
nals erreicht hätten.   Er selbst fuhr unterdessen in seiner Galeere vor der ganzen Linie her, und ermahnte die
Piloten und Officiere, die Schiffer und Soldaten in
Bereitschaft zu halten, um auf das erste Zeichen zu
rudern und zu fechten.

Sobald die Schilde auf den abgeschickten Galeeren
aufgestellt waren, und das Admiralschiff durch eine
Trompete das Zeichen gegeben hatte, ruderte die ganze
Flotte in schönster Ordnung fort.   Zugleicher Zeit eilte
die Landarmee auf die Spitze des Vorgebirges, um
das Treffen anzusehen.   Die Meerenge, welche die
beiden festen Länder in dieser Gegend absondert, ist etwa funfzehn Stadia, oder drey Viertel einer Meile
breit, welcher Raum durch die Thätigkeit und den
Fleiß der Ruderknechte augenblicklich zurückgelegt
war.   Konon, der Atheniensische General,
war der erste, welcher von der Küste die feindliche
Flotte in guter Ordnung zum Angriff herankommen
sah, worauf er alsobald seine Truppen herbeyrief, sich
einzuschiffen.   Voller Bestürzung und Verlegenheit,
rief er Einige bey Namen, Einige beschwur er, und
Andre zwang er mit Gewalt an Bord zu gehen; aber
alle seine Bemühungen und sein Eifer waren vergebens,
indem die Soldaten sich nach allen Seiten hin zerstreuet hatten.   Denn sie waren nicht so bald ans Land gekommen, als einige zu den Marketentern gelaufen, Andre ins Land hinein spazieren gegangen waren, Andre
sich in ihren Zelten schlafen gelegt, Andre angefangen
hatten, sich ihr Abendessen anzurichten.   Dies kam
von dem Mangel an Wachsamkeit und Erfahrenheit
ihrer Generale, welche nicht die mindeste Gefahr besorg-

ten, ſich daher ſelbſt der Ruhe überließen, und ihren Soldaten eine gleiche Freyheit verſtatteten.

Der Feind hatte bereits mit lautem Geſchrey und großem Geräuſch der Ruder den erſten Anfall gethan, als Konon ſich mit neun Galeeren, unter denen ſich das heilige Schiff befand, von der Flotte trennte, und nach Cyprus davon gieng, wo er zu dem Evagoras ſeine Zuflucht nahm. Die Peloponneſier fielen über das Uebrige der Flotte her, nahmen gleich alle Galeeren weg, welche noch leer waren, und verdarben oder zerſtörten diejenigen, in welchen ſich ſchon einige Leute befanden. Die Soldaten, die ohne Ordnung oder Waffen ihnen zu Hülfe eilten, wurden entweder getödtet indem ſie an Bord ſteigen wollten, oder wenn ſie ſich durch die Flucht zu retten ſuchten, durch den Feind, welcher gleich landete, und ihnen nachſetzte, niedergehauen. Lyſander bekam drey tauſend Mann gefangen, mit allen Generalen und der ganzen Flotte. Nachdem er das Lager geplündert, und die feindlichen Galeeren an die Hintertheile ſeiner eignen befeſtigt hatte, kehrt' er unter dem Schall der Flöten und Triumphlieder nach Lampſakus zurück. Sein war der Ruhm, eine der größten Kriegesthaten, welche die Geſchichte erzählt, mit geringem oder gar keinem Verluſt vollführt, und in dem kurzen Zeitraum einer Stunde einen Krieg geendigt zu haben, welcher bereits ſieben und zwanzig Jahre gedauert hatte, und ohne ihn vielleicht noch viel länger gedauert haben würde. Er ſchickte unvorzüglich Botſchafter mit dieſer angenehmen Nachricht nach Sparta ab.

Nachdem die drey tauſend Gefangene, die den Peloponneſiern in dieſem Treffen in die Hände gefallen, zum Tode verurtheilt waren lies Lyſander den Philokles vor ſich kommen, einen der Athenienſiſchen Generale, welcher alle Gefangenen, die er auf zwey Ga-

leeren, der einen von Andros, und der andern von
Korinth, in die Hände bekommen, von dem Gipfel
eines Felsen hatte herabstürzen lassen; und vormals das
Volk zu Athen beredet hatte, das Gesetz zu machen,
daß allen Kriegsgefangenen der Daumen der rechten
Hand abgehauen werden sollte, damit sie nicht weiter
im Stande wären, die Waffen zu führen, sondern bloß
am Ruder dienen könnten. Diesen also ließ Lysander vor sich führen, und fragte ihn, was für ein Urtheil er wohl dafür, daß er seine Vaterstadt beredt hätte, eine so grausame Verordnung abzufassen, sich fällen wollte? Philokles, ohne im geringsten seinem
Stolz etwas zu vergeben, ungeachtet der äußersten Gefahr worinn er sich befand, gab zur Antwort: „Kla-
„get ein Volk nicht wegen Verbrechen an, welches kei-
„ne Richter hat; aber da ihr Sieger seyd, so gebraucht
„euer Recht, und thut an uns, wie wir an euch gethan
„haben würden, wenn wir gesiegt hätten.„ Alsobald
„gieng er in ein Bad, zog darauf ein prächtiges Kleid
„an, und gieng denn zuerst auf den Richtplatz. Alle
Gefangenen wurden niedergehauen, den einzigen Ada-
mantus ausgenommen, der sich dem Gesetze der Athenienser wegen der Gefangenen widersetzt hatte.

Als die Nachricht von der gänzlichen Niederlage
der Armee durch ein Schiff, welches bey Nacht in dem
Pyräus ankam, nach Athen gebracht wurde, gerieth
die ganze Stadt in die äußerste Bestürzung. Sie erwartete jetzt natürlicher Weise eine Belagerung; und
in der That machte Lysander dazu schon Anstalten.
Nichts hörte man als Wehklagen und Geschrey der Verzweiflung von allen Seiten. Die Athenienser bildeten
sich ein, der Feind sey schon vor ihren Thoren; sie sahen schon im voraus das Elend einer langen Belagerung, eine grausame Hungersnoth, ihre Häuser zertrümmert und in Flammen, den Uebermuth eines stol-

gen Siegers, und die ſchimpfliche Sklaverey, worein
ſie jetzt gleich gerathen würden, die ihnen ſchrecklicher
und unerträglicher war, als die härteſten Strafen und
der Tod ſelbſt. Den folgenden Tag ward die Verſammlung des Volks zuſammen berufen, in welcher man beſchloß, alle Häfen, nur einen ausgenommen, zu ver-
ſchließen, die Mauren auszubeſſern, und mit Wachen
zu beſetzen, um ſich zu einer Belagerung anzuſchicken.

Ihre Beſorgniſſe wurden bald durch die Sache ſelbſt
beſtätigt. Lyſander befahl allen Athcnienſern, die
er in verſchiednen Städten zerſtreut antraf, bey Strafe des Todes, ſich nach Athen zu verfügen. Dies
that er in der Abſicht, die Stadt ſo voll zu machen, taß
er bald im Stande ſeyn würde, ſie durch Hunger zur
Uebergabe zu zwingen. In der That kam er bald darauf mit hundert und funfzig Schiffen vor Athen; unterdeß Agis und Pauſanias, die beiden Könige
von Sparta, mit ihrer Armee anrückten, es zu Lande
zu belagern.

Die armen Athenienſer, ſolchergeſtalt von allen Seiten eingeſperrt, ohne Lebensmittel, Schiffe, oder Hoffnung einer Hülfe, ſchickten ſich an, mit Geduld das
Aeußerſte zu erwarten. Sie ſagten alſo kein Wort von
einer Uebergabe, wiewohl ſie haufenweiſe auf den Stra-
ſen hinſtarben, und fuhren hartnäckig fort, ſich zu verthei-
bigen; endlich aber, da ſie alle ihre Lebensmittel aufgezehrt hatten, ſahen ſie ſich gezwungen, Abgeordnete an
den Agis abzuſchicken, wodurch ſie ſich erboten, alle
ihre Beſitzungen zu verlaſſen, bloß ihre Stadt und den
Hafen ausgenommen. Der ſtolze Spartaner verwies
ihre Abgeordneten an den Staat ſelbſt, und als ſie aufs
demüthigſte ihren Auftrag den Ephoren bekannt gemacht hatten, erhielten ſie Befehl, ſich zu entfernen,
und mit andern Vorſchlägen zu kommen, wenn ſie Frie-
ben zu haben verlangten. Endlich nahm es Thera-

menes, ein Athenienſer, über ſich, mit dem Lyſander Unterhandlungen zu pflegen, der, nachdem er ihn
drey Monate bey ſich aufgehalten hätte, ihn wieder nach
Sparta verwies, wohin er denn ſogleich, von neun
andern Abgeordneten begleitet, und mit voller Gewalt
die Traktaten zu ſchließen, abgeſchickt wurde. Als er
ſeine Sache den Ephoren vorgetragen hatte, drangen verſchiedne von den Bundsgenoſſen ſehr ſtark darauf, daß man Athen gänzlich zerſtören ſollte, ohne
ferneren Vorſchlägen Gehör zu geben. Allein die Lacedämonier ſagten ihnen, daß ſie nicht in den Untergang
einer Stadt willigen könnten, welche Griechenland in
den gefährlichſten Umſtänden vom Untergange errettet
hätte. Sie bewilligten alſo einen Frieden auf folgende
Bedingungen: Die lange Mauer und die Feſtungswerke
des Pyräus ſollten geſchleift werden; die Athienſer
ſollten alle ihre Schiffe, bis auf zwölfe, ausliefern; ſie
ſollten alle ihre Verbannte zurückrufen; ſie ſollten in ein
Offenſiv- und Defenſiv-Bündniß mit den Lacedämoniern
treten, und ihnen in allen ihren Feldzügen, ſo wohl zur
See als zu Lande, beyſtehen.

Als Theramenes mit dieſen Artikeln nach Athen
zurückkam, fragte man, warum er den Abſichten des
Themiſtokles ſo ſehr entgegen gehandelt, und diejenigen Mauern in die Hände der Lacedämonier übergeben hätte, welche von Jenem, ihnen zum Trotz wären
erbauet worden? „Ich hatte allerdings mein Auge
„auf die Abſicht des Themiſtokles, ſagt' er; er führ-
„te dieſe Mauern zu Erhaltung der Stadt auf, und ich
„laſſe ſie aus dem nehmlichen Grunde niederreiſſen;
„denn wenn nur Mauern eine Stadt ſicher ſtellen, ſo
„muß Sparta, welches keine hat, ſich in ſehr ſchlech-
„ten Zuſtande befinden... Zu andern Zeiten würden
die Athienſer dieſe Antwort ſchwerlich befriedigend gefunden haben; aber ſie waren jetzt in ſo elenden Umſtän-

den, daß ſie ſich nicht lange bedenken durften, ob ſie die
Bedingungen eingehen ſollten, oder nicht. Endlich
näherte ſich Lyſander dem Pyräus, und ſchleifte die
Mauren mit großer Feyerlichkeit und unter hohnſpre-
chenden Triumph einer kriegeriſchen Muſik. So endigte ſich dieſer unſelige Krieg, welcher ſieben und zwanzig Jahre gedauert, unermeßliche Schätze, und Strö-
me von Blut gekoſtet hatte.

J. d. W.
3580

Eilfter Abſchnitt.

Von dem Untergange der Athenienſiſchen Macht, bis auf den Tod des Sokrates.

Der Sieg des Lyſander war ein ſo ſchrecklicher
Stoß für Athen, daß es ihn nur überlebte, um
den Verluſt ſeiner Macht zu fühlen. Indeſſen waren
die Sieger ſo edelmüthig, daß ſie ſeinen Namen nicht
vertilgten; ſie ſagten nie würden ſie das Verbrechen be-
gehen, das eine Auge von Griechenland auszureißen.
Aber dafür ließen ſie die Athenienſer auf andere Weiſe
ihre Oberherrſchaft fühlen: ſie nöthigten das Volk, die
Demokratie abzuſchaffen, und dagegen dreyßig Männer als Oberherrn zu erkennen, welche man gewöhnlich
die dreyßig Tyrannen nannte. Wiewohl die Griechen ſonſt oft genug dieſen Namen ſehr tugendhaften
Männern beylegten, ſo verdienten doch dieſe Kreaturen
des Lyſander in jeder Abſicht die ſchimpflichſte Benennung. Anſtatt ein vollkommneres Geſetzbuch zu-
ſammenzutragen, und bekannt zu machen, welches der
Vorwand war, unter welchem ſie erwählt wurden, fiengen ſie gleich an, von ihrer Gewalt über Leben und Tod
Gebrauch zu machen; und wiewohl ſie einen Senat und
andre obrigkeitliche Perſonen anordneten, ſo bedienten
ſie ſich derſelben doch zu weiter nichts, als ihre Gewalt
zu befeſtigen, und ihre Befehle vollziehen zu laſſen.

Indeſſen giengen ſie doch anfangs ſehr behutſam zu Werke, und verdammten bloß die allgemein verabſcheueten
und niederträchtigſten Bürger, ſolche nämlich, die bloß
vom Angeben lebten. Aber dies geſchah nur um ihren
Maaßnehmungen einen ſchönen Anſtrich zu geben. Ihre Abſicht war, ſich unabhängig zu machen, und da ſie
wußten, daß dieſes nicht anders als mit Hülfe einer
fremden Macht geſchehen könnte, ſo war ihr nächſter
Schritt, daß ſie ſich von Sparta bis dahin, daß ſie
die Stadt von allen Uebelgeſinnten gereinigt, und die
neue Verfaſſung auf feſten Fuß geſetzt hätten, eine Wache ausbaten. Lyſander verſchaffte ihnen alſo eine
Wache, unter dem Kommando des Kallibius, welcher ſich durch Beſtechungen und Kunſtgriffe, in ihre
Abſichten hineinziehen ließ, und dann bald ohne Maaß
und Schranken wüthete, und die Stadt mit dem Blut
derjenigen überſchwemmte, die ihm wegen ihres Reichthums, ihres Anſehens, oder ihrer guten Eigenſchaften am gefährlichſten für ſeine Gewalt zu ſeyn ſchienen.
Eine von den erſten Proben ihrer Grauſamkeit war,
daß ſie den Alcibiades aus der Welt ſchafften, welcher in das Perſiſche Gebiet ſeine Zuflucht genommen
hatte. Dieſer unglückliche General, noch immer eingedenk der Verpflichtungen, die er ſeinem Vaterlande
ſchuldig war, wandte ſeine äußerſte Aufmerkſamkeit an,
ihm von allem dem die früheſte Nachricht zu geben,
wovon er glaubte, daß es ſeine Freyheit oder Sicherheit bewirken könne. Da nun Cyrus, der Perſiſche
Prinz, welcher den Entſchluß gefaßt hatte, ſeinen Bruder Artaxerxes vom Throne zu ſtoßen, mit den Lacedämoniern zu Unterſtützung ſeiner Abſichten, in ein
Bündniß getreten war; ſo that Alcibiades alles mögliche, um dieſen Entwurf zu hintertreiben. Allein die
lacedämoniſchen Anhänger zu Athen, das heißt, die
dreyßig Tyrannen, welche ſich vor den Intriguen ei-

nes ſo gefährlichen Kopfes fürchteten, ſtellten ihren
Herrn vor, daß es unvermeidlich um ſie geſchehen wäre,
wofern ſie nicht Mittel fänden, ſich den **Alcibiades**
vom Halſe zu ſchaffen. Die Lacedämonier, ſchrieben
darauf an den **Pharnabazus** und baten ihn aufs dringendſte mit einer Niederträchtigkeit, die ſich gar nicht
entſchuldigen lies, und ein Beweis war, wie ſehr Sparta von ſeinen alten Sitten ausgeartet, daß er ſie, es
mögte koſten was es wolle, von einem ſo furchtbaren
Feinde befreyen mögte. Dieſer Satrap war bereit,
ihre Wünſche zu erfüllen. **Alcibiades** befand ſich damals in einer kleinen Stadt im Phrygien, wo er mit
ſeiner Beyſchläferinn **Timandra** lebte. Diejenigen,
welche abgeſchickt waren, ihn zu tödten, unterſtanden
ſich nicht in ſein Haus zu gehen, und begnügten ſich,
es zu umringen und in Brand zu ſtecken. **Alcibia-**
des rettete ſich mit dem Degen in der Hand durch die
Flammen, und die Barbaren, welche ſich fürchteten
mit ihm handgemein zu werden, ergriffen die Flucht,
wo ſie ihn auf ſie zukommen ſahen, ſchoſſen aber in einiger Entfernung einen Regen von Spießen und Pfeilen auf ihn ab, ſo daß er bald todt niederfiel. **Ti-**
mandra nahm ſeinen todten Leichnam, ſchmückte und
bedeckte ihn mit ihren ſchönſten Kleidern, und beerdig-
te ihn mit aller Pracht, die ihre Umſtände ihr geſtat-
teten.

Dies war das Ende des **Alcibiades**, deſſen Tugenden durch noch größere Laſter erſtickt und verdunkelt
wurden. Es läßt ſich nicht leicht beſtimmen, ob ſeine
guten oder böſen Eigenſchaften verderblicher für ſein Vaterland geweſen, denn mit jenen hintergieng, und mit
dieſen unterdrückt' er es. Er verband eine vorzügliche
Tapferkeit mit dem edelſten Geblüt. Seine Perſon
war ſchön und ſehr fein gebildet; er war beredt, von
großen Fähigkeiten zu Geſchäfften, und gemacht, alle

Menschen zu bezaubern.   Er hatte einen großen Ehrgeiz,   aber ohne Nachtheil seiner Neigung zum Vergnügen ;   doch liebt' er das Vergnügen nicht so sehr,
daß er seinen Ehrgeiz darüber vergessen hätte; er mußte, wie er, nach jedesmaliger Beschaffenheit der Umstände, den Lockungen der Wollust Gehör geben, oder
taub dagegen seyn sollte.   Nie war ein Geist so bieg-
sam nach allen Gestalten, als der seinige, er verwandelte sich mit unglaublicher Leichtigkeit in die entgegen-
gesetztesten Charaktere, und behauptete dieselben alle
mit so vieler Ungezwungenheit und Annehmlichkeit, als
ob jeder ihm natürlich gewesen wäre.

Auf solche Art fuhren die dreyßig Tyrannen fort,
ihre Gewalt zu mißbrauchen; weil sie sich aber fürchteten
daß das Volk sich gegen sie auflehnen mögte, bekleide-
ten sie drey tausend Bürger mit einem Theil ihrer Macht,
und behaupteten sich durch deren Beystand in dem übrigen.   Durch einen solchen Zuwachs ihrer Parthey ganz
sicher und dreist gemacht, wurden sie nun eins, Jeder seinen Mann auszusuchen, diese hinzurichten, und sich ihrer
Güter zu Unterhaltung ihrer Garnison zu bemächtigen.
Theramenes, einer ihrer Mitglieder, war der einzige, welcher ein solches Verfahren nicht ohne Grausen
ansehen konnte.   Kritias, ihr Hauptanführer, hielt
es daher für nöthig, ihn aus dem Wege zu räumen,
und verklagte ihn vor dem Senat, als ob er damit
umgienge, den Staat übern Haufen zu werfen. Das
Todesurtheil ward also über ihn gesprochen, und er sah
sich genöthigt den Schierlingsbecher zu trinken, welche Art der Hinrichtung damals in Athen die gewöhnliche war.   Sokrates, dessen Schüler er gewesen,
war der Einzige im Senat, der es wagte, ihn zu vertheidigen; er gab sich alle Mühe ihn aus den Händen
des Scharfrichters zu retten, und als er hingerichtet war,
bot er ungescheut den Dreyßigen trotz, suchte Raths-

herrn und Bürger gegen fie aufzubringen, und ermahnte fie, eine folche Tyranney nicht länger zu dulden.

So bald die Tyrannen fich eines Gehülfen entledigt hatten, deffen Gegenwart allein ein beftändiger Vorwurf für fie war, fo kannten fie weiter keine Schranken. Man hörte von nichts in der Stadt als von Gefängniß und Mord. Jedermann zitterte für fich felbft oder feine Freunde. Das allgemeine Elend war ohne Mittel, und alle Hoffnung, die verlorne Freyheit wieder zu erlangen, war dahin.

Alle Bürger von einiger Erheblichkeit in Athen, und die noch nicht alle Liebe zur Freyheit verloren hatten, verließen einen Ort, der jetzt unter dem Joch einer fo harten und fchimpflichen Sklaverey feufzte, und fuchten anderswo irgend einen einfamen Aufenthalt, wo fie in Sicherheit leben könnten. Die Lacedämonier hatten die Unmenfchlichkeit, daß fie fich Mühe gaben, diefen unglücklichen Flüchtlingen auch diefe letzte Zuflucht zu rauben. Sie machten ein Edikt bekannt, woburch fie den Griechifchen Städten verboten, fie bey fich aufzunehmen, befahlen, daß man fie den dreyßig Tyrannen ausliefern follte, und verdammten Jeden, der diefem Befehl zuwider handeln würde, zu einer Geldftrafe von fünf Talenten. Nur zwey Städte verwarfen mit Unwillen eine fo ungerechte Verordnung, Megara und Theben; ja die letztere machte fogar die Verordnung, daß Jeder hart beftraft werden follte, der einen Athenienfer von feinen Feinden angegriffen fähe, ohne fein möglichftes zu thun, ihm zu helfen. Lyfias, ein Redner zu Syrakus, der von den Dreyßigen verbannt war, warb fünf hundert Soldaten auf eigne Koften, und fchickte fie dem allgemeinen Vaterlande der Beredtfamkeit zu Hülfe.

Thrafybulus, ein Mann von unvergleichlichem Charakter, welcher fchon lange das Elend feines Va-

terlandes beweint hatte, war jetzt der erste, der ihm
abzuhelfen suchte. Zu Theben hielt er Berathschlagung
mit seinen Mitbürgern, und ihr Entschluß war, irgend
eine muthige That zu wagen, sollte sie auch mit noch so
großer Gefahr verknüpft seyn, um dem Staat seine
Freyheit wieder zu verschaffen. Er überfiel dem zufolge,
wie Nepos sagt, mit einem Haufen von dreyßig, nach
dem Xenophon aber, welches wahrscheinlicher ist,
von etwa siebzig Mann, Phyle, ein starkes Schloß
an der Gränze von Attika. Dieser kühne Streich setzte
die Tyrannen in Furcht; sie marschierten alsobald mit
ihren drey tausend Gehülfen und ihrer Spartanischen
Wache aus der Stadt, und suchten den Platz wieder
zu erobern, wurden aber mit Verlust zurückgeschlagen.
Da sie fanden, daß sie durch Sturm nichts ausrichten
würden, so entschlossen sie sich zu einer Belagerung, sahen sich aber genöthigt, da sie mit den nöthigen Bedürfnissen dazu nicht versehen waren, und auch in derselben Nacht ein starker Schnee fiel, sich den folgenden
Tag nach Athen zurück zu ziehen, indem sie bloß einen
Theil ihrer Wache zurückließen, um ferneren Ausfäl-
len ins Land Einhalt zu thun. Aufgemuntert durch dieses Glück, wollte Thrasybulus sich nicht länger eingesperrt halten lassen, sondern marschierte bey Nacht
aus Pyle, und bemächtigte sich mit einem Korps von
tausend Mann des Pyräus. Die Dreyßig eilten mit
ihren Truppen dahin, und es erfolgte ein ganz hitziges
Treffen; da aber die Soldaten auf der einen Seite mit
Feuer und Muth für ihre Freyheit fochten, und auf
der andern mit Trägheit und Nachläßigkeit für die Gewalt ihrer Unterdrücker, so blieb der Sieg nicht lange
zweifelhaft, sondern begünstigte die gute Sache. Die
Tyrannen wurden geschlagen; Kritias kam ums Leben; und als der übrige Theil der Armee die Flucht ergriff, rief Thrasybulus aus: „Warum fliehe ihr

„vor mir, als vor eurem Feinde? warum helfet ihr mir
„nicht vielmehr, als dem Rächer eurer Freyheit?
„Wir ſind nicht eure Feinde, ſondern eure Mitbürger,
„und unſer Krieg iſt nicht gegen die Stadt, ſondern
„gegen die dreyßig Tyrannen., Er fuhr fort, ſie zu
erinnern, daß ſie den nehmlichen Urſprung, die nehmlichen Geſetze, die nehmliche Religion hätten, ermahnte ſie, mit ihren verbannten Brüdern Mitleiden zu haben, ſie ihrem Vaterlande wiederzugeben, und ſich ſelbſt
ihrer Freyheit wieder zu bemächtigen. Dieſe Rede that
die gehörige Wirkung. Die Armee, ſo bald ſie nach
Athen zurückkam, verjagte die Dreyßig, und gab an
ihrer Statt die Regierung zehn Männern, die aber
bald ihren Vorgängern nichts nachgaben.

Ungeachtet alſo die Verfaſſung verändert, und die
Dreyßig ihrer Oberherrſchaft entſetzt waren, machten
ſie ſich doch noch Hoffnung, ihre vorige Gewalt wieder-
zuerlangen, und ſchickten Abgeordnete nach Lacedämon,
um ſich Hülfe auszubitten. Lyſander gab den Rath,
in ihr Verlangen zu willigen; aber Pauſanias, welcher damals König in Sparta war, von Mitleiden über
den bedaurenswürdigen Zuſtand der Athenienſer gerührt,
begünſtigte ſie unter der Hand, und wirkte ihnen Frieden aus. Er ward mit dem Blut der Tyrannen be-
ſiegelt, welche, nachdem ſie die Waffen ergriffen, um
ſich wieder ins Regiment einzuſetzen, hingerichtet wurden, wodurch denn Athen den völligen Beſitz ſeiner Freyheit wiedererlangte. Thraſybulus that darauf den
Vorſchlag zu einer Amneſtie, vermöge welcher die Bürger ſich durch einen Eid verbindlich machten, alles Ver-
gangene in ewiger Vergeſſenheit zu begraben. Die Regierungsform wurde jetzt in ihrer alten Verfaſſung wie-
derhergeſtellt, die Geſetze in ihre vorige Kraft wieder-
eingeſetzt, die obrigkeitlichen Perſonen mit den gewöhnlichen Ceremonien wieder erwählt, und die Demokratie
dieſem

diesem unglücklichen Volke noch einmal wiedergegeben.
Xenophon bemerkt, diese im Innern wüthenden Tyrannen hätten in acht Monaten eben so viel Menschen
aufgerieben, als der Peloponnesische Krieg in zehn
Jahren.

Nach dieser Wiederherstellung der Athenensischen
Angelegenheiten genossen die übrigen Staaten gleicher
Ruhe, oder hielten sich vielmehr in stiller Unterwerfung
unter Sparta, welches jetzt die ungezweifelte Oberherrschaft über Griechenland in Händen hatte. Allein
da es ein Grundsatz der Spartaner war, daß diese Oberherrschaft nicht anders, als durch eine beständig fortgesetzte Thätigkeit behauptet werden könne, so suchten sie
immer neue Gelegenheit zum Kriege; und da um diese J. d. W.
Zeit ein Theil ihrer Truppen, nebst einem andern Korps 3583
von Griechen, an dem Kriege zwischen dem König von
Persien und seinem Bruder Theil hatte, so wird es nöthig seyn, daß wir in Asien hinübergehen, und so viel
von den Persischen Angelegenheiten erzählen, als zur
Erläuterung der Expedition des Cyrus, wozu diese
Truppen gebraucht wurden, dienlich seyn kann, vornehmlich da viele Umstände dabey vorfallen, die, wenn
man sie gehörig erwägt, diesen Feldzug zu einem der
bewundernswürdigsten machen, deren die alte Geschichte erwähnt.

Wir haben bereits angemerkt, daß Cyrus, der
Sohn des Darius Nothus, seinem älteren Bruder
Artaxerxes den Thron mißgönnte, und mehr als
einmal einen Versuch machte, ihn herunter zu stürzen.
Artaxerxes sahe sehr wohl ein, was er von einem Bruder von so unternehmenden und ehrsüchtigen Geiste zu
befürchten habe, konnte sich aber nicht enthalten, ihm
auf die Bitten und Thränen seiner Mutter Parysa-
tis, welche diesen ihren jüngsten Sohn vorzüglich liebte, zu verzeihen. Er verwies ihn daher nach seinem

S

Gouvernement in Aſien, und übergab ihm, allen Regeln der Politik zuwider, unumſchränkte Gewalt über
die Provinzen, die ſein Vater ihm durch ſeinen letzten
Willen hinterlaſſen hatte. Nicht ſo bald war er in dieſe Würde eingeſetzt, als er ſchon alle mögliche Künſte
bey Barbaren und Griechen anwandte, ſich mächtig
und beliebt zu machen, um ſeinen Bruder des Throns
zu entſetzen. Klearchus begab ſich, nach ſeiner Verbannung von Sparta, an ſeinen Hof, und leiſtete
ihm wichtige Dienſte, indem er ein geſchickter, erfahrner und tapferer General war. Zu gleicher Zeit fielen
verſchiedne Städte in den Provinzen des Tiſſaphernes ab, und erklärten ſich für den Cyrus. Dieſer
Umſtand, welcher nicht eine Wirkung des Ungeſährs,
ſondern der geheimen Anſchläge dieſes Prinzen war, gab
zu einem Kriege zwiſchen den beiden Brüdern Gelegenheit. Die Abgeſandten des Cyrus am Hofe, ſtreuten beſtändig Gerüchte und Urtheile unter das Volk aus,
um es zu der abgezweckten Staatsveränderung und Empörung vorzubereiten. Sie ſprachen immer, der Staat
erfodre einen König von des Cyrus Charakter, einen
König, welcher prächtig, freygebig wäre, den Krieg
liebe, und diejenigen mit ſeinen Gnadenbezeugungen
überſchütte, die ihm Dienſte leiſteten; die Ehre und
Größe des Reichs mache es nothwendig, daß ein Regent auf dem Thron ſitze, den Ehrbegierde anfeure, und
Tapferkeit fähig mache, den Glanz deſſelben zu erhalten und zu mehren.

Die Truppen des Cyrus, welche dem Anſchein
nach zum Gebrauch des Staats, in der That aber,
ihn übern Haufen zu werfen, geworben waren, be-
ſtanden aus dreyzehn tauſend Griechen, welche die
Blüthe und Hauptmacht ſeiner Armee ausmachten.
Klearchus, der Lacedämonier, welcher die Peloponneſiſchen Truppen kommandirte, war der Einzige von

allen Griechen, den der Perſiſche Prinz zum Vertrauten ſeiner Abſichten machte ; er gab ſich alle mögliche
Mühe, die Liebe ſeiner Leute während ihrer Märſche
zu gewinnen, indem er ihnen mit vieler Leutſeligkeit begegnete, herablaſſend mit Jedermann umgieng, und
immer dafür ſorgte, daß Keiner an irgend etwas Mangel litte. Die Griechiſchen Truppen wußten weder Abſicht noch Veranlaſſung des Krieges; ſie marſchierten
endlich nach Sardis ab, und näherten ſich den obern
Provinzen Aſiens.

Als ſie bis Tarſus gekommen war, weigerten ſich
die Griechen weiter zu marſchieren, indem ſie mit Recht
argwöhnten, daß ſie gegen den König beſtimmt wären,
und laut erklärten, daß ſie auf dieſe Bedingung nicht Dienſte genommen hätten. Klearchus hatte ſeiner gän-
zen Geſchicklichkeit und Klugheit nöthig, um dieſe Bewegungen in der Geburt zu erſticken. Anfangs wollt'
er Anſehen und Gewalt gebrauchen, aber das gelang
ihm ſo übel, daß er bald davon abſtand, ſich öffentlich
ihren Geſinnungen zu widerſetzen; er ſtellte ſich ſo gar,
als ob er ihnen beyträte, und ſie durch ſeinen Beyfall
und Kredit zu unterſtützen ſuche. Durch dieſe liſtige
Ausflucht beſänftigte er den Tumult, und machte ſie
ruhig, worauf ſie denn ihn, nebſt einigen andern Officieren, zu Abgeordneten erwählten. Cyrus, den
er insgeheim von Allem benachrichtigt hatte, gab ihnen
zur Antwort, er ſey willens, ſeinen Feind Abroko-
mas anzugreifen, welcher ſich zwölf Tagemärſche von
da am Euphrat aufhielte. Als dieſe Antwort ihnen
wiedergeſagt wurde, entſchloſſen ſie ſich, wiewohl ſie
deutlich ſahen, auf wen es eigentlich gemünzt ſey,
weiter zu marſchieren, und foderten nur eine Erhöhung
des Soldes. Cyrus verſprach darauf, ſtatt eines Darikus monatlich für jeden Soldaten, ihnen künftig an-
derthalb zu geben. Er that überdem alles mögliche, ſich

bey ihnen beliebt zu machen. Als er unter andern einst erfuhr, daß zwey Officiere von der Armee desertirt wären, und man ihm rieth, ihnen nachsetzen zu lassen und sie hinzurichten, erklärt' er öffentlich, es sollte nie von ihm gesagt werden, daß er irgend Jemanden wider Willen in seinem Dienste aufgehalten; und gab darauf Befehl, daß man ihre Frauen und Kinder, die sie bey der Armee zurückgelassen, ihnen nachschicken sollte. Ein so weises und dem Schein nach so edelmüthiges Betragen, that erstaunliche Wirkung auf die Soldaten, und machte selbst diejenigen zu seinen treuesten Anhängern, die vorher geneigt gewesen waren, ihn zu verlassen.

Indem Cyrus sich mit starken Märschen näherte, berichtete man ihm aller Orten her, daß der König nicht willens sey, ihm gleich ein Treffen zu liefern, sondern beschlossen habe, in den entlegensten Theilen von Persien so lange zu warten, bis alle seine Truppen sich versammelt hätten; um unterdeß seinen Feinden den Weg zu versperren, hab' er in den Ebnen von Babylon eine Schanze aufwerfen lassen, mit einem Graben, welcher fünf Klaftern in die Breite und drey in die Tiefe habe, und sich zwölf Parasangen oder Meilen lang, von dem Euphrat bis an die Medische Mauer erstrecke. Zwischen dem Euphrat und dem Graben war aber ein Weg von zwölf Fuß in die Breite offen gelassen, welchen Cyrus mit seiner ganzen Armee passirte, nach dem er sie den Tag vorher gemustert hatte. Der König versäumte es, ihm diesen Paß streitig zu machen, und ließ ihn also ungehindert seinen Marsch gegen Babylon fortsetzen.

Cyrus übergab dem Klearchus das Kommando des rechten Flügels der Griechen, und dem Menon des linken, und rückte so immer in Schlachtordnung weiter fort, indem er stündlich erwartete, daß er würde schlagen müssen. Endlich entdeckt' er seines Bruders Armee, die aus zwölfmal hunderttausend Mann bestand, außer einem außerlesenen Korps von sechs tausend Reutern; sie kam ihm entgegen, und schickte sich gleich zum Treffen an.

Der Ort, wo das Treffen vor sich gieng, hieß Kunara, etwa fünf und zwanzig Meilen von Babylon. Cyrus stieg zu Pferde, mit seinem Wurfspieß in der Hand, und gab den Truppen Befehl, ihre Waffen bereit zu halten, und in Schlachtordnung vorzurücken. Die Feinde näherten sich unterdessen langsam, und in bester Ordnung. Artaxerxes selbst führte sie ganz regelmäßig, ohne Geräusch oder Verwirrung an. Diese gute Ordnung und genaue Kriegszucht setzte die Griechen in große Verwundrung, weil sie erwarteten, daß sie nichts als Gepränge und Tumult bey einer so großen Menge sehen, und ein verwirrtes Geschrey hören würden, wie Cyrus ihnen vorausgesagt hatte.

Die Armeen waren nun nicht über vier oder fünf hundert Schritte mehr von einander, als die Griechen anfiengen den Schlachtgesang zu singen, und erst ganz gemächlich und stillschweigend auf den Feind los marschierten. So bald sie ihm aber nahe waren, erhuben sie ein großes Geschrey, schlugen mit den Spießen auf die Schilder, um die Pferde scheu zu machen, und fielen denn auf einmal mit aller Macht die Barbaren an, welche ihren Angriff nicht abwarteten, sondern insgesammt die Flucht ergriffen, den Tissaphernes allein ausgenommen, welcher mit einem kleinen Theil seiner Truppen Stand hielt.

Cyrus sah mit Vergnügen den Feind von den Griechen geschlagen, und wurde von denen, die um ihn waren, zum König ausgerufen; aber er überließ sich nicht einer eiteln Freude, hielt sich auch noch nicht für den Sieger. Er sahe, das Artaxerxes mit seinem rechten Flügel herumzog, um ihm in die Flanke zu fallen, und gieng daher mit ſeinen ſechs hundert Reutern gerade auf ihn los. Er tödtete den Artagerſes, der des Königs Wache von ſechs tauſend Mann Reuterey kommandirte, mit eigner Hand, und ſchlug den ganzen Haufen in die Flucht. Als er ſeinen Bruder erblickte, rief er mit Augen von Wuth blitzend aus: Ich ſeh' ihn! und ſprengte auf ihn los, nur von ſeinen vornehmſten Officieren begleitet, denn ſeine Truppen hatten ihre Glieder verlaſſen, um die Flüchtlinge zu verfolgen, welches ein weſentlicher Fehler war.

Nun ward aus dem Treffen gewiſſermaßen ein Zweykampf zwiſchen dem Artaxerxes und Cyrus, und man ſahe die beiden Brüder, von Rach' und Wuth außer ſich, gleich dem Eteokles und Polynices nur erpicht, einer dem andern ſein Schwert ins Herz zu ſtoßen, und ſich durch den Tod ſeines Nebenbuhlers des Throns zu verſichern.

Cyrus öffnete ſich durch die Schlachtordnung, die vor dem Artaxerxes aufgezogen war, den Weg, traf auf ihn, und tödtete ſein Pferd, welches mit ihm zu Boden fiel. Er ſtand auf, und ſetzte ſich auf ein anderes, als Cyrus ihn wieder anfiel, ihm eine zweyte Wunde verſetzte, und im Begriff war, ihm die dritte zu verſetzen, in der Hoffnung, dadurch ſeinem Leben ein Ende zu machen. Aber der König, gleich einem vom Jäger verwundeten Löwen, wurde nur wüthender durch den Schmerz; er ſprengte dem Cyrus entgegen, und ſtieß mit ſeinem Pferde mit ſolcher Heftigkeit auf das ſeinige, daß Cyrus, welcher blindlings, ohne auf ſeine Perſon zu achten, fortrannte, ſich mitten in eine Salve von Pfeilen ſtürzte, die von allen Seiten her auf ihn abgeſchoſſen wurden, und zugleicher Zeit von dem Spieß des Königs eine Wunde bekam. Cyrus fiel todt nieder; Einige ſagen, von der Wunde, die ihm

der König beybrachte, Andre aber versichern, daß ihn
ein Karischer Soldat getödtet. Die Vornehmsten seines Hofes, die einen so guten Herrn nicht überleben wollten, wurden alle um seinen Leichnam her niedergemacht;
ein gewisser Beweis, sagt Xenophon, daß er sich
auf die Wahl seiner Freunde verstand, und wahrhaftig
von ihnen geliebt wurde. Ariáus, welcher der aller-
treueste seiner Anhänger hätte seyn sollen, ergriff mit
dem linken Flügel die Flucht, so bald er von seinem Tode hörte.

Artaxerxes, nachdem er seinem Bruder durch den
Eunuchen Mesobates den Kopf und die rechte Hand
hatte abhauen lassen, verfolgte den Feind in sein Lager.
Ariáus aber hielt sich hier nicht auf, sondern gieng
gerade herdurch, und setzte seinen Rückzug fort bis an
den Ort, wo die Armee den Tag vorher im Lager gestanden hatte, welches etwa vier Meilen weiter war.

Tissaphernes unterdessen, nachdem der größte
Theil seines linken Flügels von den Griechen geschlagen
war, führte das Uebrige gegen sie an, und drang sich,
an der Seite des Flusses, durch das leichtbewaffnete Fußvolk der Griechen, die ihm mit Fleiß auswichen, und
im Vorbeyziehen ihre Pfeile und Wurfspieße auf ihn
abschossen, ohn' einen Mann zu verlieren. Sie wurden von dem Episthenes von Amphipolis kommandirt, welcher für einen geschickten General gehalten
wurde. Tissaphernes gieng darauf weiter, ohne zum
Angriff umzukehren, weil er merkte, daß er zu schwach
sey, und verfügte sich zum Lager des Cyrus, wo er
den König fand, welcher es plünderte, aber nicht im
Stande war, den Bezirk zu erobern, welcher von den
Griechen, die zum Schutz ihrer Bagage zurückgeblie-
ben waren, vertheidigt wurde.

Da so wenig die Griechen als Artaxerxes wußten, was an dem andern Flügel vorgegangen war, so

glaubten beide, daß ſie den Sieg erfochten hätten; die
erſteren, weil ſie den Feind in die Flucht geſchlagen, und
ihn verfolgt; und der König, weil er ſeinen Bruder
getödtet, ſeine Truppen geſchlagen, und ihr Lager geplündert hatte. Aber jetzt klärte ſich die Sache auf
beiden Seiten bald auf. Tiſſaphernes berichtete,
bey ſeiner Ankunft ins Lager, dem König, daß die Griechen ſeinen linken Flügel geſchlagen, und ihm mit vieler Hitze nachſetzten; und die Griechen erfuhren nun
auch, daß der König, indem er den linken Flügel des
Cyrus verfolgt, in ihr Lager gedrungen ſey. Der König
ſtellte auf dieſe Nachricht ſeine Truppen wieder in Ordnung, und marſchierte ab, um den Feind aufzuſuchen;
und Klearchus, welcher jetzt von Verfolgung der
Perſer umkehrte, rückte heran, um dem Lager zu Hülfe zu kommen.

Die beiden Armeen waren bald einander ſehr nahe,
und der König machte eine Bewegung, woraus die
Griechen ſchloſſen, daß er willens ſey, ihnen von der
linken Seite in die Flanke zu fallen; weil ſie nun fürchteten, von allen Seiten umringt zu werden, ſo ſchwenk-
ten ſie ſich herum, und machten Halte, den Fluß im
Rücken, um zu verhindern, daß ihnen der Feind nicht
in den Rücken fallen könnte. Als der König dieſes ſahe,
veränderte er ſeine Stellung auch, zog ſeine Armee in
Fronte vor ihnen auf, und marſchierte zum Angriff an.
So bald die Griechen dieſes ſahen, fiengen ſie an ihren
Hymnus zur Schlacht zu ſingen, und giengen dem Feinde mit noch größerer Hitze, als das erſtemal, entgegen.

Die Barbaren ergriffen gleich wieder die Flucht,
liefen noch ſchneller, als vorher, und wurden bis an ein
Dorf an dem Fuß eines Hügels verfolgt, auf welchem
ihre Reuterey Halte machte. Hier ſah man des Königs Standarte, nämlich einen goldnen Adler mit ausgebreiteten Flügeln, auf der Spitze einer Pike. Da

die Griechen sich nun anschickten, sie noch weiter zu verfolgen, so verließen sie auch den Hügel und flohen in größter Unordnung und Verwirrung Hals über Kopf davon. Klearchus, der mit den Griechen am Fuß des Hügels hielt, schickte den Lycias, einen Syrakusaner, und noch einen andern hinauf, um zu sehen, was in der Ebne vorgienge. Sie kehrten mit der Nachricht zurück, daß die Feinde allenthalben flöhen, und die ganze Armee zerstreuet sey.

Da die Nacht jetzt schon einzubrechen anfieng, legten die Griechen ihre Waffen nieder, um sich auszuruhen, voller Verwunderung, daß weder Cyrus, noch irgend Jemand von den Seinigen sich sehen ließ; sie bildeten sich ein, er sey entweder noch mit Verfolgung des Feindes begriffen, oder suche sich jetzt irgend eines wichtigen Orts zu bemächtigen, denn sie wußten noch nichts von seinem Tode und der Niederlage seiner Armee. Sie beschlossen daher, in ihr Lager zurückzukehren, und fanden den größten Theil der Bagage von den Feinden weggenommen, nebst allen Lebensmitteln, und vier hundert Wagen mit Getreide und Wein beladen, welche Cyrus, auf den Fall einer dringenden Noth, ausdrücklich für die Griechen mitgenommen hatte. Die Nacht über brachten sie, größtentheils ohne einige Erfrischung zu sich zu nehmen, in dem Lager hin, indem sie nicht zweifelten, daß Cyrus am Leben und siegreich sey.

Den folgenden Morgen vernahmen sie endlich die traurige Nachricht von des Cyrus Tode, und der Niederlage des andern Theils ihrer Armee. Sie schickten gleich Abgesandten an den Ariáus, als jetzigen Oberbefehlshaber der Armee, und boten ihm als Sieger die Persische Krone an. Unterdessen schickte auch der König als Sieger an sie, und foderte sie auf, ihre Waffen auszuliefern, und ihn um Gnade anzuflehen, we-

bey er ihnen zugleich vorſtellte, da ſie ſich jetzt in dem
Herzen ſeines Reichs befänden, von ungeheuren Flüſ-
ſen und unzähligen Nationen umringt, ſo würd' es ihnen unmöglich ſeyn, ſeiner Rache zu entgehen, und es
bliebe ihnen alſo weiter nichts zu thun übrig, als ſich der
Nothwendigkeit zu unterwerfen. Da ſie unter ſich be-
rathſchlagten, was für eine Antwort ſie hierauf geben
ſollten, fragte Proxenus die Herolde, auf was für
Bedingungen der König ihre Waffen fodre; wenn als
Sieger, ſo ſteh' es in ſeiner Macht, ſie ihnen zu nehmen; wenn aber auf einen andern Fuß, was er ihnen
denn dafür wiedergeben wolle? Ihn unterſtützte Xenophon, welcher ſagte, es ſey ihnen jetzt nichts übrig,
als ihre Waffen und ihre Freyheit, und ſie könnten unmöglich das eine ohne das andre behaupten. Mit gleichen Geſinnungen erklärte Klearchus, wenn der König geſonnen ſey, Freundſchaft mit ihnen zuhalten, ſo
würden ſie beſſer im Stande ſeyn, ihm mit ihren Waffen, als ohne dieſelben zu dienen; wär' er aber ihr Feind,
ſo würden ſie derſelben zu ihrer Vertheidigung nöthig
haben. Andre ſprachen etwas nachgebender; da ſie dem
Cyrus treu gedient hätten, ſagten ſie, ſo würden ſie
eben ſo auch dem Artaxerxes dienen, wenn er ſie gebrauchen, und zu gleicher Zeit ſie in Beſitz von Aegypten ſetzen wollte. Endlich kamen ſie dahin überein, daß
ſie da bleiben wollten, wo ſie jetzt waren, denn ſie mögten weiter vorrücken, oder ſich zurückziehen, ſo würde
beides das Anſehen einer Kriegserklärung haben. Kurz,
der Ausgang dieſer Berathſchlagung zeigte, daß man
einer entſcheidenden Antwort auszuweichen, und den
König nur hinzuhalten und Zeit zu gewinnen ſuchte.

Während dieſe Unterhandlungen vorgiengen, empfiengen ſie vom Aridäus die Antwort, es gäbe zu viel
mächtige Herren in Perſien, als daß er ſich zum Beſitz des Thrones Hoffnung machen könne; er ſey daher

gesonnen, den nächsten Morgen in aller Frühe aufzu-
brechen, um nach Jonien zurückzukehren; und wenn
sie daher Lust hätten, ihn zu begleiten, so mögten sie
noch in derselben Nacht zu ihm stoßen. Dies thaten
sie dann auch Alle, den **Milthocytus**, einen Thracier, ausgenommen, welcher mit einem Haufen von dreyhundert Mann, und vierzig Reutern zu dem König übergieng. Die übrigen, nebst den Truppen des **Ariäus**,
brachen mit Tages Anbruch auf, und setzten ihren
Marsch bis Sonnenuntergang fort, da sie denn von
den benachbarten Hügeln entdeckten, daß der König ihnen nachsetze.

Klearchus, der jetzt die Anführung der Griechen übernahm, befahl seinen Truppen, halte zu machen, und schickte sich zum Treffen an. Der König
von Persien durch den Schein einer so großen Unerschrockenheit in Furcht gesetzt, schickte Herolde an sie ab, nicht
um sie zur Uebergabe aufzufodern, sondern um ihnen
Friedens- und Unterhandlungsvorschläge zu thun. Als
Klearchus von ihrer Ankunft benachrichtigt wurde,
gab er Befehl, sie warten zu heißen, und ihnen zu sagen, daß er noch nicht Zeit habe, sie anzuhören. Er
nahm mit Fleiß ein stolzes, hohes Betragen an, um
seine Unerschrockenheit zu zeigen, und zu gleicher Zeit
ihnen den herrlichen Aufzug und guten Zustand seines
Phalanx sehen zu lassen. Als er endlich mit seinen
glänzendsten Officieren, die besonders zu dieser Absicht
ausgelesen waren, zu ihnen kam, und ihren Vortrag angehört hatte, gab er ihnen zur Antwort, daß er erst
nothwendig ein Treffen liefern müsse, weil seine Armee,
welcher es an Lebensmitteln fehle keine Zeit zu verlieren
hätte. Nachdem die Herolde diese Antwort an ihren
Herrn überbracht hatten, kamen sie alsobald wieder zurück, welches bewies, daß der König, oder wer in seinem Namen sprach, nicht so weit entfernt war. Sie

ſagten, daß ſie Befehl hätten, ſie in Dörfer zu führen, wo ſie Lebensmittel im Ueberfluß finden würden, und führten ſie dem zufolge auch dahin.

Nachdem ſie ſich drey Tage aufgehalten, kam Tiſſaphernes von dem König, und gab ihnen zu verſtehen, wie ſehr ſie ihm für die guten Dienſte, die er ihnen zu ihrer Erhaltung geleiſtet, verbunden wären. Klearchus führte zu ſeiner Rechtfertigung an, die Griechen hätten an dieſem Feldzuge Theil genommen, ohne den Feind zu kennen, gegen den ſie fechten ſollten; ſie wären frey von allen Verbindlichkeiten, und hätten gar keine Abſichten auf den Perſiſchen König, wofern er ſich ihrer Rückkehr nicht widerſetzte. Tiſſaphernes willigte dem Anſchein nach in ihr Begehren, und verſprach, daß ſie mit allen nöthigen Lebensmittln auf ihrem Marſch verſorgt werden ſollten; und daß er ſelbſt, damit ſie deſto unbeſorgter ſeyn könnten, ſie auf ihrer Reiſe begleiten wolle.

Sie marſchierten alſo, wenige Tage darauf, unter ſeiner Anführung ab; da aber die Barbaren, während des Marſches, immer etwa eine Meile weit von dem Griechen ihr Lager hatten, ſo gab das zu einigen Mißtrauen und Argwohn von beiden Seiten Gelegenheit. Nach funfzig Tagen etwa, da ſie an das Ufer des Fluſſus Zabatus gekommen waren, hielt Klearchus, um zu verhindern, daß es nicht zu einem öffentlichen Bruch kommen mögte, eine beſondere Unterredung mit dem Tiſſaphernes. Das Reſultat derſelben war, daß einige von des Klearchus Officieren durch falſche Vorſtellungen einen gegen den andern einzunehmen geſucht hätten, und daß er ſie alle zu dem Tiſſaphernes führen ſollte, um die Schuldigen zu entdecken. Dem zufolge wurden ſie unter ſich eins', daß eine allgemeine Verſammlung der Officiere zur Unterſuchung angeſtellt, und darinn diejenigen, welche ihrer Pflicht

entgegengehandelt, oder Uneinigkeiten zwischen beiden
Armeen anzuzetteln gesucht hätten, heruntergemacht und
bestraft werden sollten.   Menon besonders war auf
beiden Seiten verdächtig, und er wurde mit unter der
Zahl bestimmt.   Diesem verderblichen Entschluß zufolge verfügten die fünf Oberbefehlshaber sich den folgenden
Tag in das Gezelt des Persischen Generals.   Ihre
Namen waren Klearchus, Menon, Proxenes,
Agias, und Sokrates; diese wurden, auf ein gegebenes Zeichen, alsbald in Verhaft genommen, ihre
Begleiter niedergehauen, und sie selbst, nachdem man
sie gebunden an den König geschickt, in seiner Gegenwart enthauptet.

Nichts konnte größer seyn, als die Bestürzung der
Griechen bey der Nachricht von dieser Hinrichtung ihrer Generale. Sie waren jetzt an die fünf hundert Meilen weit von Hause, von großen Flüssen, unermeßlichen Einöden, und feindlichen Nationen, umgeben,
und wußten nicht, woher sie Lebensmittel nehmen sollten.   In diesem Zustande allgemeiner Muthlosigkeit
konnten sie nicht daran denken, weder Nahrung zu nehmen, noch sich Ruhe zu gönnen.   Alle wandten jetzt
ihre Augen auf den Xenophon, einen jungen Athenienser, der von dem Proxenes nach Asien eingeladen war, und bisher als Freywilliger bey der Armee gedient hatte.   Dies war der Xenophon, der nachher
als Geschichtschreiber und Philosoph so berühmt wurde,
und dessen Geschicklichkeit im Kommando seiner Beredtsamkeit, worinn er alle übrige Menschen übertraf, gleich
zu kommen schien.   Dieser junge General verfügte sich
mitten in der Nacht zu Einigen der Griechischen Officiere, und stellte ihnen vor, daß sie keine Zeit zu verlieren hätten; daß es von der äußersten Wichtigkeit sey,
den boshaften Anschlägen der Feinde zuvorzukommen;
daß sie, so gering ihre Anzahl auch wäre, sich doch

furchtbar machen würden, wenn ihr Betragen Unerſchrockenheit und Entſchloſſenheit zeigte; daß Tapferkeit
und nicht die Menge das Glück der Waffen entſcheide;
und daß es vor allen Dingen nothwendig ſey, augenblicklich neue Generale zu ernennen, weil eine Armee
ohne Anführer einem Körper ohne Seele gleiche. Man
ſtellte daher gleich eine Verſammlung an, wobey hundert Officiere zugegen waren; und als man den Xenophon bat, ſeine Meynung zu ſagen, führt' er die Gründe weitläuftiger aus, die er vorher nur leicht berührt
hatte; und nach ſeinem Rath wurden die Generale erwählt. Sie waren, Timaſion an des Klearchus,
Xanthikles an des Sokrates, Kleanor an des
Agis, Phileſius an des Menon, und Xenophon an des Proxenes Stelle.

Vor Tagesanbruch verſammelten ſie die Armee.
Die Generale hielten Reden, um die Truppen aufzumuntern; unter andern auch Xenophon. „Kamera-
„raden, ſprach er, der Verluſt ſo vieler braven Män-
„ner durch niederträchtige Verrätherey, und unſer Zu-
„ſtand, da wir von unſern Freunden im Stich gelaſſen
„worden, iſt ſehr bedaurenswürdig. Aber wir dürfen
„beßwegen nicht muthlos unter unſerm Unglück erlie-
„gen; und wenn wir nicht ſiegen können, ſo laßt uns
„lieber rühmlich ſterben, als in die Hände grauſamer
„Barbaren zu fallen, die uns ins äußerſte Elend ſtür-
„zen würden. Laßt uns eingedenk ſeyn der glorreichen
„Schlachten bey Platäa, Thermopylä, Salamis,
„und ſo vieler andern, worinn unſre Vorfahren, wie-
„wohl in kleiner Zahl, die unermeßlichen Heere der Per-
„ſer überwunden, und dadurch den bloßen Namen der
„Griechen auf immer furchtbar gemacht haben. Ih-
„rer unüberwindlichen Tapferkeit haben wir die Ehre
„zu verdanken, daß wir keine andre Oberherrn in der
„Welt erkennen, als die Götter, von keiner andern

„Glückseligkeit wissen, als welche mit Freyheit bestehen
„kann. Diese Götter, die Rächer des Meineides und
„Zeugen der Verrätherey der Feinde, werden uns gün=
„stig seyn; und da sie durch die Verletzung heiliger
„Verträge, beleidigt worden, und eine Lust daran ha=
„ben, den Stolzen zu demüthigen, und den Niedri=
„gen zu erhöhen, so werden sie uns auch ins Treffen
„begleiten, und für uns fechten. Uebrigens, meine
„Kameraden, da wir keine andre Zuflucht übrig ha=
„ben, als im Siege, den wir hoffen müssen, und der
„uns Alles, was er uns auch kosten mögte, reichlich
„vergüten wird, so hielt' ich dafür, wenn ihr damit zu=
„frieden seyd, daß wir, um uns einen desto hurtigeren
„und weniger beschwerlichen Rückzug zu verschaffen,
„nichts bessers thun könnten, als uns alles unnützen Ge=
„päckes zu entledigen, und nur das zu behalten, was
„wir auf unserm Marsch durchaus nothwendig gebrau=
„chen.„ Alle Soldaten huben alsobald ihre Hände auf,
um ihren Beyfall und ihre Einwilligung in alles, was
er gesagt hatte, zu erkennen zu geben, und steckten ohne
Zeitverlust ihre Gezelte und ihr übriges Gepäcke in
Brand; indem diejenigen, welche zu viel Equipage hat=
ten, Andern, denen es daran fehlte, abgaben, und das
übrige vertilgten.

Cherisophus, der Spartanische General, führ=
te die Avantgarde, und Xenophon, nebst dem Ti=
mason, den Nachzug. Sie lenkten ihren Marsch ge=
gen die Quellen der großen Flüsse, um herdurch waten
zu können. Sie waren aber noch nicht weit gekommen,
als ihnen schon ein Korps der feindlichen Bogenschü=
tzen und Schleuderer, von dem Mithridates ange=
führt, nachfolgte, welches ihren Nachzug beunruhig=
te, und eine Menge von ihnen verwundete, denn da
sie schwerbewaffnet und ohne Reuterey waren, konnten
sie keinen Widerstand thun. Um diesem Uebel aufs

künftige abzuhelfen, bewaffnete Xenophon zwey hundert Rhodier mit Schleudern, und ließ funfzig seiner Leute sich auf Bagagepferde setzen; so daß, als Mithridates ihn zum zweytenmal mit einem noch größeren Haufen angriff, er ihn mit Verlust zurückschlug, und er also mit dieser handvoll Leute seinen Rückzug deckte, bis er bey der Stadt Larissa, an den Ufern des Tigris, ankam. Von hier marschierten sie nach einer andern wüsten Stadt, Namens Mepsila, und etwa vier Meilen von da kam Tissaphernes mit seiner ganzen Armee in Schlachtordnung auf sie los, ward aber nach verschiednen Scharmützeln genöthigt, sich zurückzuziehen. Wenige Tage nachher besetzt' er eine Anhöhe, über welche die Griechen kommen mußten, Xenophon aber, welcher dieses gewahr wurde, nahm ein Detachement der Armee, und erreichte in großer Geschwindigkeit den Gipfel eines Berges, welcher über dieser Anhöhe lag, so daß er nun mit leichter Mühe den Feind herunterjagte, und dem übrigen Theil seiner Truppen einen sichern Uebergang in die Ebne verschaffte, wo sie einen Ueberfluß von Lebensmitteln fanden, ungeachtet Tissaphernes vorher sein möglichstes gethan hatte, alles zu verbrennen und zu verwüsten.

Dem ungeachtet befanden sie sich jetzt in größerer Noth und Verlegenheit, als jemals; denn auf der einen Seite waren sie von dem Tigris, und auf der andern von unersteiglichen Gebirgen eingeschlossen, die von einem rohen und kriegerischen Volke bewohnt wurden, welches, wie Xenophon sagt, eine Armee von hundert und zwanzig tausend Persern, wegen der engen, hohlen Wege, bis auf den letzten Mann zu Grunde gerichtet hatte. Indessen, da sie keine Böte hatten, über den Fluß zu setzen, und der Weg durch die Berge sich in die reichen Ebnen von Armenien öffnete, so entschlossen sie sich doch, ihren Marsch durch die Berge fortzusetzen. Diese Barbaren geriethen bald in Alarm, da sie sich aber nicht in Bereitschaft gesetzt hatten, die Griechen mit einem ganzen Heer zu empfangen, so bemächtigten sie sich der Gipfel der Felsen und Berge, und machten ihnen von da mit Pfeilen und großen Steinen, welche sie in die holen Wege, wo sie herdurchzogen, herabwarfen, viel zu schaffen. Zu gleicher Zeit wurden sie von verschiednen andern Haufen angegriffen, und wiewohl ihr Verlust eben nicht beträchtlich war, so hatten sie doch von Sturm und Hunger, außer einem Marsch von sieben langen Tagen, und der beständigen Nothwendigkeit sich mit Gewalt durchzuschlagen, mehr Noth und Elend auszustehen, als von den Persern während des ganzen Feldzuges.

Bald nachher fanden sie sich neuen Gefahren ausgesetzt. Fast noch an dem Fuß der Berge kamen sie an einen Fluß, Namens Centrites, welcher zwey hundert Fuß breit war, und sie auf einmal in ihrem Marsch aufhielt. Sie hatten sich zugleicher Zeit gegen den Feind, der ihren Nachzug verfolgte, und gegen die Armenier, welche das entgegengesetzte Ufer des Flusses besetzt hatten, zu vertheidigen. Vergebens versuchten sie an einem Orte herdurchzugehen, wo das Wasser ihnen bis an die Achseln gieng, und der schnelle Strom sie fortriß, dem sie, wegen der Last ihrer Waffen, nicht widerstehen konnten. Zum Glück entdeckten sie noch einen andern Ort, der nicht so tief war, wo einige Soldaten die Landeseinwohner hatten herdurch gehen sehen. Es erfoderte nicht wenig Geschicklichkeit, Sorgfalt und Tapferkeit, den Feind auf beiden Seiten abzuhalten. Indeß kam die Armee doch endlich mit großem Verlust hinüber.

Nun marschierten sie ohne besondern Aufenthalt weiter, giengen durch den Tigris, nicht weit von der Quelle; und kamen an den kleinen Fluß Teleboa,

T

deſſen Ufer ſehr anmuthig, und mit vielen Dörfern beſetzt waren. Hier fieng das weſtliche Armenien an, deſſen Gouverneur damals Tiribaſus war, ein Satrap,
welcher bey dem König vorzüglich in Gnaden ſtand,
und die Ehre hatte, ſo oft er am Hofe war, ihm aufs
Pferd zu helfen. Er erbot ſich, der Armee einen frey-
en Durchzug zu verſtatten, und den Soldaten zu erlauben, ſich mit Allem, was ſie nöthig hätten, zu ver-
ſorgen, auf die Bedingung, daß ſie keine Verwüſtun-
gen auf ihrem Marſch anrichten würden. Dieſer Vorſchlag ward angenommen, und von beiden Seiten darüber ein Vertrag geſchloſſen. Tiribaſus hielt immer ein
fliegendes Lager in einiger Entfernung von der Armee.
Es fiel eine große Menge Schnee, welches den Truppen ſehr beſchwerlich fiel, und ſie erfuhren von einem
Gefangenen, daß Tiribaſus die Abſicht hätte, die
Griechen an einem Paß über die Berge, in einem holen Wege, wo ſie nothwendig herdurch müßten, anzugreifen. Sie kamen ihm zuvor, indem ſie ſich dieſes
Poſtens bemächtigten, nachdem ſie den Feind in die
Flucht geſchlagen hatten. Nach einigen Tagemärſchen
durch die Wüſte paſſirten ſie den **Euphrat**, nicht weit
von ſeiner Quelle, ſo daß ſie nicht viel über die Mitte
ins Waſſer kamen.

Nachher hatten ſie viel auszuſtehen von einem Nord-
winde, der ihnen gerade ins Geſicht wehete, und das
Odemholen verhinderte; ſo daß man es für nöthig hielt,
dem Winde zu opfern, worauf er ſich zu legen ſchien.
Sie marſchierten darauf weiter fünf bis ſechs Fuß tief
im Schnee, wodurch verſchiedne Sklaven und Laſtthie-
re, außer dreyßig Soldaten, ums Leben kamen. Die
Nacht über machten ſie Feuer an, weil ſie einen Ueberfluß von Holz fanden. Den ganzen folgenden Tag ſetzten ſie ihren Marſch durch den Schnee fort; und viele
blieben vor Hunger, welcher Entkräftung oder Ohn-

macht nach sich zog, auf dem Wege liegen; so bald ihnen aber etwas Speise gereicht war, fanden sie sich gestärkt, und setzten ihren Weg fort.

Nach einem Marsch von sieben Tagen kamen sie an den Fluß Araxes, auch Phasus genannt, welcher etwa hundert Fuß breit war. Zwey Tage nachher entdeckten sie die Phasier, und Chalyber und die Taochier, welche den Paß über den Berg besetzt hatten, um sie nicht in die Ebne herdurch zu lassen. Sie sahen, daß es unmöglich sey, ein Treffen mit ihnen zu vermeiden, und beschlossen, es noch an dem nehmlichen Tage zu liefern. Xenophon, welcher bemerkt hatte, daß der Feind nur den gewöhnlichen Uebergang vertheidigte, und daß der Berg sich auf drey Meilen in die Länge erstreckte, that den Vorschlag, ein Detachement abzuschicken, um sich der Höhen, welche über dem Feinde belegen waren, zu bemächtigen, welches nicht schwer seyn würde, da sie allen Verdacht wegen ihres Vorhabens vermeiden könnten, wenn sie in der Nacht abmarschierten, und unterdeß auf der Heerstraße einen falschen Angriff thäten, um die Aufmerksamkeit des Feindes abzuziehen. Dies geschah, der Feind wurde in die Flucht geschlagen, und der Paß geöffnet. So kamen sie, nach einem Marsch von zwölf bis funfzehn Tagen an einen sehr hohen Berg, Namens Tecqua, von welchem sie endlich die See entdeckten. Die ersten welche sie erblickten, erhuben ein großes Freudengeschrey, worüber Xenophon sich einbildete, die Avantgarde sey angegriffen, und daher in möglichster Eile zur Hülfe herbey kam. Als er näher kam, hörte man das Geschrey, die See! die See! ganz deutlich, und der Schrecken verwandelte sich in Freude und Frohlocken; und als sie den Gipfel erreicht hatten, hörte man nichts anders als ein verwirrtes Getöse der ganzen Armee, indem alles rief: die See!

die See! Keiner konnte sich der Thränen enthalten, alle umarmten ihre Generale und Officiere, trugen denn, ohne Befehl zu erwarten einen großen Steinhaufen zusammen, und errichteten ein Siegeszeichen mit gebrochnen Schilden und andern Waffen.

Von da rückten sie weiter gegen die Berge in Kolchis, deren einer über die andern hervorragte, und diesen hatten die Einwohner des Landes besetzt. Die Griechen stellten sich an dem Fuß desselben in Schlachtordnung, um so hinanzugehen, weil der Zugang nicht unersteiglich war. Xenophon aber hielt es für rathsam, nicht in Linien, sondern in Reihen hintereinander, hinaufzumarschieren, weil die Soldaten wegen der Ungleichheit des Bodens, welcher an einigen Orten allmählig aufgieng, an andern aber schwer zu ersteigen war, ihre Glieder nicht würden halten können, welches sie abschrecken mögte. Dieser Rath ward genehmigt, und die Armee also darnach gestellt. Die schwer bewaffneten Truppen, machten etwa achtzig solcher Reihen aus, deren jede etwa aus hundert Mann bestand; nebst achtzehn hundert leichtbewaffneten, die in drey Haufen getheilt wurden, deren einer zur Rechten, der andre zur Linken, und der dritte in die Mitte postirt wurde. Nachdem er seine Truppen aufgemuntert, indem er ihnen vorstellte, daß dies das letzte Hinderniß sen, welches sie zu überwinden hätten, und die Götter um ihren Beystand angerufen hatte, fieng die Armee an hinaufzusteigen. Der Feind war nicht im Stande, ihren Angriff auszuhalten, und zerstreuete sich. Sie giengen also über den Berg, und lägerten sich in Dörfern, wo sie Lebensmittel im Ueberfluß fanden.

Hier wiederfuhr der Armee ein sehr seltsamer Zufall, welcher sie in große Bestürzung setzte. Da nämlich die Soldaten hier eine Menge von Bienenstöcken fanden, und den Honig aßen, wurden sie von heftigen Erbrechen und Durchlauf befallen, welcher mit Anfällen von Raferey begleitet war; so daß diejenigen, die sich am wenigsten übel befanden, betrunknen Leuten glichen, die übrigen aber entweder in tobender Wuth, oder sterbend krank waren. Die Erde war, wie nach einer Niederlage, mit ihren Körpern überstreut; gleichwohl starb keiner von ihnen, und die Krankheit hörte den folgenden Tag wieder auf, ungefähr um eben die Stunde, in welcher sie davon befallen waren. Den dritten oder vierten Tag hernach zogen sie weiter, aber in dem Zustand, worinn man nach Gebrauch einer heftigen Arzney zu seyn pflegt.

Zwey Tage nachher kam die Armee nach Trebisand, einer Griechischen Kolonie von Sinopiern, welche am Pontus Euxinus, oder dem schwarzen Meer, in der Provinz Kolchis belegen war. Hier lagen sie dreyßig Tage stille, und entledigten sich der Gelübbe, die sie dem Jupiter, dem Herkules und andern Gottheiten, um ihnen eine glückliche Rückkehr in ihr Vaterland zu verleihen, gethan hatten; sie feyerten auch die Spiele des Wettrennens zu Pferde und zu Fuß, des Ringens, Kämpfens, u. s. w. alles mit größter Freude und Feyerlichkeit. Hier machte Xenophon das Projekt, daß sie sich in dieser Gegend niederlassen, und eine Griechische Kolonie stiften sollten, welches bey Verschiednen Beyfall fand; da aber seine Feinde es der Armee bloß als ein ehrbareres Mittel, sie im Stich zu lassen, und den Einwohnern des Landes, als einen Anschlag, sie unters Joch zu bringen, und zu Sklaven zu machen, vorstellten, sah er sich gezwungen, dies Vorhaben aufzugeben. Indessen hatte das Gerücht davon die gute Wirkung, daß die Einwohner des Landes alles mögliche thaten, auf die freundschaftlichste Art ihre Abreise zu befördern, indem sie ihnen den Rath gaben, zur See nach Hause zurückzukehren, als welches der

ſicherſte Weg ſeyn würde; und ſie dazu mit einer hinlänglichen Anzahl von Tranſportſchiffen verſahen.

Sie ſchifften ſich demnach mit günſtigem Winde ein,
und kamen den folgenden Tag in den Hafen von Si-
nope, wo Cheriſophus ihnen mit einigen Galeeren entgegen kam; aber ſtatt des Geldes, welches ſie
auch von ihm erwarteten, ſagte er bloß, daß der Rück-
ſtand ihnen ausgezahlt werden ſollte, ſo bald ſie den
Pontus Eurinus verlaſſen hätten. Dieſe Antwort
erregte ein großes Murren unter den Truppen; ſo daß
ſie den Entſchluß faßten, ſich unter einen einzigen General zu begeben, und den Xenophon in den dringend-
ſten und liebevollſten Ausdrücken baten, dies Kommando
zu übernehmen; welches er aber beſcheiden ablehnte, und
es dahin brachte, daß ihre Wahl auf den Cheriſophus fiel. Aber er genoß deſſelben nicht länger, als
ſechs oder ſieben Tage; denn nicht ſo bald waren ſie
nach Heraklea gekommen, als ſie ihn wieder abſetz-
ten, weil er ſich weigerte, von den Einwohnern dieſer
Stadt eine Summe Geldes zu erpreſſen. Sie war
eine Griechiſche Kolonie, und Xenophon wollte daher auch nichts mit der Sache zu thun haben; ſo daß
die Armée, da ſie ſich in ihrer Hoffnung zu plündern betrogen ſah, einen Aufſtand machte, und ſich in drey
Haufen trennte. In dieſer Trennung erlitten ſie einen
geringen Verluſt durch die Truppen der Barbaren. Sie
wurden aber bald wieder glücklich vereinigt, und lagerten ſich bey dem Hafen von Kalpe, wo ſie das Kommando wieder wie vorher einrichteten, indem ſie den
Neon an des Cheriſophus Stelle erwählten welcher
hier verſtarb, und die Todesſtrafe darauf ſetzten, wenn
irgend Jemand künftig der Armée den Vorſchlag thun
würde, ſich zu trennen. Da ſie aber bald Noth an
Lebensmitteln litten, waren ſie genöthigt, ſich durch
die Thäler zu zerſtreuen, wo des Pharnabazus Reu-

terey, mit welcher die Einwohner sich vereinigten, fünf
hundert von ihnen niedermachte; die übrigen, welche
auf einen Hügel entwischten, wurden von dem Xenophon aus den Händen der Feinde errettet. Er führte
sie darauf durch einen großen Wald, wo Pharnabazus seine Truppen postirt hatte, um sich ihrem Durch-
zuge zu widersetzen; aber sie schlugen ihn gänzlich, und
setzten ihren Marsch bis Chrysopolis in Chalcedon fort, indem sie unterwegs eine reiche Beute machten, und begaben sich von da nach Byzantium.

Von hier führte sie Xenophon nach Salmy-
dessa, um dem Thracischen Prinzen Seuthes beyzustehen, welcher ihn schon vorher durch seine Abgesandten ersucht hatte, mit Truppen zu ihm zu stoßen,
um ihm zur Wiedererlangung seines väterlichen Reichs,
dessen ihn seine Feinde beraubt hatten, behülflich zu seyn.
Er machte dem Xenophon große Versprechungen,
sowohl für ihn selbst, als für seine Truppen; so bald
aber hatt' er nicht durch diese Hülfe seinen Zweck erreicht,
als er so weit entfernt war sein Wort zu halten, daß er
ihnen nicht einmal den Sold, worüber sie eins geworden waren, auszahlen wollte. Xenophon machte ihm
die bittersten Vorwürfe über diese Bundbrüchigkeit,
und schob die Schuld seiner Treulosigkeit auf seinen
Minister Heraklides, welcher sich dadurch bey seinen
Herrn einzuschmeicheln suche, daß er ihm eine Summe
Geldes erspare, auf Kosten der Gerechtigkeit, Treue,
und Redlichkeit, Eigenschaften, die einem Fürsten theurer seyn müßten, als alle andre, da sie sowohl zu seiner Ehre, als zu dem Glück seiner Angelegenheiten,
und zur Sicherheit eines Staats das mehrste beytrugen. Aber dieser verächterische Minister, welcher Ehre, Redlichkeit und Gerechtigkeit als bloße Chimären
ansähe, und nichts für wünschenswürdig hielte, als den
Besitz großer Reichthümer, sey wirklich auf nichts an-

ders bedacht, als ſich ſelbſt, durch was für Mittel es
ſeyn mögte, zu bereichern; er beraube daher ungeſtraft
erſt ſeinen Herrn, und dann alle ſeine Unterthanen mit
ihm. Gleichwohl, fuhr Xenophon fort, ſollte jeder
Menſch, vornehmlich Jeder, der über Andre geſetzt ſey,
Gerechtigkeit, Redlichkeit und Treu und Glauben bey
Verſprechungen, als den koſtbarſten Schatz anſehen,
den er nur beſitzen könnte, und als eine ſichte Zuflucht,
eine unfehlbare Stütze bey allen möglichen Ereigniſſen
und Umſtänden. Heraklides ſey wegen dieſes Ver-
fahrens gegen die Truppen um deſto weniger zu entſchuldigen, da er ein geborner Grieche, und nicht ein Thracier ſey; aber Habſucht habe alles Gefühl von Ehre in
ihm ausgetilgt.

Indem der Streit zwiſchen dem Seuthes und
Xenophon am hitzigſten war, kamen Charminus
und Polynices als Geſandten von Sparta an, und
brachten die Nachricht, daß die Republik gegen den
Tiſſaphernes und Pharnabazus Krieg erklärt
hätte; daß Thimbron bereits mit den Truppen ein-
geſchifft wäre, und jedem Soldaten, der bey ihm Dienſte nehmen würde, monatlich einen Darikus, jedem
Officier zwey, und jedem Oberſten vier zu geben ver-
ſpräche. Xenophon nahm dies Anerbieten an, und
nachdem er vom Seuthes, durch Vermittelung der
Geſandten, einen Theil des ſchuldigen Soldes erhalten
hatte, begab er ſich mit der Armee, die ſich damals auf
ſechs tauſend Mann belief, zur See nach Lampſakus. Von hier marſchiert' er weiter nach Pergamus,
einer Stadt in der Provinz Troas. Bey Parthe-
nia, wo ſich der Feldzug der Griechen endigte, traf
er auf einen vornehmen Perſiſchen Fürſten, der ins
Reich zurückkehrte; er nahm ihn, nebſt ſeiner Frau und
Kindern und ſeiner ganzen Equipage gefangen, und
ſah ſich dadurch in Stand geſetzt, große Geſchenke un-

ter die Soldaten auszutheilen, und ihnen allen Verlust,
den sie erlitten hatten, reichlich zu vergüten. Thimbron kam endlich an, welcher das Kommando dieser
Truppen übernahm, sie mit den seinigen vereinigte,
und darauf gegen den Tissaphernes und Pharnabazus abmarschierte.

So lief also der Feldzug des Cyrus ab. Xenophon rechnet von dem ersten Abmarsch der Armee dieses Prinzen aus der Stadt Ephesus, bis zu ihrer Ankunft an den Ort, wo das Treffen vorfiel, fünfhundert und
dreyßig Parasangen, oder Meilen, und drey und neunzig Tagemärsche; und auf ihrer Rückkehr von dem Ort
des Treffens bis Kotyora, eine Stadt an der Küste
des schwarzen Meers, sechs hundert und zwanzig Parasangen, oder Meilen, und hundert und zwanzig Tagemärsche; beides aber zusammengerechnet, sagt er, betrug der
Hin- und Herweg eilfhundert und fünf und funfzig Parasangen, oder Meilen, und zwey hundert und fünf-
zehn Tagemärsche; und die ganze Zeit, welche die Armee gebrauchte, diese Reise zu vollenden, die Ruheta-
ge eingerechnet, betrug funfzehn Monate.

Dieser Rückzug der zehntausend Griechen ist immer
von Meistern der Kriegskunst als ein höchst außeror-
dentliches Unternehmen betrachtet worden. Er flößte
den Griechen gewissermaßen auf immer eine Verachtung
gegen die Macht der Perser ein; er lehrte sie, daß man
ihr Reich ohne Gefahr anfallen könne, und daß in Persien eindringen nicht viel mehr sey, als einen unwider-
stehenden Feind verfolgen, der sich nur zeigte, mehr
einen Sieg, als ein Treffen anzubieten.

Unterdeß aber Griechenland in Persien Ruhm gewann, verlor Athen seine Ehre zu Hause. Wiewohl
es jetzt einige Ruhezeit hatte, um sich von der neuerlichen Zerrüttung zu erhohlen, so waren doch die Saamen des Haders und Zwiespalts noch nicht ganz aus-

gerottet, und die Bürger ſuchten noch immer mit gleicher Bosheit, einander zu Grunde zu richten. Sokrates war der erſte, der dieſen bürgerlichen Zwiſtigkeiten zum Opfer ward. Wir haben bereits dieſen groſ-
ſen Mann, welcher der Sohn eines geringen Bürgers
in Athen war, ſich aus der Dunckelheit ſeiner Geburt
emporſchwingen, und Beyſpiele der Tapferkeit, Mäßigung und Weisheit geben ſehen; wir haben geſehen,
wie er dem Alcibiades im Treffen das Leben rettete,
wie er ſich weigerte, an dem Urtheil, welches ungerechter Weiſe die ſechs Athenienſiſchen Generale zu Tode
verdammte, Theil zu nehmen, wie er den dreyßig Tyrannen widerſtand, und wie er den Aberglauben und
die Verfolgungsſucht ſeiner Zeiten mit dem durchdrin-
gendſten Scharfſinn, und der beißendſten Spötterey
verfolgte. Er beſaß eine beyſpielloſe Güte und allgemeine Menſchenliebe; er hegte immer Mitleiden mit
den Laſtern Anderer, indem er ſelbſt größtentheils von
denſelben frey war; gleichwohl kannt' er ſeine eignen
Mängel, und wenn er auf irgend etwas ſtolz war, ſo
war es darauf, daß man glaubte, er habe keine. Er
ſchien, ſagt Libanius, der allgemeine Vater der Republik zu ſeyn, ſo aufmerkſam war er auf die Glückſe-
ligkeit und den Vortheil ſeines ganzen Vaterlandes.
Da es aber ſehr ſchwer iſt, das Alter zu beſſern, und
Leuten andre Grundſätze beyzubringen, welche die Irr-
thümer verehren, in denen ſie grau geworden ſind, ſo
widmete er ſeine Bemühungen vorzüglich dem Unterricht der Jugend, um den Saamen der Tugend in einen Boden auszuſtreuen, von welchem er eher erwarten
konnte, daß er darinn aufgehen und Früchte tragen würde. Er hatte weder eine öffentliche Schule, gleich den
übrigen Philoſophen, noch geſetzte Lehrſtunden, weder
Schülerbänke noch Katheder; er war der Philoſoph aller
Zeiten und Stunden; er lehrte an allen Orten, und

beym Spazierengehen, bey Tische, bey der Armee, mitten im Lager, in den öffentlichen Versammlungen des Senats oder des Volks. Dies war der Mann, den eine Faktion in der Stadt schon lange zum Untergange ausgezeichnet hatte. Er war schon viele Jahre vor seinem Tode der Gegenstand ihrer Satyre und ihres Spotts gewesen. Unter andern miethete man den Komödienschreiber Aristophanes, ihn auf der Bühne dem öffentlichen Gelächter Preis zu geben. Er machte ein Stück, die Wolken betitelt, worinn er den Philosophen in einem Korbe einführte, und ihn die lächerlichsten Ungereimtheiten sprechen ließ. Sokrates, der bey der Vorstellung seines Charakters selbst zugegen war, schien nicht den geringsten Verdruß darüber zu empfinden; und als einige Fremde das Original zu kennen wünschten, stand er von seinem Platz auf; und zeigte sich also während des ganzen Stücks. Dies war der erste Streich, den man ihm versetzte, und erst zwanzig Jahre nachher verklagte ihn Melitus öffentlich vor Gericht, und fieng einen förmlichen Proceß gegen ihn an. Seine Anklage bestand aus zwey Hauptstücken: das erste war, daß er an die Götter, welche die Republik verehre, nicht glaube, und neue Gottheiten einführe; das zweyte, daß er die Atheniensische Jugend zum Bösen verführe; woraus er denn den Schluß zog, daß man ihn zum Tode verdammen müsse. In wiefern die ganze Anklage ihn wirklich getroffen, läßt sich nicht leicht bestimmen: gewiß ist, daß er es, bey so vielen Religionseifer und Aberglauben, als damals in Athen herrschte, nie wagen durfte, sich öffentlich gegen die eingeführte Religion zu erklären, und also gezwungen war, einen äußern Schein derselben beyzubehalten; aber sehr wahrscheinlich ists aus den Unterredungen, die er oft mit seinen Freunden hatte; daß er die ungeheuren Meinungen und lächerlichen Mysterien seiner Zeit im Herzen verachtete und verlachte, als Dinge, die bloß in den Fabeln der Dichter ihren Grund hätten; und daß er sich wirklich zu dem Begriff des einzigen wahren Gottes aufgeschwungen, so daß Einige kein Bedenken tragen, ihn in Betracht seines Glaubens an die Gottheit, und seines exemplarischen Lebens, den christlichen Philosophen an die Seite zu setzen.

So bald die Verschwörung gegen ihn ausbrach, machten seine Freunde Anstalt, ihn zu vertheidigen. Lysias, der geschickteste Redner seiner Zeit, bracht' ihm eine sehr ausgearbeitete Rede von seiner Hand, worinn er die Gründe und Verhaltungsregeln des Sokrates in ihrer ganzen Stärke ausgeführt und Alles mit den rührendsten, eindringensten Zügen der Beredtsamkeit, welche fähig waren, die härtesten Herzen zu schmelzen, durchwebt hatte. Sokrates las sie mit Vergnügen, und gab ihr den größten Beyfall; da sie aber mehr den Regeln der Redekunst, als den Gesinnungen und der männlichen Stärke eines Philosophen angemessen war, so sagt' er ihm frey, daß sie sich für ihn nicht schicke. Lysias fragte ihn, wie es möglich sey, daß sie so gut gerathen seyn, und sich doch nicht für ihn schicken könne? Eben so, versetze Sokrates, indem er nach seiner gewöhnlichen Art ein Gleichniß aus dem gemeinem Leben hernahm, als wenn ein geschickter Handwerksmann mir ein prächtiges Kleid, oder Schuhe mit Golde verbrämt bringen wollte; seine Arbeit möchte vielleicht unverbesserlich seyn, aber für mich würde sich dergleichen nicht schicken. Er bestand also hartnäckig auf dem Entschluß, sich nicht dadurch zu erniedrigen, daß er auf eine kriechende Art Stimmen für sich erbettelte, wie es damals allgemein gewöhnlich war. Er gebrauchte weder Kunstgriffe, noch Flittergold der Beredtsamkeit, nahm weder zu Bitten noch Schmeicheleyen seine Zuflucht; brachte weder Frau noch Kinder vor

Gericht, um durch Gewinsel und Thränen die Richter zu gewinnen. Allein, wenn er sich standhaft weigerte, von keiner andern Stimme, als seiner eignen, zu seiner Vertheidigung Gebrauch zu machen, und in der unterwürfigen Stellung eines demüthigen Supplikanten vor seinen Richtern zu erscheinen, so that er das nicht aus Stolz oder Verachtung gegen das Gericht; es geschah aus einer edlen unerschrocknen Zuversicht, die aus Größe der Seele, und aus dem Bewußtseyn seiner Wahrheit und Unschuld entsprang. Seine Vertheidigung hatte also nichts Furchtsames, nichts Schwaches; seine Rede war kühn, männlich, edelmüthig, ohne Leidenschaft, ohne Gemüthsbewegung, voll der edlen Freyheit eines Philosophen, ohne allen Schmuck als Wahrheit, und durchaus mit dem Charakter und der Sprache der Unschuld belebt. Plato, welcher zugegen war, schrieb sie nach, und machte daraus ohne einigen Zusatz seine Apologie des Sokrates, eins der vollkommensten Meisterstücke des Alterthums, wovon ich hier einen Auszug geben will.

An dem bestimmten Tage nahm das Gericht in gewöhnlicher Form seinen Anfang. Die Partheyen erschienen vor den Richtern, und Melitus sprach zuerst. Je schlechter seine Sache, und je weniger er mit Beweisen versehen war, desto mehr Kunst und Geschicklichkeit hatt' er nöthig, ihre Schwäche zu decken. Er unterließ nichts, was die Gegenparthey verhaßt machen könnte, und der täuschende Glanz einer lebhaften und prächtigen Beredtsamkeit diente ihm statt der Gründe, die ihm nothwendig mangeln mußten. Als er ausgeredet hatte, sagte Sokrates, er wisse zwar nicht, was für Eindrücke die Rede seiner Ankläger auf die Richter gemacht haben mögte, indessen müsse er für seine Person gestehen, daß er sich jetzt kaum selbst kenne, einen so künstlichen Anstrich, so viel Wahrscheinlichkeit hätten

sie ihren Gründen zu geben gewußt, wiewohl kein wahres Wort an Allem sey, was sie gesagt hätten.

„Man beschuldigt mich, daß ich die Jugend verfüh-
„re, und ihr gefährliche Grundsätze einflöße, sowohl in
„Betracht der Verehrung der Götter, als der Verwal-
„tung des Staats.   Ihr wisset, Athenienser, daß ich
„eine Profeßion daraus gemacht, Andre zu lehren; auch
„kann der Neid, so entrüstet er gegen mich seyn mag,
„mir nicht vorwerfen, daß ich je meinen Unterricht ver-
„kauft habe.   Ein unwiderleglicher Beweis, daß ich
„hierinn nicht lüge, ist meine Armuth. Immer gleich
„bereitwillig,   meine Gedanken dem Reichen oder Ar-
„men ohne Unterschied mitzutheilen, und ihnen völlige
„Zeit zu lassen, mich zu fragen, oder mir zu antwor-
„ten, überlaß ich mich Jedem, welcher tugendhaft zu
„werden wünscht; und wenn unter denen, die mich hö-
„ren, sich Leute befinden, die entweder gut oder böse
„sind, so darf man weder die Tugenden der erstern,
„noch die Laster der letztern, zu denen ich nichts beyge-
„tragen habe, mir zurechnen.   Mein ganzes Geschäfft
„ist; daß ich Jung und Alt zu bereden suche, ihren
„Körper nicht zu sehr zu lieben, nicht zu begierig nach
„Reichthümern und allen andern nichtswürdigen Din-
„gen, von was Art sie seyn mögen, zu trachten, und
„ihre Seele, welche allein der Gegenstand ihrer Nei-
„gungen seyn sollte, nicht zu sehr zu vernachläßigen.
„Denn ich dringe unaufhörlich darauf, daß Tugend
„nicht aus Reichthum, sondern im Gegentheil Reich-
„thum aus Tugend entspringe; und daß alle andern
„Güter des menschlichen Lebens, sowohl öffentliche als
„besondere, aus dieser einzigen Quelle sich ergießen.

„Wenn so reden die Jugend verführen heißt, so
„gesteh' ich, Athenienser, daß ich schuldig bin, und
„gestraft zu werden verdiene.   Ist es nicht Wahrheit,
„was ich sage, so ist es sehr leicht, mich der Lüge zu

„überführen. Ich sehe hier eine Menge meiner Schü-
„ler; sie dürfen nur auftreten. Doch, vielleicht hält
„ihre Zurückhaltung und Achtung gegen ihren Lehrer
„sie zurück, sich gegen mich zu erklären — Nun, so
„werden doch wenigstens ihre Väter, Brüder, und Vet-
„tern, als rechtschaffne Angehörige und Bürger nicht
„umhin können, aufzutreten und Rache zu fodern ge-
„gen den Verführer ihrer Söhne, Brüder und Neffen.
„Aber gerade eben diese sind es, die meine Vertheidi-
„gung auf sich nehmen, und nichts eifriger wünschen,
„als einen glücklichen Ausgang meiner Sache.

„Entscheidet über mich, Athenienser, wie es euch
„beliebt; meine Aufführung kann ich weder bereuen,
„noch ändern; ich darf einen Beruf nicht verlassen, oder
„nur unterbrechen, welchen Gott selbst mir zur Pflicht
„gemacht hat. Nun hat er mir die Sorge anvertrauet,
„meine Mitbürger zu unterrichten. Wenn ich also, nach-
„dem ich jeden Posten, den unsre Generale mir bey Po-
„tidäa, Amphipolis und Delium anwiesen, treu-
„lich behauptet, jetzt aus Furcht vor dem Tode diesen Po-
„sten im Stiche ließe, den die göttliche Fürsehung mir
„angewiesen, indem sie mir anbefehlen, mein Leben mit
„Erforschung der Wahrheit hinzubringen, um mich selbst
„und Andre zu belehren; so würd' ich der strafbarste
„Ueberläufer seyn, und allerdings verdienen, daß man
„mich als einen gottlosen Menschen, der keine Götter
„glaube, vor dieses Gericht foderte. Sollt' es euch
„belieben, mich loszusprechen unter der Bedingung, daß
„ich mich künftig ändern sollte, so würd' ich kein Be-
„denken tragen, euch zu antworten: Athenienser, ich
„ehre und liebe euch; aber ich will lieber Gott gehorchen,
„als euch, und werde nie, bis an meinen letzten Odem-
„zug, meiner Philosophie entsagen, nie aufhören, mei-
„ner Gewohnheit gemäß euch zu vermahnen und Ver-
„weise zu geben, und zu Jedem von euch, wenn er

„mir begegnet, zu ſagen :   Mein guter Freünd, und
„Mitbürger der berühmteſten Stadt in der Welt, wegen
„ihrer Weisheit und Tapferkeit, ſchämſt du nicht, auf
„nichts anders bedacht zu ſeyn; als Reichthümer, Eh-
„re, Anſehen und Würden zu erlangen, unterdeß du
„die Schäze der Klugheit, Wahrheit und Weisheit
„vernachläßigeſt, und dir keine Mühe giebſt, deine
„Seele ſo gut und vollkommen zu machen, als ſie zu
„ſeyn fähig iſt.

„Man beſchuldigt mich einer niedrigen Furcht, ei-
„nes kleinen ſchwachen Geiſtes, weil ich ſo geſchäfftig
„bin, Jedem bloß für ſich meinen Rath mitzutheilen,
„und immer vermieden habe, in euren öffentlichen Ver-
„ſammlungen zugegen zu ſeyn, um meinem Vaterlan-
„de das Beſte zu rathen.   Mich dünkt aber, ich ha-
„be meine Tapferkeit und Standhaftigkeit genug be-
„wieſen, ſowohl im Felde, wo ich mit euch gefochten,
„als im Senat, wo ich mich allein dem ungerechten Ur-
„theil widerſezte, welches ihr über die zehn Generale
„fälletet, welche die Leichname der in dem Seetreffen
„bey der Inſel Arginuſä Getödteten und Ertrunke-
„nen, nicht aufgenommen und begraben hatten ; und
„wenn ich mich, bey mehr als einer Gelegenheit,
„den grauſamen und gewaltſamen Befehlen der dreyßig
„Tyrannen widerſezte.   Aber was hielt mich denn ab,
„in eure Verſammlungen zu kommen? Nichts anders,
„als jener Dämon, jene göttliche Stimme, deren ihr
„mich ſo oft erwähnen gehört habt, und welche Meli-
„tus ſo ſehr bemüht geweſen iſt lächerlich zu machen.
„Dieſer Geiſt hat mich von meiner Kindheit an immer
„begleitet : aber ich höre ſeine Stimme nie, als wenn
„er mich verhindern will, etwas zu thun, was ich be-
„ſchloſſen habe; denn nie ermahnt er mich, irgend et-
„was zu unternehmen. Dieſer Geiſt hat ſich mir immer
„widerſezt, wenn ich mich in die Angelegenheiten der

„Republik mengen wollte, und das mit größtem Grun-
„de; denn ich würde schon längst ein todter Mann seyn,
„hätt' ich mich der Staatsgeschäffte angenommen, oh-
„ne doch irgend etwas, weder mir selbst noch unserm
„Vaterlande zum Besten, auszurichten. Nehmt mirs
„nicht übel, ich bitte euch, wenn ich ohne Zurückhal-
„tung, mit Wahrheit und Freymüthigkeit sage, was
„ich denke. Jeder, der sich edelmüthigerweise einem
„ganzen Volk, es sey hier bey uns, oder anderswo,
„widersetzen, und sichs zur unverbrüchlichen Pflicht ma-
„chen wollte, keine Verletzung der Gesetze, keine Ver-
„übung von Ungerechtigkeiten in der Regierung zu dul-
„den, würde gewiß nie so lange ungestraft davon kom-
„men. Es ist also schlechterdings nothwendig für je-
„den Freund der Gerechtigkeit, wenn er sein Leben ir-
„gend lieb hat, immer im Privatstande zu bleiben, und
„nie an öffentlichen Geschäfften den geringsten Antheil
„zu nehmen.

„Im übrigen, Athenienser, wenn ich, bey der
„großen Gefahr, in welcher ich jetzt schwebe, das Ver-
„halten derjenigen nicht nachahme, welche bey viel ge-
„ringern Vorfällen ihre Richter mit Thränen anfle-
„hen, und um Gnade bitten, und dabey ihre Kinder,
„Verwandten und Freunde vorführen; so geschieht das
„nicht aus Stolz und Halsstarrigkeit, oder aus Verach-
„tung gegen euch, sondern einzig und allein aus Be-
„sorgniß für eure Ehre, und für die Ehre der ganzen
„Stadt. Ihr müßt wissen, daß es unter unsern Bür-
„gern Leute giebt, die den Tod gar nicht als ein Uebel
„ansehen, sondern bloß der Ungerechtigkeit und Schande
„diesen Namen geben. Würd' es nun wohl, in mei-
„nem Alter, bey dem guten Ruf, er sey gegründet oder
„nicht, worinn ich stehe, anständig für mich seyn, wenn
„ich nach allen den Lehren von Verachtung des Todes,
„die ich gegeben, mich selbst vor dem Tode fürchtete,

U

„und alſo durch meine letzte Handlung alle Grundſätze
„und Geſinnungen meines vergangenen Lebens lügen
„ſtrafte?

„Aber ohne von meinem guten Namen zu reden,
„den ich durch ein ſolches Verhalten äußerſt kränken
„würde, ſo halt' ich es nicht für erlaubt, einen Rich-
„ter zu bitten, oder durch Thränen und Flehen ſeine
„Losſprechung zu bewirken. Der Richter ſollte überredt
„und überzeugt werden. Denn er ſitzt nicht da, durch
„Verletzung der Geſetze Gunſt zu erweiſen, ſondern
„durch Befolgung derſelben Gerechtigkeit ergehen zu
„laſſen. Er ſchwört nicht, ungeſtraft, wo es ihm be-
„liebt, loszuſprechen, ſondern nach Verdienſt zu ſtra-
„fen. Wir ſollten euch daher nicht zum Meinende ge-
„wöhnen, und ihr es nicht dulden, daß man euch da-
„zu gewöhnt; denn ſonſt treten wir beide auf gleiche
„Weiſe Gerechtigkeit und Religion mit Füßen, und
„ſind beide ſtrafbare Verbrecher.

„Erwartet alſo nicht von mir, Athenienſer, daß
„ich vor euch zu Mitteln meine Zuflucht nehme, die
„ich weder für ehrlich, noch für erlaubt halte, vornehm-
„lich bey dieſer Gelegenheit, da Melitus mich der
„Gottloſigkeit anklagt. Denn wenn ich durch meine
„Bitten euch für mich einnähme, und euch bewegte, eu-
„ren Eid zu verletzen, ſo wär' es unläugbar bewieſen,
„daß ich euch lehrte, nicht an die Götter zu glauben;
„ich würde dann, ſelbſt indem ich mich vertheidigte,
„meinen Gegnern Waffen wider mich in die Hände
„geben, und ſelbſt beweiſen, daß ich keine Gottheit
„glaube. Aber ich bin ſehr fern von ſolchen böſen Ge-
„danken; ich bin feſter überzeugt vom Daſeyn Gottes,
„als meine Ankläger; und ſo überzeugt, daß ich mich
„Gott und euch überlaſſe, damit ihr ſo über mich ur-
„theilen möget, wie ihr es für euch ſelbſt und für mich
„am beßten findet.

Sokrates sprach diese Rede mit festem unerschrocknem Ton; seine Miene, seine Bewegungen und Gebehrden waren gar nicht die eines Angeklagten; er schien der Herr seiner Richter zu seyn, mit solcher Zuversicht und Größe der Seele sprach er, ohne jedoch das geringste von der ihm natürlichen Bescheidenheit zu verlieren. Allein so gering' und nichtswürdig auch die Gründe gegen ihn waren, so war doch die Faktion seiner Gegner mächtig genug, ihn schuldig zu finden. Man machte ihm freylich einen förmlichen Proceß, und seine Irreligion war der Vorwand desselben, aber sein Tod war gewiß schon vorher beschlossen. Sein standhafter ununterbrochner Wandel nach den Vorschriften einer hartnäckigen Tugend, welche ihm in vielen Fällen das Ansehen eines Sonderlings gab, und ihn bewog, sich allem dem zu widersetzen, was er für ungerecht oder den Gesetzen zuwider hielt, ohne irgend auf Zeiten oder Personen Rücksicht zu nehmen, hatte ihm viel Neid und Uebelwollen zugezogen.

Durch das erste Urtheil erklärten die Richter den Sokrates bloß für schuldig; da er aber, in seiner Antwort, von ihrem Tribunal an das Tribunal der Gerechtigkeit und Nachwelt appellirte; da er, statt sich für schuldig zu bekennen, auf Belohnungen und Ehren von dem Staate Anspruch machte, fanden sich die Richter so sehr beleidigt, daß sie ihn verdammten, Schierling zu trinken, die damals gewöhnliche Art der Todesstrafe.

Sokrates hörte dieses Todesurtheil mit äußerster Gelassenheit an. Und als Apollodorus, einer seiner Schüler in bittre Schmähungen und Wehklagen ausbrach, daß sein Lehrer unschuldig sterben sollte, sagte Sokrates lächelnd zu ihm: „Wie? wollest du „denn, daß ich schuldig stürbe? Melitus und Any„tus können mich wohl tödten, aber mir nichts zu Leide „thun.„

Nach dem Urtheil behielt er noch immer eben den
heiteren und unerſchrocknen Anblick, womit er ſo lange
die Tugend geprediget, und Tyrannen in Furcht gehalten hatte. Als er in ſein Gefängniß trat, welches
jetzt der Wohnort der Tugend und Redlichkeit wurde,
folgten ſeine Freunde ihm dahin nach, und beſuch-
ten ihn beſtändig die Zeit über zwiſchen ſeiner Ver-
urtheilung und ſeinem Tode, welche dreyßig Tage
dauerte. Die Urſache dieſer langen Verzögerung
war, daß die Athenienſer jährlich ein Schiff nach der
Inſel Delos abſchickten, um da gewiſſe Opfer zu bringen, und es ihnen nicht erlaubt war, von der Zeit an,
da der Prieſter das Hintertheil dieſes Schiffes zum Zeichen ſeiner Abreiſe gekrönt hatte, bis zu ſeiner Rückkehr, Jemanden in der Stadt hinzurichten. Da alſo
eben den Tag nach dieſer Ceremonie das Urtheil über
den Sokrates gefällt war, ſo mußte die Vollziehung
deſſelben bis zur Rückkehr des Schiffs, welches dreyßig
Tage ausblieb, verſchoben werden.

In dieſer langen Zwiſchenzeit hatte der Tod Gelegenheiten genug, ſich ihm in ſeiner ſchrecklichſten Ge-
ſtalt zu zeigen, und ſeine Standhaftigkeit auf die Pro-
be zu ſtellen, nicht nur durch die ſtrenge Härte eines
Kerkers, und die eiſernen Feſſeln an ſeinen Füſſen, ſondern auch durch die beſtändige Vorſtellung und die
grauſame Erwartung einer Begebenheit, vor welcher
die Natur immer zurückbebt. In dieſem betrübten Zuſtande hört' er nicht auf, jener tiefen Gemüthsruhe zu
genießen, die ſeine Freunde immer an ihm bewundert
hatten. Er unterhielt ſie noch immer mit eben der Heiterkeit, wie gewöhnlich; und Kriton bemerkte, daß
er den Abend vor ſeinem Tode eben ſo ruhig geſchlafen,
als jemale vorher. Er machte auch einen Hymnus auf
den Apollo und die Diana und brachte eine von Ae-
ſops Fabeln in Verſen.

Den Tag vorher, oder den nehmlichen Tag, da das Schiff von Delos ankommen sollte, auf dessen Rückkehr gleich des Sokrates Tod erfolgte, kam Kriton, sein vertrauter Freund, früh Morgens zu ihm, und kündigte ihm diese traurige Nachricht an; zu gleicher Zeit sagt' er ihm, daß es nur auf ihn ankäme, das Gefängniß zu verlassen; der Kerkermeister sey gewonnen; er würde die Thüren offen finden, und man habe schon dafür gesorgt, daß er sicher nach Thessalien entkommen könnte. Sokrates lachte über diesen Antrag, und fragte ihn, ob er irgend einen Ort außer Attika wüßte, wo man vor dem Tode sicher sey? Kriton stellte ihm die Sache sehr ernstlich vor, und bat ihn aufs inständigste, sich eine so kostbare Gelegenheit zu Nutze zu machen, indem er Gründe auf Gründe häufte, um ihm seinen Beyfall abzunöthigen, und ihn zur Flucht zu bewegen. „Ohne des untröstbaren „Schmerzes zu gedenken, sagt' er, den ich über den „Verlust eines solchen Freundes ausstehen würde,' wie „könnt' ich die Vorwürfe so vieler Menschen ertragen, „welche glauben würden, es sey in meiner Macht ge= „wesen dich zu retten, ich habe aber einen geringen „Theil meines Reichthums dazu nicht aufopfern wol= „len. Wird sich das Volk je überreden lassen, daß ein „so weiser Mann, als Sokrates, das Gefängniß „nicht verlassen wollen, wenn er es mit aller möglichen „Sicherheit hätte thun können? Vielleicht fürchtest „du dich, deine Freunde in Gefahr zu setzen, ihre Gü= „ter, oder selbst ihr Leben oder ihre Freyheit zu verlie= „ren; aber kann ihnen irgend in der Welt etwas theu= „rer und kostbarer seyn, als die Erhaltung des Sokra= „tes? Selbst Fremde machen ihnen diese Ehre streitig; „viele derselben sind ausdrücklich mit großen Summen „Geldes hier angekommen, um deine Flucht zu erkau= „fen, und erklären, daß sie sich für hoch geehrt halten

„würden, wenn ſie dich unter ſich aufnehmen könnten,
„und daß ſie dich reichlich mit Allem, was du nur nö-
„thig haben würdeſt, verſehen wollten. Mußt du dich
„Feinden dahin geben, welche es dahin gebracht haben,
„daß du ungerechter Weiſe zum Tode verdammt wor-
„den, und kannſt du's für erlaubt halten, zum Ver-
„räther deiner eignen Sache zu werden? Iſt es nicht
„Pflicht deines Wohlwollens und deiner Gerechtigkeit,
„deine Mitbürger von dem Verbrechen des unſchuldig
„vergoſſenen Bluts zu erretten? Aber, wenn alle die-
„ſe Bewegungsgründe nichts über dich vermögen, wenn
„du in Betracht deiner ſelbſt ganz gleichgültig biſt,
„kannſt du denn gegen das Wohl deiner Kinder fühl-
„los ſeyn? In welchem Zuſtande würdeſt du ſie ver-
„laſſen! Könnteſt du den Vater ſo ganz vergeſſen, und
„bloß des Philoſophen eingedenk ſeyn?„

Nachdem ihn Sokrates mit Aufmerkſamkeit angehört, lobt' er ſeinen Eifer, und bezeugte ihm ſeine
Dankbarkeit; aber eh' er in ſeinen Vorſchlag willigen
könnte, ſagt' er, müſſ' er erſt unterſuchen, ob es auch
recht von ihm gethan ſeyn würde, das Gefängniß, ohne Erlaubniß der Athenienſer zu verlaſſen. Die Frage war alſo, ob ein Menſch, der zum Tode verdammt
ſey, wär' es auch ungerechter Weiſe, ohne Verbrechen
der Gerechtigkeit und den Geſetzen ſich entziehen könne.
Sokrates hielt dafür, daß es ungerecht ſey, und weigerte ſich daher edelmüthig, das Gefängniß zu verlaſſen. Er verehrte die Geſetze ſeines Vaterlandes, und
war entſchloſſen, ihnen in allen Stücken, ſelbſt im Tode, gehorſam zu ſeyn.

Endlich kam das unglückliche Schiff nach Athen
zurück, welches gewiſſermaßen das Zeichen zum Tode
des Sokrates war. Den folgenden Tag verfügten
ſich alle ſeine Freunde, den Plato ausgenommen, welcher krank war, früh Morgens ins Gefängniß. Der

Kerkermeister bat sie, ein wenig zu warten, weil die eilf Magistratspersonen (welche die Aufsicht über die Gefangenen hatten) eben jetzt dem Gefangenen ankündigten, daß er noch heute sterben sollte. Gleich nachher giengen sie hinein, und fanden den Sokrates, dem man eben die Fesseln abgenommen, bey seiner Frau Xanthippe sitzen, welche eins ihrer Kinder auf dem Arm hatte. Sobald sie die Freunde hereinkommen sah, erhub sie ein großes Geschrey, riß sich die Haare aus und zerkratzte sich das Gesicht, schluchzte und heulte, daß das ganze Gefängniß davon erschallte: O, mein Sokrates! da kommen deine Freunde, dich zum letztenmal zu sehen! — Er bat, daß man sie nach Hause bringen möchte, welches denn alsobald geschah.

Sokrates brachte also den übrigen Theil des Tages mit seinen Freunden zu, und unterredete sich mit ihnen so aufgeräumt und heiter, wie gewöhnlich. Der Gegenstand ihrer Unterredung war von der größten Wichtigkeit, aber den gegenwärtigen Umständen angemessen; denn er betraf die Unsterblichkeit der Seele. Den Anlaß zu dieser Unterredung gab eine Frage, die gleichsam von ungefähr aufgeworfen wurde: ob ein wahrer Philosoph nicht wünschen, und sich bemühen müsse, zu sterben? Aus diesem Satz, zu wörtlich genommen, schien zu folgen, daß ein Philosoph sich selbst ums Leben bringen könne. Sokrates zeigte, daß nichts irriger sey, als dieser Begriff; und daß der Mensch, da er Gott angehöre, welcher ihn geschaffen, und ihm selbst seinen Posten in der Welt angewiesen, nicht ohne seine Erlaubniß von diesem Posten weichen, und also nicht ohne seinen Befehl das Leben verlassen dürfe. Was ist es denn aber, das einen Philosophen bewegen kann, den Tod zu wünschen? Nichts anders, als die Hoffnung derjenigen Glückseligkeit, die er in einem andern Leben erwartet; und diese Hoffnung kann

ſich nur auf den Glauben an die Unſterblichkeit der Seele gründen.

Ueber dieſe große und wichtige Materie unterred-
te ſich Sokrates am letzten Tage ſeines Lebens mit
ſeinen Freunden; aus welcher Unterredung Platons
trefflicher Phädon gänzlich genommen iſt. Er erklärte ſeinen Freunden alle Beweiſe für die Unſterblichkeit der Seele, welche ſeine Vernunft ihm darbot, und
widerlegte alle Einwürfe gegen dieſelbe, welches ungefähr die nehmlichen ſind, die man noch heut zu Tage zu
machen pflegt.

Als Sokrates zu reden aufgehört hatte, bat ihn
Krito, ihm und ſeinen Freunden wegen ſeiner Kinder
und übrigen Angelegenheiten Aufträge zu geben, damit ſie
durch Vollziehung derſelben doch den Troſt haben mögten,
ihm noch nach ſeinem Tode gefällig zu ſeyn. „Ich werde
„euch heute nichts weiter empfehlen, erwiederte Sokra-
„tes, als was ich euch bereits empfohlen habe, nämlich,
„daß ihr auf euch ſelbſt Sorgfalt wenden möget. Dies
„iſt der größte Dienſt, den ihr euch ſelbſt, und das
„größte Vergnügen, das ihr mir und meiner Familie
„erweiſen könnt.„ Als Krito, ihn hiernächſt fragte, auf welche Art er begraben zu ſeyn wünſche; ver-
ſetzt er: „Wie es euch beliebt, wenn ihr mich feſthal-
„ten könnt, und ich euch nicht aus den Händen entwi-
„ſche.„ Zu gleicher Zeit ſah er ſeine Freunde lächelnd
an, und ſagte: „Ich kann doch nie den Krito über-
„reden, daß Sokrates der iſt, welcher mit euch
„ſpricht, und die verſchiednen Theile ſeiner Rede ordnet;
„denn er bildet ſich immer ein, ich ſey das, was er
„über eine kleine Weile todt ſehen wird, er verwechſelt
„mich mit meinem Leichnam, und frägt mich da-
„her, wie ich begraben zu werden wünſche.„ Nach
dieſen Worten ſtand er auf, und gieng in ein Neben-
zimmer ins Bad. Als er wieder zurückgekommen war,

wurden seine Kinder zu ihm gebracht, denn er hatte
drey, von denen zwey noch ganz klein waren. Er sprach
einige Zeit mit ihnen, gab den Weibern, welche die
Aufsicht über sie hatten, seine Befehle, und schickte sie
fort; worauf er in seine Kammer zurückkehrte, und sich
auf sein Bette niederlegte.

In diesem Augenblick kam der Gerichtsdiener der
Eilfe herein; er sagte ihm, daß es jetzt Zeit sey (um
Sonnenuntergang) den Schierling zu trinken, und
ward dabey von Betrübniß so sehr gerührt, daß er sich
umwandte, und an zu weinen fieng. „Sehet, sagte
„Sokrates, das gute Herz dieses Menschen; seit
„meiner Gefangenschaft ist er oft zu mir gekommen,
„sich mit mir zu unterreden; er ist braver, als alle
„seines gleichen; wie herzlich der arme Mann über
„mich weint!„ Dies ist ein merkwürdiges Beyspiel,
und sollte alle diejenigen, die dergleichen Aemter haben,
lehren, wie sie sich gegen alle Gefangene verhalten sollten, vornehmlich aber gegen Leute von Verdiensten,
wenn diese so unglücklich sind, ihnen in die Hände zu
fallen.— Nun wurde der Todestrank gebracht. Sokrates fragte, wie er sich dabey zu verhalten habe.
„Nichts mehr, erwiederte der Diener, als daß ihr,
„nach Ausleerung des Bechers, so lange herumgehet,
„bis euch die Beine müde werden, und euch dann aufs
„Bette niederleget.„ Er nahm den Becher ganz gleichgültig, ohne die geringste Veränderung seiner Miene
oder Gesichtsfarbe, sahe den Mann mit ruhigem festen
Blick an, und fragte ihn: „Nun, was sagt ihr zu die-
„sem Trank; kann man noch etwas davon zum Opfer
„ausgießen?„ Als man ihm sagte, es sey nichts
über die volle Portion, erwiederte er: „So kann ich
„doch wenigstens mein Gebet zu den Göttern verrich-
„ten, wie meine Pflicht ist, und sie anrufen, daß sie
„meinen Ausgang aus der Welt, meinen letzten Auf-

„tritt in derſelben ſegnen, dies iſt alles, was ich aufs
„brünſtigſte von ihnen erbitte.„ Nach dieſen Worten
ſchwieg er einige Zeit, und leerte dann den ganzen Becher mit einer Ruhe und Heiterkeit des Geſichts aus,
die über alle Vorſtellung und Beſchreibung erhaben war.

Bis dahin hatten ſeine Freunde, nicht ohne ſich
große Gewalt anzuthun, ihre Thränen zurückgehalten,
aber ſo bald er den Becher geleert hatte, waren ſie nicht
länger Herrn über ſich ſelbſt, und weinten bitterlich.
Apollodorus, welcher ſchon während der ganzen Unterredung in Thränen geſchwommen, erhub jetzt ein
großes Geſchrey, und klagte mit einem Jammer, der
allen Anweſenden das Herz durchbohrte. Sokrates
allein blieb unbewegt, und machte ſo gar ſeinen Freunden Vorwürfe, wiewohl mit ſeiner gewöhnlichen Sanft-
muth und Güte. „Was macht ihr? ſagt' er zu ihnen
„Ich wundre mich über euer Betragen! O! was iſt
„aus eurer Tugend geworden? Schick' ich nicht darum
„die Weiber weg, weil ich dergleichen Schwachheiten
„von ihnen befürchtete? Denn ich habe immer ſagen
„hören, man ſolle in Ruhe ſterben, und die Götter
„ſegnen. Ich bitte alſo, faſſet euch, und zeigt mehr
„Standhaftigkeit und Entſchloſſenheit.„ Sie mußten alſo ihre Thränen trocknen, und des Weinens ein
Ende machen.

Unterdeß gleng er immer auf und nieder; und als
er fühlte, daß ſeine Beine müde wurden, legt' er ſich
auf dem Rücken nieder, wie ihm geſagt war.

Das Gift wirkte hierauf immer ſtärker. Als er
merkte, daß es ans Herz zu bringen anfieng, deckt' er
ſein Geſicht auf, welches er bis dahin bedeckt hatte,
ohne Zweifel damit ihn nichts in ſeinen letzten Augenblicken ſtören mögte, und ſagte: „Krito, wir ſind
„dem Aeſkulap einen Hahn ſchuldig; vergiß nicht,

„ich bitte dich., dies Gelübde für mich abzutragen.„
Gleich nach diesen Worten verschied er. Krito drück-
te ihm Mund und Augen zu. — Dies war das Ende des Sokrates, im ersten Jahr der fünf und neun-
zigsten Olympiade, und im siebzigsten seines Alters.

Erst eine geraume Zeit nach dem Tode dieses grossen Mannes erkannten die Athenienser ihr Vergehen,
und fiengen an es zu bereuen. Da ihr Haß befriedigt
war, verschwanden ihre Vorurtheile, und da die Zeit
ihnen zur Ueberlegung Raum gegeben hatte, zeigte sich
ihnen die Ungerechtigkeit ihres Urtheils in ihrer ganzen
Abscheulichkeit. Nichts hörte man durch die ganze
Stadt, als Lobpreisungen des Sokrates. Die Aka-
demie, das Lyceum, Privathäuser, öffentliche Spa-
ziergänge und Marktplätze, Alles schien noch von den
Tönen seiner geliebten Stimme wiederzuhallen. „Hier,
„sagten sie, hier bildete er unsre Jugend, und lehrte
„unsre Kinder, ihr Vaterland lieben, und ihre Ael-
„tern ehren. Hier gab er uns seine bewunderns-
„würdigen Lehren, und machte uns zuweilen heilsa-
„me Vorwürfe, um uns zu einem wärmeren Eifer
„für die Tugend zu reizen. „Ach! wie haben wir
„ihm seine herrlichen Wohlthaten vergolten!„ —
Ganz Athen war in allgemeiner Trauer und Niederge-
schlagenheit. Die Schulen waren verschlossen, alle
Uebungen eingestellt. Die Ankläger wurden zur Rechenschaft gefodert, wegen des unschuldigen Bluts, das
durch ihre Schuld vergossen war. Melitus wurde
zum Tode verdammt, und die übrigen des Landes verwiesen. Plutarch erzählt, daß Alle, die an dieser
schwarzen Verläumdung einigen Antheil gehabt, so
sehr von allen Bürgern verabscheuet worden, daß Keiner ihnen Feuer geben, ihnen auf eine Frage antworten, oder in ein Bad mit ihnen gehen wollen, ohne
vorher den Ort, wo sie sich gebadet, reinigen zu lassen,

um ſich nicht durch Berührung deſſelben zu beflecken, welches ſie denn in ſolche Verzweiflung geſtürzt, daß viele derſelben ſich ſelbſt ums Leben gebracht.

Die Athenienſer, nicht zufrieden, daß ſie ſeine An-kläger beſtraft hatten, ließen ihm eine Statue von Erz, von der Arbeit des berühmten Lyſippus, an einem der anſehnlichſten Oerter der Stadt errichten. Ihre Ehrerbietung und Dankbarkeit ſtieg ſo gar bis zur re-ligöſen Verehrung; ſie weiheten ihm, als einem Halb-gott, eine Kapelle, die ſie die Kapelle des Sokra-tes nannten.

Ende des erſten Bandes.